西南役伝説

ishimure michiko
石牟礼道子

講談社文芸文庫

目次

地図作成　ジェイ・マップ

西南役伝説

序章　深川

「わし共《どま》、西郷戦争ちゅうぞ。十年戦争ともな。一の谷の熊谷さんと敦盛さんの戦《いく》さは昔話にきいとったが、実地に見たのは西郷戦争が初めてじゃったげな。それからちゅうもん、ひっつけひっつけ戦さがあって、日清・日露・満州事変から、今度《こんだ》の戦争——。西郷戦争は、思えば世の中の展《ひら》くる始めになったなあ。わしゃ、西郷戦争の年、親達が逃げとった山の穴で生れたげなばい。

ありゃ、士族の衆の同士《し》々の喧嘩じゃったで。天皇さんも士族の上に在《おら》す。下方《したかた》の者は、どげんち喜《よろこ》うだげな。会所も士族ば剥がれらしたちゅう話ば、町方からきいて来た者のおって、村中もこっそり知っとったで。戦さが始っても、それやれそれやれ、ちゅう気もあって、百姓共は我家ば見らるる藪に逃げ隠れしとったが、戦さに加担《かた》らん地方《じかた》の士族の組が、遠うに逃げとったげな。

会所の殿さんな、地《じだ》ばあっち遣りこっち遣りして、下方《したかた》から寄せらすばっかり。地《じだ》も足らんほど取りよらした。小前《こまえ》々々じゃ食《く》やならん。どもこも困って、たまにゃ馬鹿ん真似もしよったちよ。あん茸《なば》はなんちゅうや、ほらあの椎茸なあ、ありゃ、もとは椎の木ばっかりに生えよった。自然とな。今は何のかのに生やすが、匂いのよか茸《なば》ぞ。下方《したかた》の口にゃ、めった、入る物じゃなか。ある時、そん茸《なば》をば、寄せろちゅう云いつけが来た。あっちん山こっちん山、手分けして漂浪《され》ても、いっちょかふたつ、木に成っとるで、云いつけほどにゃ満たん。無理ば云わす。

胸につまった揚句、はぁんち思うて、椎の子（実）の芽立ちして、一寸ばかり伸びとるのを、ぞっくり採って持ってゆき様《さめ》、

――ハイ、木の子でござす、ち云うた。

『上《うえ》がおこなえぬ』ちゅうて、百姓は、字ば知るこたでけんじゃったで、なあんも知らん馬鹿も装《つく》られよったげな。

会所ともなればムダはせん。

――馬鹿どんが、折角じゃ植えとけ、

ちいわいた。ここの前のほら、その椎山《しいやま》は、そげんして成った山たい。

そういうふうで、どうしても下方《したかた》の愚痴が開《ほ》げんじゃった。それで、西郷戦争は嬉しかったげな。上が弱うなって貰わにゃ、百姓ん世はあけん。戦争しちゃ上が替り替りして、ほんによかった。今度《こんだ》の戦争じゃあんた、わが田になったで。おもいもせん事じゃった」

水俣市深川村の老人達は、西郷隆盛は城山では死ななかった、と信じていた。「知恵が天皇さんより一段上」であった西郷は、逃げのびて中国に渡る。日清・日露の役《えき》の大陸に参謀として出没し、日本軍の危難を救うのである。語り手の一人は、旅順攻略に参加した経験を持っていたが、逃げて逃げて、弾も鉄砲もなく、百姓の儘がよかったろうか、靴のはける兵隊になったのがよかったろうかと、心細かった夕暮れに、乃木将軍の宿舎とおぼしき辺に、あらと思う程が間、黄色い犬の尻尾がよぎった。

十年戦争のとき、故郷の高嶽《たかだけ》の夕陽に、薩摩の侍大将が犬を連れて佇《た》っていた話を聞いていたが、あの高嶽の上の犬が、旅順のいくさにも来ておったかと思ったというのである。漸くその後補給がついて、攻略が成ったのは、やっぱり西郷どんの仕業じゃったぞ、と語るのを、とり囲んだ老人達が楽しげに聴いていた。

「天皇さんも、賊々ちゅうては、体裁の悪かろうで、後で位ば一足跳《いっそくとび》に上にあげらした」と。

老百姓達が、支配権力を語る時、なぜこうも、民話ふうに語れるのか。

「下々が手をすけて、きつか目に遭うて、上ば座らせておく。下が手をおろさんためには、下々の人間ば大事にせんばならん。この頃はあんた、下々が、共同する事ば覚えて、下々の心次第ちゅうふうになりよるばい」

ちょうど水俣では、新日窒工場の、安定賃金反対闘争が始まって六ケ月目に入っていた。明治末年に創業された工場とともに、市の体裁をととのえてきた町が、初めて経験する長期ストになり、村々の隅々まで、賛否の両論にわかれ、稀有な言論でにぎわい渡っていたが、労組びいきのこの百姓はそういって笑った。

西南役を出生の年とする一老農の、一九六二年迄の八十五年間の全生涯は、体制そのものの対極にある生でもある。支配権力を物語として捉え、AがBになりBがCになろうが、例えば、天皇制護持という形をとるにしても、倫理としてより便法として捉えているようにみえる。明治初期肥後と薩摩境の、水俣の下層農民にとって天皇とは、

「わしゃ想うが、日輪さんの岩屋に這入《ひやら》した話は嘘ぞ。空より広か岩屋のあろうかい。勘に来ん。あんたは字ば知っとるや、本に書いてあるかい？」

百の理論や知識を超えて、文盲の彼の中に、物語としても系統化せぬ論理への疑問が、その精神の振子の軌条に副い続けているのである。

「ここ辺の百姓は、つづまりは、官に味方したな。そら、官の方が勝つのを我が目で見とったもね。その方が都合のよかった。梅雨《ながし》に入ってから、官も賊も一遍にこの筋に出入りして、一週間ばかりが殊に恐しかったち、親達がいいよった。賊はそん時もう、敗けよっ

たげな。絣の着物の尻ばからげて、唐傘ば背負うて、汚れかぶった気違い猫に、火いひっつけたごたる顔つきして――」

五月十日、薄暮大境（即チ薩肥経界ノ所鬼神峠ト称ス）ヲ越エ水俣地方ニ向テ走ル。我軍敢テ窮追セズ。此夜山上ニ露泊ス。星月娟々冷気人ニ逼ル。十一日、雷馳シテ深川村ニ向フ。路上ニ一将アリ壮貌魁悟赤髯蓬々自ラ大刀ヲ揮ヒ叱咤踊躍シテ部下ヲ指揮ス。其ノ状アタカモ狂人ノ如シ。就テ之ヲ見レバ則チ辺見十郎太ナリ。此時方ニ巨砲数門ヲ路傍ニ排列シ深川村ノ敵塁ヲ乱射ス――

五月十四日、大鷹山ノ戦状ヲ望見スレバ敵兵数十人、雨ニ乗ジ高嶽ノ塁ヲ下リテ、猪突刀ヲ揮テ大鷹山ノ塁ニ迫ル。牧柴隊及薩隊殊死シテ之ヲ拒ク。弾薬粘湿、用ユ可ラズ皆刀ヲ抜テ闘フ。衆寡敵セズ遂ニ大ニ潰走シ絶谷ノ下ニ顛倒シ牧柴隊ノ中隊旗ヲ奪ハル――

（佐々友房『戦袍日記』）

深川村の谿流を中にはさんで官と賊とがむきあい、人々もその村の形のなりにわかれて、谿《たに》のあちらとこちらで状勢を見ていた。

椎山の側にある切り立った高嶽から、追いつめられた賊軍が何十人と墜死した。いくさが済んだ後、「あんまり幽霊が出て困った」ので、村人達は骨を拾い、寄墓を作ってやった。ながい間人も寄りつかぬまま、ラッパや、袖布らしいのが、高嶽の崖の枝に、雨晒しになったまま、老人達が幼い頃まで引っかかっていた。高嶽を今は妄霊嶽《もれだけ》とよんでいる。

昔話にきいた一の谷のいくさより突拍子もない戦闘が始まる前に、黒服を着た官軍が、丸島の海から上陸して、台場を築いた矢城山の麓の深川村を焼かせた。後で補償をするという条件がついていたが、なかには、黒服が来て、湿って崩れかけた藁屋根の庇に焚きつければ、どこかの藪からこ、さ、く、り、出て来ては消し、焚きつければ消しに飛び出して、とうとう土橋の上から、追討に切って落された百姓もいた。

「時勢に手向うた気の毒な男」を弔って、村人はその橋を弥一橋とよぶのである。

「昔から褒美ちゅうもんな、実《み》の無か物じゃな。官に味方したちゅうので、そん時、はじめ、八厘銭で二十四《し》銭、三十匁、輪につないで持って来た。そん時の談合の話じゃが――。嬶《かかあ》共《ども》と、東京巡査共が掛けあう銭の値うちの定まらん世の中じゃ、(戦いの合間に、深川村や一山越えた湯の鶴部落の女達は、隠しおいた蕎麦を打ち、一升徳利にツユを入れ、竹の子の煮〆の長いのを竹の皮に包み、背負籠《かれ》に入れ、官軍の台場に売りに行った。その時女達の云う匁と、東京巡査――初めて他国訛の男達と言葉を交し、異形の服を目にした彼女達は、官軍の連合隊をひとしなみに、東京巡査ともよんだ――が云う一銭が掛け合わず、釣のござっせんが、と云うと、巡査達はじゃらじゃらと余分に銭を呉れ、これは大分な儲けであった）どげん引っくり返る世の中かわからん。試しに山ば願うてみろ、と知恵出した者のおって、一統《いっそう》の申合せときめ、伺い出たら、案外それが叶うてしもて、一山下る事になった。焼けた家じゃ梁と柱に使う分、太か杉ば三本ずつ、骨になる分だけ貰うた。山の分け方にゃ今も苦情が残っとるばい。

そのときの役をした上の者が士族じゃろ、百姓は書付が読めんで。それで上から段々に取って、ひとしなみに三本ずつになってしもうたわけたい。面々に加勢しおうて、一軒なしに建ち直るまで、深川だけで三年が間、毎日々々、お互い家建ての加勢ばっかりじゃったげな。骨ばかり太か家の同じ造りばかり、大工は足らんし、それも、はじめのうちは、わざと歪《よご》る風に造ったげな。上ば憚る気持はなかなか直らんもん。大工賃が一日六銭じゃったちゅう」

西南役を自分らの全生涯とない合わされている事件として捉え、そこから「あのいくさは世の中の展ける始めになった」という時、文盲の老農夫の、一種悦楽の表情の、深みに浮かぶ風景はどのようなものか。

ふしの葉や蕨の芽立ち、背の丈ほどの茅の若芽などを炭俵くらいに束ねて六、七束、それを刈って来て、十枚でやっと一反あるなしの段々田んぼに切り入れて、かしき肥《ごえ》にする。田植までに程よく腐らせるには、四月上旬まで夜明前のそのような労働がある。露にぬれたどんざ着物を身体ごと、雑炊鍋のかかったくど（かまど）にあぶりながら、一畝に一斗五升免の貢租を考えていた親達は、米を作って米が食えなかった。六公四民の税といっても六は七になり八になり、四は三になり二になり、政治の差配のとどかぬ辺地はなお更に苛酷に、出来高をどんなに見積っても二俵前後のやせ田では、水呑百姓とはリアル過ぎる腹の実感だった。西南役の後、村の子守達が唄った数え唄——、

一つひぐれの時が来て
二ではにっことウス笑う
三で侍無うなった
六つ無刀に槍朽ちて
九つ小前に苗字くれて
十とうとう夜があける

侍の日暮れを、声に出すまいとして笑った夜、松の芯をとった灯りで目脂を出しながら粟を搗いていた女達は藁しべで髪を束ねていた。

「今は寝とって飯《まま》の炊くる世の中《なけ》なって。俺が母《かか》さんな、藁一本、石塊《くれ》いっちょにも恨みの足らん、ち云いよらった——。松の芯から、小とぼし、ランプ、電気ができて、臼から、精米機械が出来た話、穀物は、荷車から引いてゆきよったが今は、家に置いとっても

三輪車でとりに来る。あらあらと思う間じゃったが、九十年は夢より早か。どれだけ開くる世の中かわからん。下々の知恵が、字い知るごつなった現われればい。限りのわからん」

老農達は、まだ見ぬ未来をポケットにしのばせてでもいるような顔をする。

対比的な沈黙を示す「士族の末孫」の家柄が同じ村にあった。先代が敗退中の薩軍に、「士族の流れ」という理由で拉致されたという家である。戦いが終り、諦めた村中が葬式を行っている最中に、やせ衰えたその若者が帰りついた。宮崎に連れて行かれていた事、いつ殺されるかと思うと飯が咽喉を通らず、囲いの中に入れられた気ばかりしていた事など村人たちは洩れ聞いていた。年老いて鍬をとる合間に、「そらマメ、そらマメ」と聞きとれる程には呟き、首をぶるんとふるわせたりしていた。村人の判断では、そらマメというのは、官軍の弾を運ぶ時の囃子であり、それだけが、心ならずも西郷戦争の実戦に参加したこの村の、唯一人の若者から、村人が知り得た謎めいた知識だった。

半ば土百姓の生活に同化しかかっていた、五石か二石五斗扶持の士族の伜にとって、彼の「身分」は、せっかく土俗の中に根を下し始めていたであろう生身を、一挙に引っこ抜かれるために持たされた分の悪い引き札だったに違いない。彼は改めて孤立の家系の中に立戻り、村人とのコミュニケーションを絶った。老百姓達は申し合せたように、その家を訪ねろといい、若者の息子が今は老人となっている生垣の美しいその家の家族達は、拒否的な目つきで、どこから、何しに、何を、誰にきいて来たかと逆にたずねるのであった。

ふと見ると縁側に眉目秀麗な老人がいて両膝を立て、半ば艶の出かかった木の根を布で磨き続けていた。

「お父っつぁんの事はなあんも聞いとらんなあ、まだ母《かか》さんの腹にもおらん時分の事じゃけん」

といったきり磨く手をやめなかった。床の飾りにでもなるらしい大きな木の根は、端正な老人とよい一対をなしていた。西南役の記憶が消えぬ限り、この家と村人との士族と土百姓という形での深い断絶は消えないように思われる。

やはり十年の役の最中、一村へだてた海辺の避難先で生まれたという一老翁は、自分の父が横井小楠の高弟・徳富一敬に仕えていた事を光栄としていた。彼の父は、薩軍が県境の水俣に達しようとするや、逸早くキャッチし、その役職をもってこれを熊本に通牒したというのである。徳富蘇峰著『近世日本国民史・西南役緒篇』に、父の名がその事で著されていると語り、鳥羽伏見の戦いで戦病死した、若い叔父のチョンマゲ帯刀姿の写真のある仏間でそのことを語ってくれた。実学党の直系であり、僻地といえども、水俣は熊本より進歩の土地であるともこの老翁はいう。明治二十年に発足した芦北南部小学校に、土地の子供らに先がけて入学し、熊本洋学校出身の渡瀬常吉が、そのキリスト教的自由主義教育によって、郡官僚から解職されると、上級生と共に渡瀬先生を慕ってストライキに参加した。半年間も後任教師を拒否して教室にたてこもり、我に自由を与えよ、板垣死すとも自由は死なず、という上級生の演舌を讃嘆の想いできいたという当時十三歳の少年が、八十年後に自己の哲学の後盾としてふり仰ぐのは、重厚な書架の『近世日本国民史』である。辺地の識者である彼が、父を語りながら慎しみをこめ、家門の誉としてその中の西南役篇にふれる時、創世紀日本進歩主義、実学党と徳富蘇峰の業績は、古びた書籍の中に畳みこまれ書架にしまわれる。それは、西南役を経て第二次大戦まで、音を立てながら支配体制に与さざるを得なかった思想を祀るのにふさわしく、折目正しい縁者の姿勢に見受けられた。

老百姓の言葉をまた想い出す。

「想うてさえおれば、孫子の代へ代へときっと成る」

体制の思想を丸ごと抱えこみ、厚く大きな鉄鍋を野天にかけ、ゆっくりとこれを煮溶し続けている文盲の、下層農民達の思想がある。そこに宿って繋り拡がる史劇の原野がある。一たび疎外の極にとじこめられた者が、次々に縄抜けの技を秘得してゆくように、状況に対する何食わぬ身構えと、ひそかな優越が、歴史に対する生得的な体験としての弁証法を創り出す。「想うてさえおれば、孫子の代へ代へときっと成る」とほほ笑む時、彼は、人間の全き存在、全き欲求のためしか発言しないというやさしさに、変化《へんげ》しているようにも見える。だから彼の手の内で物語化される何れの権力も、自在に陽を当てられたりかげらせられたりするのだろう。

十年役の後一挙に飢饉がやって来た。百姓達は六十年に一度稔ると伝えられる笹米をしごき歩いたが、一日に一斗もしごく男の事が空腹に応える英雄談として語られた。それからまた何年後にか、久々に出来秋が来た。そして次の年の田植のさなぶり（田植えを終えた祝い）の時だった。あの笹米しごきの名人が、田の垢でむず痒い足を並べ合っている畦の上で、晴間になってゆく空をみあげていたが、うっとりと、

「トビの子が舞うわい」

といった。

糯米《もちごめ》の赤飯など、思いもよらなかった当時の祝事に、丸麦を前夜炊いて水に一晩漬けていいひらかし、しるしばかり小豆《ささげ》を入れて麦赤飯を蒸す。それが、久々のさなぶりの畦に匂って来たのである。ひらいた麦が、とんびの子の舞う形をしているという。糯米の赤飯を祝う今でも、ここら一帯では、一軒の田植が上り前になると、人々は畦から、

「どうかぁい、トビの子は舞うたかい」

と声をかける。ご馳走は出来たか、という意味である。

戦さの跡の荒地に、見た事もなかった丈高い草が生い茂った。人々はそれを西郷草とよぶのである。秋も半ばになると枯れて薪にもなった。性強か草じゃ、さては薩摩方が弾が無《の》うして、矢にして打ちこんだものじゃわい、という者がいた。弓矢の戦いではなかったのに、人々もいつしかそう信じこんだ。様変りした「御巡見」が、そんな村にやって来る

ようになった。

「えらい彼処の段は繁っとるの」

という。

「はい、ありゃ西郷草ですがな」

「フーム、あれしこの青さじゃれば、上田じゃ」

と書付につけて帰ったという。そんなふうで、地租改正後も小作農の貢租は一向にへらなかった。

「役人ちゅうもんな今通り、西郷草の繁っとるのを、上田くらいにつけてゆかす。道端の草の色で、ひでりば見分ける知恵はなし、草も生えん地なら石原じゃろ」

そう互いに云いあって、御巡見の県役人などを程よく飲ませて帰した後、彼らの無能ぶりを、「西郷草の上田」にたとえ、それを肴に、百姓達は飲み直すのである。

明治三年、細川護久藩知事は藩政革新の要旨を示した。政策実施の第一歩として、徳富一敬が起草した藩知事の宣言書、「村々小前共エ」がある。

「百姓は暑寒風雨もいとわず骨折りて貢を納め夫役を勤め老人子ども病者にさえ暖かに着せ快よく養うことをえさるは全く年貢夫役の辛き故なりと我深く恥おそる」

いかなる封建領主も口にした事のない自己批判だけれども、起草者である水俣豪農のその徳富家に対して、老百姓は、

「偉い人じゃったちゅう話じゃが、そりゃ、食わした米粒の数の開き程、百姓とは違わじゃなあ」

という。

つまり彼は、ひとしなみな無階級しか認めぬ、とでも云いたげだった。

それは、熊本城が炎上して薩軍に包囲された事を知った阿蘇谷一帯の農民が、戸長や地主の家へ押しかけた打毀しのスローガン、「やく（役）のつく物は例え膏薬でも打毀せ」に通じる、胸内の合言葉でもあろう。阿蘇打毀しに先立って城北農民が、民権党に指導されつつ戸長征伐のデモに参加し、阿蘇の場合「手に鎌や斧をたずさえて」いたのに比べ、水俣の下層農民達は、藪睨みの表情をかすませながら、権力同士の自滅に、まことにはるかなたのしみをかけているのである。

「侍共は死なんでもよか時も、しゃしこばって死ぬもんじゃが、百姓は危か所にゃ決してゆかんで。保《も》つるもん――」

彼自身と共に立体化してゆく歴史の、壮大なるべき未来が、茣蓙《ござ》の上に組んだ両膝の間で、うつうつと仕上げられているようだった。老人はふと、目を細め、

「ん、あんたは誰じゃったけ、そこあたりの守りの子とばっかり思うぞ」

といった。私は、彼の膝の間から立ちのぼる、風土と人間の日なた臭さに包まれてくる。蓬髪を垂らした曾祖父達の眸が、泥の中から五月の空へと移ってゆく時の一点のトン

ビの舞。

辺境の維新は影深く私たちの目に現われてくる。

語り手　寒川氏（仮名）　一八七七年生　男
川上氏　〃　一八七七年生　〃
緒方氏　〃　一八八一年生　〃
山富氏　〃　一八九二年生　〃
荒田氏　〃　一八七九年生　女

第一章　曳き舟

桃の花の盛りの時じゃったけん、忘れはせん。

ありゃあ弥生の三月、わしが十六の年じゃった。この前の口（湾）をば、ついぞ見なれぬ外車《そとぐるま》の船が、潮を押しわけるようにして廻ってゆく。

「また来たかい」

「また来た」

海におった者は、櫓も漕ぎ合わぬようにしてこさくりあがって陸《おか》に戻り、舟を寄せる。山の畠におった者は、鍬の泥も落としあえずに下りて来て、家の戸の破れ目や桃の花のかげから、沖の方を見て、

「見なれん船じゃが——」

「何事じゃろかい」

「廻ってゆくばかりで、こっちにゃ寄っては来んが……」

「こりゃあ、ろくな事じゃなかぞ」

ちゅうような有様で、村全体が仕事も手につかん。

そういう日が続いた朝飯時分、またその船があらわれて、あいよう（あれよ）と思う間もなく、我が村の波止にまっすぐ入って来た。

浜に出とった者共は、一斉に家の中に走り込んで、戸口をせき切ってのう。戸の隙間から見とると、シャーベルば地《じだ》に曳こずるようにして、つばのついた黒帽子に、口髭を生やしたのが五人、黒服の股引をうち揃えて、役座の方に向って歩いてゆく。

その夜はしーんとして、村中が雷に打たれたごとなった。

そん頃、深海村に小庄屋、隣の宮野河内村に大庄屋がおりよったが、御一新ちゅうのになって世も変る。庄屋は無かごとなるけん、戸長というのを立てにゃならん。しかし、戸長ば立てろと言うても人が間に合わん。さしより、大矢野村の登立から大庄屋を雇うてきて、深海の戸長をさせとった。その雇いの戸長が、深海の役座に出張ってきて、

「この度の正月あけに、薩州の西郷さまちゅう大将が、天朝さまに、朝鮮のことで談判にゆかるごつなったちゅう。

それが為、軍勢を仕立てて、都へ攻め上らすちゅう事ぞ。熊本鎮台の手前の小川、川尻

あたりはもう大騒動じゃ。ぬしどもは侍じゃなかけん、兵隊にゃなさんが、天朝さま方の夫方《ぶかた》（人夫）が足らん。そこで、ここらからも人数ば出して、熊本に寄せて、夫方の稽古をせんばならんちゅう布令が来た。深海からも人数ば出さにゃならん。宮野河内じゃもう、面々に家内《やうち》の別れどもして、四艘も五艘も舟ば出したぞ。ここからも早う出さんば、催促ばかりうけて、どもこもならん。

兵隊の数は薩摩の方がうんと少なかそうじゃで、心配は要らんちゅう。行き手はおらんか——」

と布令を出して、体の達者な働き手のおる家に目星をつけて、あすこの家にもおる、この家にもおる、とつけ出しを出させたりしておった矢先の事じゃった。

村の面々は、

「何じゃ、我が村から出した戸長ではしあるか（でもあるか）。戦《いくさ》に行くとは、死ににゆくことじゃ。俺も行かんぞ、汝《われ》も行かんぞ」

と言う風で名乗り出る者は一人もおらん。

それに、御一新というのになって天下さまと天皇さまと替らいたちゅうても、天皇さまとはどがな人じゃろ。村にまわってくる人形狂言のぐつ人形の、金の冠に、金襴のびらびら広袖ども、着ておらすような人じゃろかいと想うてみるが、天下さまなれば、地持《じだ》ちの組が、白木の箸で白木のお膳の上に米の粒を選り出して、その天下さまの食わす食い代《しろ》運上をさし出したり、船持ちの組が運上を上げれば済むが、天皇さまの世になれば今の世と違うて、一軒々々の綿繰り機や、男の子の産まれた家にはその赤子《やや ご》のかしら首にまでも、残らず運上のかかって、ちょうど佐倉宗五郎の狂言のような世の中になるちゅう話ばえ、ちゅうて、婆さまたちが寄っては、その綿を繰りほごしながら話しおらいた頃じゃけん、耳なれん天皇さまの方の夫方に、と言うても、志願する者はひとりもおらん。

お前さまは、御一新ちゅうても知っとるかえ。

今じゃどこにゆこうがはいと言う言葉ひとつ持ってゆけば、上下《うえした》なしに世の中を通らるるが、十年のいくさの前頃までは、「はい」が通らん世の中でやしたで。

ただただこらえておるばっかりに、はいと言うても、それが通らん世でやした。侍の組共が、いざと言えば斬るぞ斬るぞと言う風で。

それでお前さま、本侍になれんでも、金持って士族の株ば買うて、成上りの侍になった者がおって、

「床の間ば造ったけん、見ぎゃこんかい」

ちゅうて、かねては鼻くそまで採って溜めるようにけちけちしとるくせ、そん時ばかりは、来《け》え、来えと誘うもんじゃから、誘われた組は、

「いったい侍になったなれば、何を、床の間に祀ったろうかい」

と言い言い上ってみたら、あきれたことに、猿の絵図どもぶら下げてよか気色でおる。

それを見て戻って来た組が、

「侍になって、どのようなえらい位を貰うたかと思うて見ぎゃ行たら、なんのことはなか、猿の絵図ども床殿《とこどん》にぶらさげてあったばえ。俺家《おるげ》あたりの納戸におらす阿弥陀如来さまの方が、よっぽど位が上じゃ」

ちゅうて話してしもうた。みんな、肚の中で馬鹿にしてのう。

その、今成りの侍になったのの子伜の、十ばかりのが刀を差して、百姓漁師には、年輩の者にでも小石のなんの拾うて投げてみたりしよったが、侍ちゅうても、中身はそのような始末の者でやした。

そのくらいの侍が、富岡の番所から舟で渡ってくる役人にぺこついて、絵踏みのなんのに立ち合いよったけん、かえって油断はならん。危かもんでやしたで。わしが十時《とお》分まで耶蘇の絵踏みのありよったけん。

毎年三月の頃、ここの前の口をば絵踏みの舟が漕いで来て、役座に、役座とは庄屋殿の家のことを申しやす。その役座の陣に来て上る。耶蘇宗の絵踏み舟の来たちゅうて、親共が怖《おと》ろしがりよったけん、子ども心にも、絵踏み舟の漕ぎ寄ってくる櫓の音はようおぼえとる。

絵踏みの前は布令が出て、親たちがくり返しくり返し、外さぬように踏もうぞ、と言いきかせをして、近所隣打ち揃うて行きおったが、親が言うてきかせても、幼か夢のような者どもはききわけぬ。もしも踏み外せば子わっぱでも搦めて調べられて牢につなぐ。誤れば大事《おおごと》。おなご親では危かちゅうて、必ず男親が子には添うてゆきよった。その親が汗じっくりになって、きょろきょろしとるのを抱えて、足の首を握って、板の溝にはめてある絵に押しつけさせて、そこを通り抜けるのに、表門、中門、裏門と三門抜けて通らねばならん。役人は富岡からのが二人か三人、一段高い所にかまえて、庄屋殿や本侍でなか成上り侍やらがあとに控えて。

成上り侍はかねては侍の仕事のなかけん、こういう時とばかり目え光らせて、村の者は肚の中で（おどれが！）と思うておっても我が身の上にかかる事じゃけん、なんまんだぶとおもうて、やっぱり怖《おと》ろしかもんじゃったばえ。深海じゃ踏み外した話はきかじゃったが、何でも大江の村が耶蘇の元で、崎津にゃうんと居ったちゅう話でやした。

侍も、苗字のなか者共もひとしなみになるちゅう噂は本当らしゅうもあった。

どこらあたりの庄屋殿じゃったろうかな、こういう噂が流れてきた。一日、村の人間を集めて御馳走する、といわるげな。百姓漁師共が首をひねりひねり、奇とくなことじゃ、世も変ったもんぞと思い思い、半信半疑往たてみると、その庄屋殿の家の庭に、今まで使いよった肥桶と肥柄杓がきれいに洗いおさめてある。こりゃまたうさん臭かと思うておると、その洗い上げた肥桶になみなみと酒をいっぱい入れてあるちゅう。

それから洗うた肥柄杓で湯呑みに酒をついで、

「一統《いっそう》づれよう来て呉れた。今日は御馳走するぞ。何ば遠慮するか、さあ、今日は遠慮は要らんぞ。さあ呑め」

と配ってまわる。誰も押し黙って呑む者はおらん。そこで庄屋が演舌をやって、

「呑まれんかのう。呑まれんじゃろうのう。やっぱりそうじゃろうとも。お前共平民も、苗字を名乗ってよかごとなるちゅうて威張ってみよるが、元はと言えばおまえどもはこの、肥柄杓や肥タゴとおんなじ身分の、どん百姓ぞ。よかか、洗うても肥桶は肥桶ぞ」

と言わいた。面々は、――はあん、こういう風なら、やっぱり侍も百姓もひとしなみになるちゅうのはまことかもしれん、と勘に来るところもあった次第で、えらい暇潰しに合うたと思い思い帰ったが、とにかく今までになかったような世が来るには違わんが、そうなればなるでなおさら、こりゃあ今は、我が命が何より大事ぞとおもうとった。

そうした村の気分の中に、見なれん舟は通る、シャーベルが上って来る。一統《いっそう》づれ、こりゃあいかん、と胸に来たわけじゃのう。

その頃までは、家々に濁酒《どぶろく》作るのはやかましゅうなかったけん、夜の更けるに従うて、心配がもうみんな積もって来てたまらんけん、口ふさぎに黙ってちびちびと家中で飲み出した。飲んでは家から家へと集り合うて、まあ、口には言わんが、いわば万が一別れのつもりも胸にあって、溜息つきつき顔見あわせては呑んどった。

そうこうしているうちに案の定、肝入役が、戸口をたたいて入って来たわな。

そこでいよいよ寄合いになって、百姓組は、

「こういう時は、舟に慣れた衆が行って、きばって呉れじゃこて」

という。

「百姓ばっかり逃れる法があるもんか、皆ひとしなみにせいじゃ」

という。もめて定まらん。

布令が出る前から、薩摩の西郷さまが、いくさを起さるということは、噂にきかんこともなかった。

もともと薩摩の殿さまは、天下さまもうっかりとは、手をつける事が出来んような勢いの殿さまでやした。どのような勢いじゃったか、わしが後で、鰹船に乗って玄界灘に出た時に、平戸のお城を見物して、あまりの見事さに、話にきいておった龍宮のお城も、このようなもんじゃろかえと見惚れたら、船の舵取りが、

「まだまだなんの、あれでも、平戸の殿さまより、薩摩の殿さまの方が、まだまだ勢いのよかちゅう話ぞ」

という。

薩摩さまは江戸の天下さまに挨拶にゆかれるのに、

「陸《おか》からは、水俣の先の三太郎峠がめんどうじゃ、船ではいっていこう」

ちゅうて、長崎に船を着けて近道をしよらいた。その薩摩さまじゃが、かねがね己れの勢いを見せとうしてならん。それで平戸の瀬戸を通る時に、

「ふむ、ここの平戸の瀬戸さえ無からんば、まちっと太か船をば造ろうばって」

と思うておらいて、平戸の瀬戸を通るたんび、それが邪魔でならん。そこである年のこと、その瀬戸をにらみつけて、

「俺ァ薩摩の国の守っ！」

とおめかいたげなばってん、その瀬がなかなか引っこまん。

平戸の城にそれが聞えて、そっちの殿さまが早速、御城から首をさしのべて、大声で、

「今は何の御馳走もござりませばってん、お戻りにゃ、赤団子《だご》の吸物ども用意仕るけん」

と挨拶さいたもんで、さしもの薩摩さまも、戻りにゃ帆を下して通らいたちゅう。赤団《だ》子《ご》の吸物ちゅうは大筒の火玉のことぞ。

船の舵とりがそのような話をきかせて呉れて、まあ、薩摩さまとはその位の勢いの殿さまでやしたが、西郷さまはその薩摩の御家来で、世が替って殿さまより上にならいた。都へ攻め上る訳は、なんでも朝鮮の事で、らちが明かんけん、天皇さまに直々談判にゆかすちゅう。そしたら殿さまを離れて、西郷さまに従いてくる御家来衆がうんとあって、殿さまは面白うなかけん、そっちからの加勢はなか。

道々従いてくる士族組を拾うて軍勢に仕立てて攻め上らすちゅう事じゃった。ところが

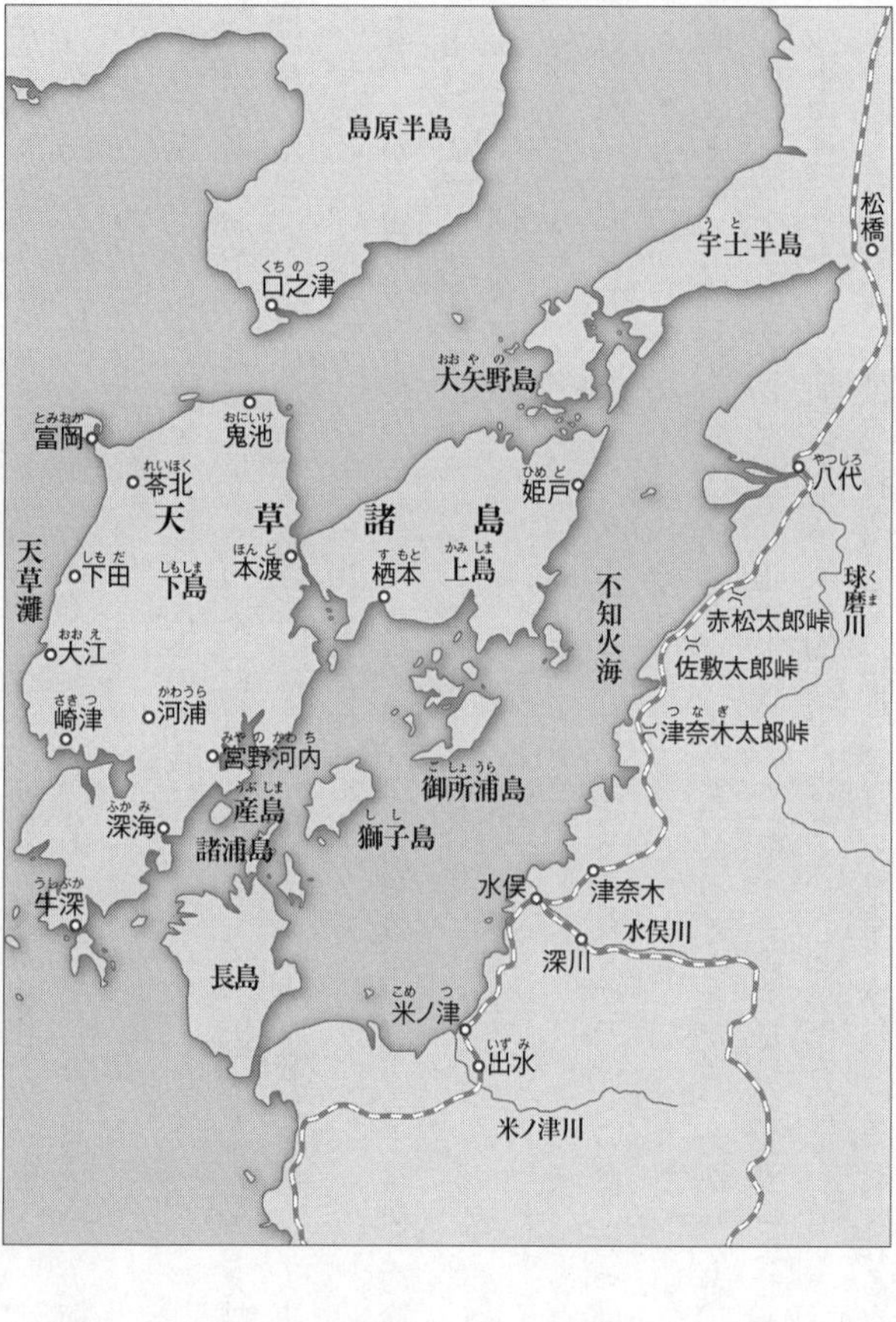
島原半島
宇土《うと》半島
松橋
口之津《くちのつ》
大矢野島《おおやの》
富岡《とみおか》
鬼池《おにいけ》
苓北《れいほく》
天　草　諸　島
姫戸《ひめど》
八代《やつしろ》
天草灘
下田《しもだ》
下島《しもしま》
本渡《ほんど》
栖本《すもと》
上島《かみしま》
不知火海
球磨《くま》川
赤松太郎峠
佐敷太郎峠
大江《おおえ》
崎津《さきつ》
河浦《かわうら》
津奈木《つなぎ》太郎峠
宮野河内《みやのかわち》
御所浦島《ごしょうら》
産島《うぶしま》
深海《ふかみ》
獅子島《しし》
諸浦島
牛深《うしぶか》
水俣
津奈木
水俣川
深川
長島
米ノ津《こめつ》
出水《いずみ》
米ノ津川

熊本で官の方の軍勢がぶり返して下りおる。水俣や出水の沖に夜漁《よぶり》に出た者の話では、どっちの軍勢か知らんが、狐の火の並んでゆくようなかがり火が、あっちこっちする。大筒の音がどろどろ海の上まで聞こえたり、

「あのかがり火の走ってゆく様をみれば、えらい大戦《おおいくさ》ばえ」

と見て来た者もおったけん。天皇さまの夫方に行けと言わいても、天下さまの顔さえ拝んだ者はおらんとに、近頃替らいた天皇さまとは一段となじみが薄か。我が命が一番大事とぐずぐずいうて、進み出て行くと言い出す者は一人もおらん。

そこへ、あから顔の、大矢野から雇うてきたその雇いの戸長殿が、五、六十ばかりの恰幅の人じゃったが、羽織袴をしゃらしゃらいわせて入ってきて、

「何ばしとるか、間に合わんが」

と、せき立てにかからいた。

家《え》の外の暗か所をとり囲んで、シャーベルの音がきこえとる。そいつ共の帽子のつばが、ちらちらと戸口から家《え》の内をさしのぞく。

夜の明けさまに、用意もなにも、半切れ着物のまんま、体つきのよか者、おかしか者、年の工合のなんのをざっととり混ぜて、追い上ぐるごとして、一艘の舟に三人ずつ乗せあげて、四十四艘。そうじゃなあ、大方の家の働き手はほとんどじゃったろうて。

何さま、乗りなれた我が舟に、我が尻を人に押しあげられるようにして乗せられるう

ち、こまか舟をば中に包んで、陸《おか》から討たれんように、あの外車の汽船でたてまわす。それから何ちゅう綱じゃったろうかい。見たこともなか太か綱ば持って来て、四十四艘をつなぎにかかった。

もう陸におった者どもは波の中に走り込んで来て、年寄り、女子供たちが、

「お前どもはだまされて連れて行かれるとぞ」

「薩摩の弾は鉛弾ちゅうぞ、傷にどもあえばどうするか、助かる事じゃなかばえ」

「こういう年寄りをうっちょいて、どこさね連れてはってかるるか、だまされまいぞ」

「ああ、逃げがなれば、どがな事でもして逃げのびろ」

「途中の島の山に隠れて、泳いででも逃げて戻ろうぞ」

とおめきながら舟ばたに泣き縋る。

船の上からシャーベルが、大声で、

「こら放せ」

「肥後の陸に近づけば、賊のおる危か所には、陸から合図して着けんごとするけん、舟をはなせ」

という。

いよいよ四十四艘つなぎ終って、船団が動き出す。もう、この世の終りが来たように両方から、おんおん泣きおうて――。

左様なあ、わしがお父《とっ》つぁまも連れてゆかれたで、波にざぶざぶ浸《つ》かって岩床を踏みほがすごとして泣いたもんよのう。

舟は行ってしもう。諦め切れん。

見えんごとなってしもうても、村中磯べたにひっついて、沖の方をみては、かがみ泣きしとったわい。

ここの村は、耶蘇宗のいくさにも遭わん村じゃったが、村中の働き手を、さらってゆかれてみると、苗字のなか者の世がくるちゅうても、お上というものがあるかぎり、取り立てることばっかり。御一新とはどがな世が来るかと心配しとったら、案のごとく人を奪《と》ってゆかいた。

侍衆のいくさなら、侍同士だけで片付けてよかりそうなもんを、罪とがもなか刀も持たん者共を、なぜ奪ってゆかいたろうかいと、あらんかぎりのことをめんめんにうちこぼしては、

「おうよ、そうよ」

と答えおうて、誰かがまた泣く。何しろ、村中の暮しが立つか、立たんか、という有様になってしもうたで。

天下さまの世なれば、年が年中、かんぽからいもばっかり食うておっても、三枚帆の舟もつくれんかわりに、運上をちょっとは逃れて、運上さえもかからん程に貧乏なれば、家

の前の口をば漕ぎまわるだけで、其の日の腹におさめるものは、なんとかかんとかありよったが、採りあつめた品物にかかる運上どころか、人を奪るようなれば、あんのじょう佐倉宗五郎の世よりもおとろしか世になった、と一統《いっそう》づれ思いこんだわい。

ところが、乗せられて行った組の方じゃが、この鼻をまわった先の、産島《うぶ》と上的島《かみまて》の間の、潮の流れの早いところで、どういう拍子じゃったか、四十四艘のあいなかで、あの太か綱が、切れたちゅうわい。さあ、わざと切ったか誰が切ったか、わしはもう今年で、百と三つの年をとったが、十六の時分のことじゃけん、昔の人さまも詮議がましゅうは云わんじゃったが、とにかく切れた。そら逃げろ、ちゅうわけじゃ。

陸からは何刻、ぼんやり見とったろうかいのう。

「おっ、乗って来たが！」

「おっ、一艘じゃなか、二艘じゃなかぞ」

「こりゃ、どがんしゅうかい、いい、いい」

と立ち上って――。逃げて戻ろうぞ、とは云うたものの、

「ありゃ、ありゃあ！　舟ば続けて逃げて来よるぞ。さあこうなれば、村中焼打ちに逢うばえ」

舟は渚に打ちすてるごとして飛び降りてくるのと一緒に、家族もそこらの味噌やからい

もや、握る間があった者は、麦の握り飯を柄のついた手籠《てご》に入れて腕にかかえたり、包みにつつんで振分けに背負うたり。山越えてゆく積りで、ここの上の古田の田んぼの洞《うろ》のある所や、浦口にかけあがった。ひとりの婆さまは忘れずに、仏さまも神さまも、からいもや干鰯と一緒に手籠に入れて、行った先の木の枝や岩の上に置いたりして拝み拝みさいたで。ほかの婆さまたちも気がついて、

「こりゃしもうた！　おるげの御位牌さまはちゃんと忘れ申した！」

「ああもう他《よそ》ん家《え》の神さま仏さまでも、同じ神仏なら、おる家《げ》あたりの者ども一統《いっそう》づれ、守ってやって下っせ」

そういうては面々に拝むやら、合間々々に沖をばのぞいてはまた走り出す。四十四艘のうち、四十艘が逃げて、残りの四艘が曳いて行かれて――。

　村中が逃げたその晩じゃったろ。連れてゆかれた四艘の中に、一軒の家から兄弟三人、何ちゅう名じゃったか。えーと常松どん、吉兵ヱどん、吉松どんの兄弟じゃったばえ。その親がわしげの親にかきくどいて、

「お前どもがように、しあわせの良か者は戻りつけて。おるげの息子共は、ふの悪か（運が悪い）。どうせなら死なばもろとも、ひとつの舟に乗せて下さいたならば、いざちゅう時は、助けあうこともできるかもしれんと頼うで、一緒に乗せて貰うたのに、男片親で程々になしてから、三人が三人とも、このような始末になって――」

そういうてその男親が、山の上から沖を見い見い、男泣きに泣き明かしじゃったのを覚えとるわい。

しかし、明けの日、あとの四艘も宮野河内まで曳かれて行って、シャーベルの組の談合で、

「こげな風では油の損」

ちゅうことで戻されて来て、やっと村中の者も、ぼちぼち山から下りて来た。

何しろ耶蘇宗の戦さにもあわじゃった村じゃけん、村始まって以来の騒動じゃ。晩になってもみんな気が立って、ぽっぽしとる。今度はまた一段と、しちゃくちゃ酔食《えく》らうように濁酒《どぶろく》呑んで、あいな、もう女子供まで呑んで、あの戸長やつを打ち殺せちゅうことになった。

天秤棒をしごいて鉢巻をねじりあげ、さあたった今行ってうち殺すちゅう。それでも、年とった組が、

「折角怪我にもあわずに戻って来たとこれ、いまさら人を殺めて搦められて、牢入りを村から出してみろ、世の中がひっくり返るどさくさに、こげな村のいっちょやふたつ、何の事はなしに今度こそ、焼打ちにあうばえ」

と後から替る替る、

「待て待て！」

と抱きとめる。肝入った役どもは戸長の所に逃げて、お前さまもはよ逃げろなと仕度させる。

鎌のようなお月さまが、もやの懸かっとる山の上におらいたが、その月明りの道を、気がおさまらずにはだしでどんどん踏み鳴らして、女共も子供もはだしで、押し寄せて行ったさな。

どがんしたかてや？　うん、何さまその戸長殿が、早うに多勢逃げた組には五円、後で帰された組にはちょっとへらして四円、銭払う、ちゅうことで詫証文を入れて、やっと事が済んだ。先に逃げた組が勢いで、うんと出させる算段をしたと見ゆるわい。戸長殿も命拾いをしたもんよのう。

後々の噂に、

「へえェ、兵隊の舟に乗ったばかりで、銭になったかえ。一軒から三人出したところでは、大そうな銭になって、ええ事をした」

ちゅうて羨しがられて。常松どんの親は、

「息子三人、夫方にゃあ出せと云う。出せば銭もろうたちゅう。そがな事を我が村内で云えば、男の子を生んだ家にゃ、ほんなこつその子たちに運上のかかる世になるけん」

と恨みおらいた。

三月十八日午前四時、高島大佐は兵を率ゐて長崎を発し午後五時半獅子島近傍の湾に碇し、軽舸を下し地方の敵情を偵察するに、日奈久より八代に通ずる間に敵兵の屯集する報を得た。

黒田参軍は深く慮る所あり、高島大佐の長崎を発するに臨み、伊東海軍少将と謀り、戦艦数隻を遣り、又た玄武丸には開拓使属僚を乗らしめ、島原に抵り小舟三十隻を購ひ肥後海に進み、発砲声援し、小舟に毎隻巡査一名を載せ、小島、河内の海岸に沿うて上陸せんとするの勢ひを示し――三月二十四日、而して其の戦線は右翼種山より左翼鏡に至る迄一里余に亘り、兵寡くして進撃に利ならず、漸く兵を勒して後軍の至るを待つ場合であつた。よつて山田少将は急にその兵団を上陸せしめんとしたが、遠浅にて且つ艀舟に乏しく、困却した。そこで一二漁舟の海上に浮べるものを招き、会計部員を上陸せしめて、戸長に命じ沿海の漁舟を集めしめ、百余隻を得た。之によつて薄暮より逐次上陸し――

（徳富蘇峰『近世日本国民史』98「西南役両面戦闘篇」衝背軍の上陸進撃）

三、四年前は、肥後の水俣のガス会社が、ええ、今は名が違うとるかえ、昔カーバイトを作りよって、なに、今はチッソ会社ちゅうかえ、ついこのあいだの日露戦争のあと会社が出来たが、そのカーバイトを買うて、夜漁《よぶり》の灯りにすると、ガス燈になって大そうよく燃える。岩の蔭に目をあけて眠っとる魚の目ん玉までよう見えよったけん、わしどもはガス会社ちゅうばえ。そのガス会社が肥料を作るようになって、尻の始末をたれ流し、水俣から薩摩の出水の海、ここの天草の御所の浦までも毒をば垂れ流して、世界のうちにもなかような奇っ怪な病気が出たちゅう話じゃわな。魚も殺す。人も殺す。

こまか時分、お父っつぁまとボラ魚をかけに、水俣の沖まで漕ぎ出しよったが、水俣のその月の浦では、男が漁に出かけて魚ば食うて死ぬ。おなごが替って漁に出て魚ば食うて死ぬ。その子がまた親の替りに漁に出ちゃあ死ぬ。そのような工合で御所の浦一帯では船団を組んで帆前船をおったてて、

「漁師が死ぬか、会社が死ぬか、会社をもみ潰す」

ちゅうて、米ノ津あたりから肥後の八代近くの船も幟を押し立てて、三千人の漁師が会社をば取り囲んで、ひと軍勢あったちゅうぞ。ところが、いくら世が替っても、お上ちゅうもんは下々について呉れるもんじゃなか。会社には巡査の軍隊がちゃんとついておって、漁師をばトラックでとり囲んで、ピストルを向けて来た。こっちは人を殺める道具は持たん。石を拾うて鉢巻の手拭いに包む。胡椒をいぶしてあおぎやる、そん位の手の事じゃったげな。打ちこわす道具も持たんけん、櫓を漕ぐ素手で会社の門やら橋やらを引き剝いで、巡査の組が乗っとるトラックを引っくり返して、わあわあ言うて来たばかりという。いくさの稽古をかねてしとる訳じゃなし、その後はどうすればよいか、いっちょもわからずに。会社の者は隠れてしまう、巡査が元気づいて漁師組を搦めにかかって。だいぶ

縄付きが出たという。

漁師にとっては水俣の騒動は、十年のいくさの夫方集めより大事《おおごと》じゃったろうで。

しかし変らんものは「剣突き鉄砲そうら豆」じゃ。ケンツキデッポウソウラマメとは、十年のいくさの時の亡霊の言葉でござす。はい、官と賊とが斬り合うて死んで、いくさの通った筋には、亡霊達が、夜さりになると迷うて出て、やっぱり官と賊とにわかれて泣きながら喧嘩する。賊の亡霊が、

「けんつきでっぽう――」

と恨むと、官の亡霊が、

「そうらまめえ――」

と馬鹿にして恨み返す。薩摩の方ではいくさの所帯が立たずに、鉛弾どころか、そら豆をば弾の替りに使いよったそうなで。

ひとたび仇になりあえば九生までも仇のまんま、亡霊になってからも泣いて恨み申す。水俣の騒動のときも、官はピストル、こっちは胡椒をいぶすくらいじゃ。牢に入れられたものは恨んでも恨み切れん。この方は銭には、いっちょもならじゃったちゅう。

思いもかけずになあ、年を食うて長生きさせてもろうとるが、それからまたすこし世が替ったさな。

平民でも本当の兵隊になさす世が来て――、日清・日露のいくさはうろ覚えにあるが、

我が身にかかった事ではなかった。それよりもたった一人の息子が久留米の連隊にとられた時は悲しかったぞい。

十年のいくさの時は海の上じゃったけん逃げられたが、今度は舟よりも早か汽車というものに乗せられてゆく。ああいうものは地《じだ》の上を一散に走るけん逃げられん。兵隊にとりあげて外国に連れてゆかすという。兵隊になれば必ず死ぬ。ひときわ大切におもうておった嬶女《かかじょ》に死なれて、忘れ形見のたった一つ種《だね》の子にまで死なるればと思うと、息子のまわりが離れられずに、三晩も付いておったさな。息子が心配して隊長さまに聞いて、そん時わしにいうた事が、

「便所にまでも、隊のまわりをおろおろ付いて来られれば、わしも安心して兵隊になることができん。もしやいくさでわしが死ねば、わしが居らずとも、お前さま一代養うしこ、お上がみてやらすそうじゃけん……。難破して死ねば死に損。いくさで死ねば養い銭の来るちゅうけん、もう諦めて天草に帰って下っせ」

息子がそう言う。諦めようと思うて戻りやした。三角から戻りはひとりで舟を漕いで。息子のおらん天草の方にむけて漕いでゆく。

そん時思うた。わしの子種はたったひとつ。先の連れあいはこの子を生んですぐに死んだ。後添までも運が無《の》うしてすぐに死ぬ。親に放れるより連れあいに放れる方が哀《かな》しかぞい。早う息子に嫁をとれば、わしが子種もちっとは殖えるかも知れん。それがたのしみ

で、こまか夢のような魚ども釣れば、海にもどして游がせておく。釣っては投げて、海に游がせる。タコの子でも、海鼠《なまこ》の孫でも、游がせとく。このようなものどもはわしが子種とひとつ連れになるもんどもよ。漁師というものはつづまりはそのような者どもじゃ。わしのたったひとつの子種が、いくさで断《き》れてみれ。わしがこの世に居らじゃったということになる。鰯の子どもが黒うなって寄り合うて波から波にうつる。くらげでさえもなあ、子連れでゆきよるもんを。

十年のいくさに常松どんの親が泣かいた事を想い出して、べったりと艫《とも》に座っておんおん泣いて漕いで戻りやした。

息子はドイツと戦うて、何、チンタオ、大方そのような名前の所じゃったろう。そのドイツと戦うて大怪我をして、とにかく生きて戻って、金鵄《きんし》勲章ば貰うたが、ああいうものを貰うて何になるか。

ここらの浦で金鵄勲章貰うた者は初めてじゃと噂に出て、どこからききつけたか、箱作りがやって来たわな。

「金鵄勲章という物は、桐の箱に入れて値打が上り申す」

そういうて、中の物に似合わん大箱をば作って当てごうて、お前さまたちは死んでも勲章は末代残るけんとその箱作りがいう。何ば言うか。勲章についてくる筈の養い銭は、一年に百五拾円来るという書付じゃったそうじゃが、その銭もまだ来んうちに、箱代を四円もこさぎ奪って行かれたわい。

書付には一生みて呉れるとあったが、こんだの戦でアメリカに負けて、アメリカのマッカーサーという大将が来て、そがなものは無しにせろと天皇さまにいうたげなで、天皇さまの書付ちゅうても当てにはならんわい。飯にゃならん。ああいう書付と息子とを替えろと言わいても、むずかしい注文でござす。寿命で死ねば阿弥陀様が引きとってやらすが、いくさで死ねば未来に引きとり手もなかもんを。

親もそのまた親もここの天草の生まれで、漁師でやした。代々島で死んで、このわしも嬶女には早うに別れたが、その死んだ嬶女が息子をば一人産み残してくれたおかげで、孫や曾《ひ》孫がうんと殖えて。さあなあ、昔のことを聞かせろちゅうても、この天草のことしか見とらんけん。この歳になるまで字というものは一字も見えん明きめくらで。ただ、人よりちいっと長生きして、世の中のことならばそれなりに、ちっとは見てきた……。

語り手、須崎文造翁。文久元年(一八六一年)酉年二月生。昭和三十八年十一月現在百三歳。戸籍簿肥後国天草郡、氏神深海神社、宗門久玉村浄土宗無量寺。並みはずれた長寿のみが時代のこころを語ってくれるその典型でした。民衆の中に甦えり甦えりする命のごときが、目尻のやさしい皺の中にありました。あの歴史年表とかいうものをあずかり知らぬ細民ひとりの百年の、まだ生きている中身が、秋の日ざしに匂い立つ渚の家の囲炉裏ばたに座っていました。爺さまは、火のない囲炉裏に両手をかざし、火のないことがわかると、開けた戸口の方から射してくる太陽に掌をかざします。陽の来る方に光源のような海があるのです。爺さまはその海を太い太い掌にかざしてみて「ここのおるげの前の口」と云うのです。

不知火海をへだてる対岸の同じ熊本県八代を、いまだに肥後の八代とよび、肥後の熊本とよぶ漁師の子須崎文造二歳のとき、文久二年寺田屋騒動。文造四歳は元治元年——。はあて、ぐゎんじてな、よう知らんばえ、そういうことは。明治なら知っとるばって、親も教えてはくだいませじゃったけん、ぐゎんじというのは、わしが、四つの頃てな。四つの頃といえばそん頃はもう、陸《おか》の上よりゃ海の上の方が、良うか遊び場じゃったろ——。ロンドンでは国際労働者協会設立。リンカーン大統領再選、トルストイの『戦争と平和』出づ。池田屋騒動、蛤御門の変、長州征伐。あんたは学校の先生かな、えらい精《くわ》しかようにあるが。いえいえ爺さまに逢いたいばっかりに通ううち、気にかかって慣れない手つきであの年表とやらを調べてみたまでのこと。

五つ六つの頃にゃ、もう一人前の気色で親共と沖に出て、小《こ》まか指して餌どもつけて、目の下六寸ぐらいの鯛の魚ども釣りあげよったわい——。この頃大政奉還王政復古。海のあちらでノーベルがダイナマイトを発明。高杉晋作死す。マルクスの『資本論』出る。すぐ目と鼻の先きで大村藩の宗門改めあり、木場七十戸のうち三十戸の者切支丹を名乗り出づ。慶応三年のこの年村岡伊平次長崎県南高来郡に出生す。もちろん生涯、伊平次の生き方と爺さまのそれとは交わる機縁なく相逢うことはありません。慶応四年、戊辰戦争、五ケ条の誓文発布。天草は富岡県から天草県、そして長崎府天草郡と変遷。明治二年横井小楠暗殺さる。この年版籍奉還。同三年浦上信徒総流罪。同四年廃藩置県、ドストエフスキー『悪霊』出づ。エジソン電信機発明。五年学制発布。六年徴兵令。ナポレオン三世死す。熊本鎮台設置、肥後全郡白川県となり安岡県令着任。七年、熊本師範学校開校。八年、地租改正着手。九年、廃刀令、断髪令、神風連の変。長崎県弁護士となった村岡伊平次の父清平、南串山村の百姓一揆の事件をひきうけ、前年に設置された大審院に控訴のため上京。地租改正をめぐり百姓一揆続発す。

十年、文造十六歳、西南の役。この年米一俵の価一円三拾四銭。ブラームス第一第二交響楽成る……。新聞雑誌も無し、ラジオテレビはもちろん無し、学制発布ともかかわりなく一字の字も読んだことのない島嶼のはずれの一漁夫の、生きてゆく世界とは、どのように感受されていた世界だったのでしょう。

熊本県天草下島南端牛深市深海村。山というには低すぎる台地につくばう雑木、波打際の湾曲部に沿ってめぐる軒の低い家々がありました。それはなぜかしら懐かしいたたずまいでした。軒並に、藁すぼやかんねかずら（葛）に差し貫いた切干し甘藷《からいも》のカンコロを干し、波の来た跡の筋のように渚に添う道が続いていました。浜のこうらにも石垣にも岩の上にも、まだ乾ききれぬ茹で干しカンコロがならべられて続きます。カンコロのあいだの舟や、海の草々や魚の鱗や漁具や、つまりはそれら磯の匂いとカンコロの匂いの上に、たかく透明な十一月の陽が照りわたり、ここの村の家の数も、その風景も子供の頃とひとつも変らぬ、と文造爺さまはいうのです。

ここに『復興天草の全貌』と題する一冊があり、文造爺さまの近くで生まれたらしい私にとっては、感情移入してしまいそうな島の貌が描出されています。――天草遠島地指定元禄五年（一六九二年）、高野山の僧侶を流配。引続き江戸無宿者流配数度。享和元年（一八〇一年）、京・大坂・伏見・奈良・堺奉行の仕置人流配の布達と共に流人が着し、其の後数度の流配を見……などとあって、いじらしいような村史が続くのです。その村史はまた、天草そのものの縮図に他なりません。

深海村　天草郡下島の東南部に位置し、北は一町田村、宮野河内村に連なり、東は海を隔て、鹿児島県出水郡東長島村諸浦島に対し、西は重畳たる山岳を隔て、一町田村及び二浦村に境し、……東西四粁、南北四粁、面積一八、六平方粁である。地勢上山岳が直ちに海に迫っているため平地に乏しい。……明治四年天草は長崎県に属し、里正が置かれたが、明治七年宮野河内と合して白川県第十六大区八小区となり、区戸長役場を置いたが同十二年戸長役場と改称し、同二十二年町村制実施された際、深海村役場と改称し、以来年を逐って村勢発展し、三角牛深航船の寄港、郵便局設置による電信電話の拡張、県道牛深線の開通は至大の便益を村民に与え、又大正十二年から十五年にかけて、部落有財産を統一し、百三十町歩の官公造林の完成、昭和八年には本校並びに浅海分校を増改築し、二十七年度に於て新制中学校々舎敷地埋立並びに分校々舎建築を完成している。

農業を主要産業としているが、地勢上山地多く山麓耕地に作物を栽培しているが、田八四町、畑一二五町にすぎず、米千石、麦千石、甘藷三六万貫の収穫をあげている。役牛は三四〇頭で、林産物として建築用材四千石、薪材千八百石を出している。昭和十二年度、農林省経済計画特別助成村に指定され、昭和十四年度各種事業の完成、昭和十三年から同十五年に亘り熊本県農事試験場水稲稲熱病防除試験地設置、昭和二十七年度には熊本県果樹指定産地に指定、果樹（柑橘）指導園一カ所を設置、昭和二十八年九月天草郡地方事務所、産業振興実験村に指定、柑橘を主幹産業としての将来への経営合理化を目標に計画、事業推進中である。

村工事として防波堤、道路、護岸を完成させ県道十粁、村道十六粁を有し、九州産交のバスが上下三回、海上に於ては三角、大門、水俣、長島各線が寄港、十往復している。

本郡は既に地誌において見たように、大部分が古第三系に属する水成岩よりなつて居り、而も全島丘陵、山地で覆われて平地の見るべきものは極めて少い。従つて総面積の八〇%が山林であり田畑は僅かに二〇%を占めるに過ぎず、その田畑も多くは棚田、段畑であり、表土は極めて浅い上に降雨の度に表土の流失する事が多く、又、保、排水も極めて悪く、農耕にとっては必ずしも恵まれたる土地とは云えない。斯かる不良なる立地条件にも関わらず、古来本郡産業の主軸をなして来たものは農業であり、それに水産業畜産業、或いは一部に鉱業が併せ行われて来たのである。

而も明治以後も今日に至る迄その産業構成に左程大きな変化を見せず、殆んど原始産業を以て占められ……今その生産額を分析すれば、一般農産が四二%（主食二一%、その他一二%、煙草四%、養蚕二%、畜産三%）、林産一一%、水産一八%、鉱産二〇%の比率を示し、又産業別人口を見れば、農業七五%、鉱業〇・一%、商工業八・五%、水産業四・六%、その他一一・八%となつて居るのを見ても、今尚原始産業特に農業の地位は極めて高く、本郡産業の大要は略々察せられる所である。

近世天草に於ける最も特異なる現象とされて居る人口問題を見るに、「島原の乱」に依つて寛永十四〜十五年の間に殆んど半減したと伝えられて居るが、その荒廃は非常なるものであつたと考へられ、住宅は村によつて提供され農具は公儀持ち等の優遇策を講じて、盛んに移民が奨励された。……徳川時代に於ける人口が停滞的であつた事は略々常識化して居るのであるが、逆に我が天草に於ては、十倍は暫く措くとしても、約百六十年間に於て天災、疫病による甚大なる被害を被りながらも実に二一三%の増加を示し、それは本邦田園にその類例を見ない所とされて居る。而して記録によれば寛政二年頃既に「高不相応の多人数」に悩まされたものらしく、徳川初期に島外からの人口の移入を計らねばならなかつた天草も、乱後約百五十年にして逆に余剰人口の転出を計らねばならぬという全然逆の立場に立つに至つて居る。斯かる過剰人口の圧迫による経済的窮迫は、勢い出稼によつて之が緩和を計らざるを得なくなる。

然し乍ら明治以後は旧幕時代に比し遥かに低率となつて居る。之は封建の桎梏内に喘いで居た農民が、維新によつて居住の移動と交通の発達による海外への渡航が容易になるにつれて、その経済的窮迫に堪えず郡外へ陸続として移住した事によるものと思われる。此は明治初年八代、水俣、出水方面へ多数の転籍者を出した事によつて或ひは常住人口と年末人口との差の大なる事によつても、又は出、入寄留状況によつても知り得られるのである。

このような島史の中身を、御一新前後、ひとりの人間はどう生きていたか、また文造爺さまに語ってもらいましょう。

十年のいくさの騒ぎもほとぼりがさめて、わしは十七のとき鰹船に乗りやした。こんだの船は大船じゃるけん、人数の要るちゅうて、船の親方のわざわざ親に頼みに来《こ》らいました。

「カンポ（甘藷《からいも》）を掘らんばならん頃にゃ、必ず戻りつけますけん。ここの兄《あぼ》は親養いじゃけん」

ちゅうて。

「ひもじか目にだけは会わせん。乗り込んでくれんじゃろうか、炊夫《かしき》のおらんけん」

そう言われて炊夫になって乗り込んだ。太か船の八丁艪で、縦尺九尋、横幅四尋の二十四人乗りでやした。

甘藷《からいも》の作りつけが済む旧の五月から、掘りあげの時期がくる九月まで百カ日。ここの前の口をば乗って出て、外海の玄界灘に向って乗り入れてゆくとさな。

一番鶏を合図に深海の波止を出て、牛深の沖は帆をあげて吹き明し、長崎を後にする頃陽がさし昇る。外の海にゆけば、おなごのそそより小愛《こや》らしかここらの口とちごうて、黒波でござす。その黒波にむけて、えっしんよい、えっしんよいと拍子をつけて波に乗り込んで、漕ぎ進む。

船に積みこんでゆくのは土の竈《くど》に薪物《たきもん》と柴、米と味噌。少しぐらいの青菜ども積みこんで行きよりやした。漁場につくまでの道のりは、海になれた男どもというても、きつうござす。機械船もそん頃あるにはあったが、そりゃ運搬船で、漁船はまだ漕ぎよった。だいいち、機械の音のなんのさせてゆけば、魚が好かんちゅうで。

漕ぎ手達が唄い廻す松坂節などが櫓の拍子によく合うた。

今の様《さま》よりゃ昔の様女《さまじょ》
みれば　よかばな
そわずとも
アーアー
えっしんよい
えっしんよい

そういう風に唄い廻して、なんちゅうてもまあ、幾日も幾日もゆく海の上じゃけん、恋しい様女のことを唄い込んだものがいちばん船の気分に合うて、ひとつ気分になって唄いおったわい。唄の気分の弱ければ、船もいっこうに進まんけん。昔から船は櫓でやる唄でやるちゅうて、結構みんな、鰹船に乗っておれば、灘を渡り切るようなよか咽喉になりよったのう。

今の世と違うて、俺《おっ》どんが船に乗って伊達する盛りには、髷の形が四通りあって、バチ折り、三日折り、ふたつ折り、舟形折りなどというて、流行《はや》り流行りがありよったばえ。港々に寄った時にゃいそいそして、びんつけ油やもて、(元結の紐)ば土産に買うて帰りよったばえ。えーと、びんつけの値段かえ、さあなあ、そういえば、うん、そん頃天保銭一枚出せば、たしか、そのびんつけ油が一本きよったが、もう髷を落してしまわねばならん、という布令が出さるるぞと噂がありよる頃、若か者どもは皆名残りを惜しんで、いっしょうけんめい結いよったけん、のちにゃ天保銭三枚で一本に上ったわい。

伊達に念の入る者は、そのびんつけ一本をば三日でつけてしまいよって、時化《しけ》の休みには小屋に寄り合うて、面々で結い合うては、

「ほうら、男振りの上ったわい、さあ、様女がところに行かんかい」

のなんのと背中をどやし合うてとごえ（ふざけて）おったが、やっぱり、手によって、上手下手のありよったばえ。姿だけは昔の方が伊達じゃったわい。

そのようにして漁期をつとめあげるうち、だんだんと船頭の次の「表づり」になりやした。

　表づりになるには漁の腕と、船頭と乗り子達との間に揉め事が起らんように、つとめねばならん。それよりも何よりも目利きでなければつとまらん。表づりになれば櫓漕ぎはせんでもよかが、そんかわり、舳先《へさき》に立って海の面と空をみて、五官をぜんぶ鼻面にして、今でいうなれば、羅針盤より上の役目をつとめねばならん。

　油のような凪にでも、黒波が走り出す荒れのときにでも、風の方角と魚の寄る漁場とを見定めねばつとまらん。表づりの目のゆく方に、船は従いてゆくけん、その心配ちゅうも

んは、ひと通りふた通りのもんじゃなか。ひとさまの命をば預かり申していて、それが見えずに嵐の中にでも連れこめば、乗り組ぜんぶ死なせてしまうことになる。誰よりもまっ先に、遠くのかぐめ鳥を見つける目が要った。

かぐめ鳥ちゅうて、魚に付いとる鳥がおる。鰯のおる波の上ならばその鳥が群をなして、海の面のあっちの隅、こっちの隅にこちょこちょ、こちょこちょと鰯について舞う。鰹のときは鰹についてのびやかに。

鰯鳥、鰹鳥、シビ鳥と、魚につく鳥を目当てに玄界灘を乗りまわし、壱州《い》、対州《たい》、馬関などに鰹を下す。あの頃が華じゃったわい。

平戸の城を見物したのも鰹船のおかげ。十年のいくさの次第をくわしくきいたのも鰹船の上。

港に着けた戻りの船では、世間を見てきた話上手がおって、話の花が咲きよった。平戸のお城を見たあと、その話上手が、十年のいくさで、熊本城の石垣は、ちょうど石切りが切りとったごと、弾で飛ばされとったと教えてくれたが、そん後、修繕はできたろかえ。

鰹船はしかし、ほんに、けわしかりよったばえ。

炊夫で乗った始りが五銭。目抜きの者が八銭、表づりになってから十銭。それも家の為に前借をして、家内《やうち》の者が、皆で食う麦のかわりに前借をして。自分の手に自分の働きの銭を握っとるちゅうことは、ほとんど無かったばえ。

うぅん、ああ、いいや。今お前さまに初めて明かして言うが、もう親さまも死んでしまわいて、阿弥陀さまとひとつ人にならいたけん、言うてもよかろ。

じつは、表づりになってから鰹船を下りる前に、これだけはわが心で、阿弥陀さまにおことわりして、楽しみにと思うて親に隠して、褌の帯に天保銭八厘で二枚入れて、三年ばかり持っとったぞい。何を買う楽しみというて、ただ隠して持っとるのが楽しみ。その親も死ないては、隠しておる楽しみも無《の》うなった。

鰹船では早う食うて早う立つのが器量とされて、人より早く茶碗を置く者が勝。左の掌に飯、汁、二つの茶碗をば一ぺんに乗せて、親指と人指しに飯碗、残った三本で汁碗を手の窪に囲いこみ、手前にして啜る。船は揺るるけん下にゃおかれん。その汁ちゅうのが、漁のあった時に魚の身のこまかい一切れ、漁のない時は汁ばかり、飯だけが贅沢といえば贅沢のうちじゃったろう。

鰹船に乗れば米の飯が食えるちゅう噂で、その噂に連れられて乗ったもんでありやした。

さあ、米の値段がいくらじゃったか、はあて、炊夫になって米を炊いて、表づりになって米の世話をもしたものの、こりゃとんと忘れて思い出せんが、我が家に戻れば麦と甘藷《からいも》飯《めし》じゃけん、我が家の世帯の銭勘定には、米のことは入れておらんじゃったと見ゆるわい。お前さまのような人が、今の世になってから尋ねに見ゆるのなら、覚えておいたものをなあ。しかし若い食い盛りが三杯すり切り、年寄が二杯すりきりと定まっておって、これだけじゃどうにも、腹に感の無かばえちゅうて、蔭ではぶつぶつ言いよったばえ。

そのような皆の茶碗につぎわけるのに、盛り損のうて足らんごとなした時には義理立てて、どのように飢もじくとも釜を洗いあげて、自分は食わずにおりよったけん、お前やよっぽど辛抱人じゃと言われよった。

「隠れなし」になったのもその頃じゃろ。

耶蘇も御一新で隠れなしになったと布令が出たが、その耶蘇宗の者がひとり鰹船に乗っておって、他の所は普通の者と違うごともなかったが、どういう掟かのう。年中肌着を脱がんのが不思議。俺どもは体中真黒けに褌一つで干しずくめじゃが、その耶蘇宗は、浅黄木綿の紺の肌着に股引つけて、脱ぐ事なしに着て肌を見せん。生まれたときのまんま着とるように、脱がじゃった。

人よりえらい早う起きて、ほかの者に迷惑のかからんようにと思うとるのか、早う起きて、耶蘇のお経を、文句も節も違うお経をば、小《こ》まんか声で一心に唱えて拝みよったばえ。乗り手はたいがい真宗と浄土宗じゃったが、うちこんで一心に拝みよるもんを、とがむる者はなかったが、なんしろまざまざ視るのは珍らしゅうして、お経がはじまると、見まいとしても、みんなそろっと頭をあげてそっちを見る。絵踏みの覚えはみんなあったけん。その耶蘇宗がえらいまた正直な中年者で、口にゃいわんが、船の者はかばうような気があった。

その鰹船が、わしが三十三のとき難破しやした。

その時の漁期ばかりは、どういうものか虫が知らせて、船主にどう頼まれても乗る気がせずに、

「今年は畠が遅れとるけん、来年は、お世話になったおうちの船に乗せて貰うけん」と断り切って乗らんじゃったが、近辺の村から二艘の船に五十人乗って、たった一人を残して、ぜんぶ難破して死んでしまいやした。そんときの村の悲嘆というものは、あとにも先にも、十年のいくさにさえもなかった出来事で、これ以上の覚えはさらになか。自分だけが虫が知らせて、乗らずに助かった。阿弥陀さまのお指図と思うて、ふっつりと鰹船を降りやした。

「わが一代の盛りはもう済んだとわが心に云いきかせて」文造爺さまは、あまりにも早すぎる余生の暮しに入ってゆきます。無学文盲にして日本南端の離島の漁夫が、その年号さえ正確には知らぬ明治二十年代、遥かな首都では、帝国憲法と教育勅語の草案が成文化されつつあり、鹿鳴館時代がはじまり、対岸の水俣村を出て上京した徳富蘇峰によって『将来之日本』が書かれます。逍遥と鷗外の「没理想論争」が『早稲田文学』創刊号より始まります。アンデルセン『即興詩人』、ドストエフスキー『罪と罰』が邦訳されます。いわば日本近代の確立期でもありました。大ざっぱに言えばそのようないわば歴史の動態のは

しっこから、ぽっつりと剝離してゆくように、ゆるやかな下降線をたどりながら、曲げればばしばしと音がする古代風の体格の、大柄な漁夫の生涯が、ながい余生に入ってゆくさまは、明るくももの悲しい姿です。

彼は三十一でもうけた息子の成長にのぞみを託し、深海界隈で一本釣の漁夫となってゆきます。

絵踏み、十年の役、鰹船、日清、日露の戦役、息子の出兵などが、近代百年の年表の極微のはざまに記されている彼の日付なのです。

いつまでも忘れることができん有様がひとつある、と爺さまがまた語り始めます。

それはあの曳き舟のありさまで。

今の世になるに従うて大戦さが増えて。日清、日露、満州、アメリカと、次々にいくさの相手も増えてきて、兵隊に取られるようになりやして。いくさが終ったと思うたら、こんだは中学を出たばかりの子供達までもが、親に別れて舟に曳かれてひと纏めにされて、紡績じゃ自衛隊じゃと取られてゆくようになりやした。

人より永う生きて来て、なにが嬉しいかといえば、孫がふえて曾孫がふえて、わしが子種が、絶《き》れじゃったことは嬉しかけれども、なにが悲しかちゅうて、あの曳き舟のありさまが一番悲しかぞい。それをば見て来たのが、辛かといえばいちばん辛かぞい。十年のいくさの時の騒動では、この世の終りのごとくになって、ここの口の縁《へた》が濁り返ったが、あのとき村の男どもをひき攫《さろ》うて行った太綱のかわりに、こんだは、自分たちで別れ方をおぼえて、いつしかわれとわが手で、別れの舟をひく儀式をなして、互いに曳き舟をひくようになりやした。

曳き舟に曳かれてゆくときは、生きながら、この世の別れに逢うとでござす。見送る陸も、つなぎ合うた舟の上にも太鼓三味線を抱えあい、時代とともに泪を隠すようになったが、親舟に曳かれた子舟に、村をひき離されてゆく兵隊たちが乗せられて、そのつなぎ合うた二艘の舟が陸を離れるとともに、泪のかわりに賑やかに鳴り物を鳴らして、陸の上と舟の上から、思い出すかぎり唄い合うとでござす。

つなぎ合うた舟は幾遍も幾遍も、村の口を廻って遠ざかる。だんだんと互いの唄もきこえなくなると、心のかぎりに、達者でおろうとおめき合うとでござすが、沖は遠うなる潮は流れる、わが家のかげは涙にかすもうで――。

兵隊たちは舟の上のおなご衆の差す酒を含みながら、故郷の島のすがたを瞼に刻みこみ、そしてこの曳き舟の儀式は、大東亜戦争をひとつの区切りとしますが、更にまたそれはひきつがれて、戦後は、中学卒業と同時に島を出てゆく少年少女たちの集団が、出てゆく舟から泣きながら投げるテープの色どりが、文造爺さまのまなざしに波の揺れるように宿ります。

「舟と舟が結びおうて、海の上の別れに逢うてゆく者どもは、よっぽどふのよか者たちじゃった。見送りも、見送られもせずに島を離れてゆくならいもまた、昔からのならいで、ことに唐天竺にむけて離れてゆくものたちは、そのような別れにさえも逢わずに、往たてしもうた」

たぶん御一新というのは、このような人びとにとって、歴史の動く時のどさくさだったのでしょう。歴史も人為によっていとなまれるものならば、そのような人為がなした地殻変動であり、天草からの海外への流出者たちは、そのような地殻の裂け目になだれをうって落ちたものたちであったのでしょう。ですから、そのような裂け目が自己運動によって閉じられるとき、帰れないものたちの逆さ図の世界がそこに展くこともありうるのです。あのからゆきたちは、自分の魂を曳き舟のように曳いてたゆたいながら波とひとつになり、故郷の島の突端の、龍神さまのような文造爺さまの魂に、夜々まつわり泣いているにちがいありません。

ちょうど月ロケットの話題が賑わっている頃でした。永生きする人に特徴のあるふっくりと垂れた耳たぶに唇を近づけ、わたしは何べんもかかってそのニュースを伝えました。

「あの、此の頃、ロケットというて、飛行機より百倍も千倍も早うに飛ぶ品物が出来ましたげな。それで、お月さま迄も往かるる時代になりますそうな。もしや誰か連れて行くという人がおれば、爺さま、永生きして、お月さま迄往たてみろと思われますか」

大きな耳に、大きな掌を当て、眉をかしげて聞きとった文造爺さまは、やがてして目を細め、ほほう、と声を出し、嬉し気に微笑って見せました。そしてゆっくり節をつけた口調で、こう言いました。

「ほほう。えらいな世の中になるもんぞ、お月さま迄なあ、お月さまも、世界のうちじゃろうて——。

往たてみろごとはあるばって、もう、目も薄か、耳も遠うか。連れてゆく者たちが難儀じゃ。折角じゃが、あきらめた」

そして、後から生きる者へ再び贈りものでも呉れるように、にっこり微笑ってくれたのです。

第二章　有郷きく女

南肥後の水俣から小さな鉄道に乗ってゆくと、北薩摩の境を抜けるあたりで突如としてあらわれてくる玄武岩の山肌があります。九州には珍らしく、大晦日の夜からついには正月の月じゅう一日も欠かさず降り続いた雪がようやく小止みになった二月、わたくしはめったに乗ったことのない汽車に乗りました。

山野線というたった二両きりの支線の箱汽車です。その車輛よりもさらにちいさな山間の駅に、二人降ろし、三人降ろししながら汽車は登ります。まるで歴史をそろそろとさかのぼってゆくように。するともうその玄武岩の山気が、ひとびとの肌にきゅっと箍《たが》を締めるような異質な寒気を吹きつけてくるのです。北薩摩に入ったしるしで、雪にとじこめられた布計金山の、曰くありげな廃坑の奥深い穴が鬼気をはらんで、狭い汽車道《みち》をのぞいておりました。そのような谷間をめぐって登るループ線が、この小鉄道のご自慢なのでした。汽車はシュッポシュッポとあえぎ、自分の吐息に包まれながら肥薩の境を、らせん状にめぐって越えようとしていました。思いがけなく前の席から声がかかりました。

「えらいな雪年になり申したなあ」

「はあ、ほんとうに」

長旅らしいどっしりした奥さんは、なんだか分厚いような、気のゆるんだような目の色で、わたくしを観察しはじめます。

「わたくしはね、いま東京からの帰りでしてね、もう東京の方も寒うござい申してねえ。こげな寒いところは、南の者には保てこなさぬと言い申してね、早う早う帰ろうと思い申したけれど、こらまあ、東京の方よか、こっちの方に来るにしたごうて、大雪続きでござい申すそうじゃなあ」

言葉の使い方からして、さては薩摩の〈士族〉の流れのお人らしいと、わたくしはこれからの仕事をおもい、東京帰りとおっしゃる夫人に興味を持ちました。

東京、という言葉はこの箱汽車の中では特別のひびきを一瞬持ちました。

「まあ、それはお疲れでいらっしゃいます」

「ええ、大へん疲れましてねえ、息子の嫁のことでね、ちょっと東京に」

「はあ」

「もうほんと、結婚話というのは、定まりますまでは気疲れいたしますですよ。人間というものはあなた、ちょっと目には、素性が知れませんものねえ」

彼女はふうっと遠慮なく大きな息を吐きました。それから躰をゆすって、帯を緩めるような身のこなしをしました。その話し声があんまりふとぶとと響き渡るので、タオルや首巻きで頰被りをした小父さん小母さんたちが、見ぬ振りしながら神経を集中しているのを感じると、彼女は、毛糸のショールの大きなのをひき外して、帯の間に差し入れようとした手を膝におろし、背中を伸ばして居ずまいを直しました。

「それであなたは、この寒いのにどちらまで？」

「はあ、あの、大口のあたりに」

「大口とおっしゃれば私も大口でござい申すが、大口に御親戚でも？」

「はあ、いえ、そういうわけでは、……どこに伺えばよろしいやら……あの、大口にも、ふもとというのがございますか？　麓という士族方のお屋敷部落が」

「ああ、あなた、麓をお探しで。麓というてもいろいろで、わたくしもそうでおじゃい申すけれど」

「ああ、やっぱり。いえ、あのわたくしは、麓だけでなく、十年の役のことをちょっと勉強したくて」

「ああ、あなた、やっぱり学生さん。歴史のご研究ござい申すか」

「いえ、……あの、いろいろと、その頃のことが勉強したくて、それもお百姓さんのことを調べたくて」

「へえエ、十年のいくさのときの百姓ん衆のことをなあ、何事《ないごと》また、私学校の衆のことならとにかく」

「鹿児島は身分のことが、厳しいと伺っておりますけれど」

「いいや、厳しかったのは、さきの戦争まででござい申したど。もうあなた、こないだのいくさで、もうすっかり、上も下も無しになってしまい申したが。あきれた世の中でござい申すよ。ほんとに。いえね、やっぱりね。あたくしもね、士族の娘でございましたのでね、いかがわしい町人百姓の娘でさえなければ、嫁に貰いたいと申した軍人に嫁ぎましたんですよ。はあ主人は福岡の軍人でして。まあね、こんどの戦争がああなり申したからね、今は高校に勤めとり申すけれど。

今はねえ、世の中が乱れてねえ、身分のことなど細々《こまごま》とは言わんようになり申しそうごわんど、昔はちゃんとしており申したよあなた、区別がはっきり。士族は士族、平民は平民。私なんどはやっぱりね、昔の人間ですからやはりね、こういう上下《うえした》なしの世の中には従いかね申しますがあなた。そいでね、息子の嫁には、士族の娘さんを、と考えますよ。こういう世の中でございましたらなおさら、士族の家柄ですと、今でも誇りが違いますものあなた。ちゃんとしておりますですよ。さあねえ、十年の役の頃のお話を知っているおじいさんかおばあさんなあ？　なるべく士族でないひとなあ？　第一そげんいうても、その頃の百姓ん衆じゃったら、字も読めんでしょうに、字を。歴史を語らせるわけでしょ。麓でしたらねえ、私学校の流れの衆がおいやっとに。アッハッハ、百姓の大将でもおじゃんしたかしらねえ」

夫人はなんだか急にじろりとわたくしを見て、体をゆすって笑いとばしました。

この山野線は終戦この方、かつぎ屋の汽車という意味をもっていました。赤子をおんぶしたまま、わたくしも近所の小母さんたちに連れられて通って来たことがありました。しかしまるきり、商いというものが出来なくて、土の黒さとその土に生うる大根の生え際の美しさに見とれていたり、赤い小さな蟹に気を取られて汽車に乗り遅れてばかりいたのでした。そのかつぎ屋の頃から駅にふらふらと降りて、はからずも有郷きく女の家に迷い込んだのです。

あたいけ？　はあ、昔ゃおなごはもう、早う早うと嫁にゆくばかりが能で、えらい早う嫁女《よめじょ》に来て、十六でなあ、この家に来申した。そしてもう、いっき（すぐに）十七で子を産んで。

昔の人はなあ、十九眉毛《めげ》を立てとるもんは、嫁《ゆ》きそこねじゃと申して、十九までも眉毛を立てとれば恥とされて、あたいはそれで子を産んで、十七で眉をそり落としたとごわんど。

はじめの婿殿は親がすすめて、郡山の分限者殿の息子でごわしたども、その婿殿が梅毒《がさ》持ちで、はい、そらもうひとめ見たばっかりで、花の咲いたような十八梅毒の吹いとるひとで、一夜も添わずに、逃げ帰い申した。それは十五の時じゃ。

一生連れ添うた婿は、我が好いたひとで、これぱっかいは昔も今の世もおんなじでごわんど。親も如何《いけ》んもすることが出来んじ、先の嫁入りの家に親が義理を立てて、それで勘当され申してな、十六で、一緒にない申した。

そもそもこのお姑というひとがなあ、もう十一人の嫁が来ても、続かんじゃったおひとじゃい申したと。あたいの親は、ひとり娘をなあ、そげなところに、みすみす、遣《や》いがなるか、と云い申して、はい、あたいの家は百姓じゃい申したども、たったひとりの娘であい申したで、大切に育てたそのような娘をば、遣いがなるかと、はじめはえらい反対し申して、やれ威《おど》したりすかしたり、し申して。

花じゃ蝶じゃと育てたもんを、そげな、鬼の神様のような姑のおいやるところへ、遣らんというのに嫁くとなら、家も親もなかった覚悟でゆきやい、と云われ申した。家も親もなかった者になれとまで云えば、よその娘より家つき娘じゃして、ゆく気が萎えるじゃろうと、親はおどしのつもりが、十五、六の娘じゃれば、かえって身の軽うにでもなった気になって、いそいそ嫁く気になってしまい申して、それで、親も仕方なしなし、勘当し申したとごわんど。

あたいの婿は養子で、その姑というひとは、四斗俵を右と左の脇に抱えて、家の天井に梯子をかけて、わしわし、登いやるようなおひとで、嫁入った当座は、あしたの朝はきっと、お姑さまより早う起きて、御飯を炊こうと気がけておっても、起きてみればもう、お釜の下の灰さえ、平になるよに火が消えて炊きおさめて、もう裏山なんどに薪をとりに行っておいやる。

そのお姑さんの炊きやった御飯の麦を、泣く泣く嚙んで、もうその、朝の飯を食うのがいちばん辛うごわんした。

あたいが嫁入ってからそのお姑さまに子が生まれて、それで夫婦ながら、家を出されてしもうて、そんとき、湯呑み三つ、御飯茶碗六つ貰うて、家を移り申して、きつか暮しがはじまい申した。

所を直った家のこの近くの、熊が道に、あたいげの親の畠があい申した。そげな暮しをはじめてまもなく、あたいの母が、たった二畝の、来《き》いぐれもいらん（来なくともよい）打《う》捨《し》て畠に来申してなあ、手入れをして、仕残した草の中に、二合徳利になあ、醬油を入れ申して、その畠の隅に埋《い》けて帰い申す。醬油じゃったり、油じゃったり、米じゃったりな、はい、勘当をされ申したり、そのような家の出され方をしたもんで、きつい暮しになったからちゅうて、おめおめ親の家に帰ることもならずに、畠の隅でそうやって、はじめは、親子の逢いをしよったとごわんど。友達が、直った家のそばにおり申して、仲をとってくれ申して。それで、勘当は受け申しても、親子の縁は切れんじ、ずっと続き申した。

はじめの嫁入りの時、麻の散らし（裾模様）の夏の帷子《かたびら》、ビロードと七珍の打合せの丸帯までも拵えてくいやったものを、そん帷子も、七珍の帯も、しかしか身にはつけじ、葛籠《つづら》の下に押し込みずくめで、帯の方は、のちに、世を憚らんでもよかちゅう時になってから、あっちの嫁女や、こっちの娘たちにと、みんな、すっぱい（きれいさっぱり）半衿に切って、呉れてしまい申した。はい、それは、こんだのいくさの後じゃ。アメリカとの。なに、それは、あたいが嫁入ってから八十年目！　ほう。ほほほ、嫁入ってから八十年も葛籠の底にそれを入れており申した。なぁに、昔の女たちは、から一生も、そのようなものは身に着けることは、なり申さんじゃったど。

そのようなものを折角親が特別の煩悩でつくって呉れても、今の世とちごうて、身に着けられるような世ではあり申さん。

あたいが嫁女に来た頃は、士族の衆が平民にゃ、「汝《わい》が汝《わい》が言葉」で、「よう、わい共が、どん百姓んくせして、似合わん風ばすんな」

ちゅうて、村々の婚礼や葬式なんどに廻って来て、花嫁の着物でも、ちいっと色のついたものじゃれば、帯には帯の真ん中に、着物には着ているまんまの腰に横引きに、二、三段、太か筆をば持って来て、ぐっしょいと叩きつけて、墨を引いて呉れたりしおったで、色つき着物なんど、うかうか身には着けられんような世でごわんした。

その帷子は、おっかんが、迫々から苧殻を採って来て漉《す》いて織って呉れやって、ここらあたりに年に一度廻って来やる染屋どんに頼んで、水色に染めて、裾には菊の花と人力車を描いてあったとごわんど。

染屋どんの言わるには、

「いま、都の東京には、人力車という車があって、よっぽど身分のよかおご女たちが、乗いやるもんじゃ。それをば、染めつけてあげ申そ」

というて、染めて呉いやったもんじゃ。

これねえさん、見てたもいやんせ。

孫どものおむつにせろちゅうても、ばあさんの大切な嫁入り着物じゃものを、おむつのなんのに、使いはなり申さんちゅうて、まだ小便ひとつ滲ませずに、後々の流行りにも合わんまま、誰にあげようもなしに、取っておくちゅう訳でもなかったが、あそこにあれ、あのように残っており申す。

娘の咲ばあさんが、百六歳になる母のいいつけで、すす色に変色して、くしゃくしゃに丸めてある麻のごわごわとした布のかたまりを持って来てひろげると、その縫い目の糸の筋に添って、なるほどうっすらと水色らしき色がのこっている。それをひろげてゆくと、単衣の裾模様であることがわかります。

袖のふりに、昔、紅梅色ででもあったろう縁どりの比翼をのぞかせてありました。いまの裁縫の糸にくらべれば、畳糸ほどにも思える太くて粗い麻糸の縫い目ながら、「色つき着物」に寄せた百姓の母娘の心がしのばれましたが、この母娘が人力車と思いこんでいる裾の模様は、御所車でした。

いまのような世じゃれば着物のうちにも入らぬども、そん頃じゃったなら、色めき立ち申して、着てでもおればすぐに見つかって、その場で墨を引かれ申したもんじゃ。

そいでも、ここらあたりの娘や嫁女たちは、着ることはなくても、長持の下に隠して一枚二枚は持っておって、あのひとは、なになにを持っておいやると、お互い知っておって、袖には通さぬ着物や帯なんどの事を、夢話のごとく語りおったもんじゃ。

あたいの婿の親たちは、天草の栖本から来て、天下百姓ちゅうて、天下さま直々、食《たも》いやる米をばつくる天下百姓でごわんしたそうで、借金をして、人に迷惑をかけて、薩摩に流れて来たのでもなんでもなか、天下さまから分けられて、薩摩の殿さまと話合いの上で、天草の天下百姓に、この小木原を拓いて呉《くれ》いやいと言いつけられて十八人、はじめここに、住みついたそうでごわんど。

それで天皇さまの世になってから、苗字つけが流行《はや》い申したが、有郷の苗字は、天草を出るときに、その引きつれて来た頭の苗字をわけてもろうて、つけたと申す。

士族ちゅうても、われわれとあんまり違わんような、わが食う様子も見えんような衆が、ことに威張り方が、ひどう、あり申した。

あたいの婿なんど、それは見事か黒髪で、髷を結いやる頃は、わが婿ながら見とれるほどでおじゃい申した。その婿が、あたいが墨引きの話をすれば必ず思い出して、口惜しゅうして忘れんちゅう一つ話をいつも話しておいやった。

男の髷は、士族の月代《さかやき》が、指をば二本あつるくらいに真ん中をすーっと剃って、残った両の鬢《びん》の毛を後にまとめれば、髷のたぶさが、月代の上にきちんと乗って形が成り申す。百姓ん衆はその月代を、手の窪いっぱいかぶせるくらいに剃れちゅうことであり申した。そいでも百姓じゃとて、髪毛《かんげ》の黒か若か衆は、狭めに狭めにと剃り申す。

ところがある年の「鬢落とし」がまわって来て、田んぼも持たん、奉公人も持たん士族の衆じゃったそうじゃが、そん衆がまわって来て、

「わいが髪毛は、バッチョ笠をかぶるのにゃ、ちいっと重か過ぎっぞ」

というて、手の窪いっぱいよりも、耳の上までもこぼれ落ちるごとく場広うに、それも、取って押さえるごとくにして剃られてしまいやった。

髷を結おうにも、残った鬢が足らんじ、なんとか引きまわして、月代の上に乗せよとし

ても、ぐゎらりと、情のう、耳の横から後の方さえ落っちゃえ申す。もうそのときの情なさといえば後にも先にも、このように肝が燃えたことはなかったそうでごわんど。そのような事をされても、その赤髪毛の士族の衆にへすべりして（地面に頭をつけて後ろへ下がって）、額口《ひてぐち》やら鼻の先に泥をつけるぐらいにして、

「あいがとごわんした」

と云わねばならんじゃったと申す。

そんときな、思い申したそうじゃ。

俺《おい》は親の代になってからこのような薩摩に来はしたが、もともとは天草の天下百姓じゃ。天下百姓といえば、天下さま直々の食《た》もいやる米をば作るおん百姓。したがってその百姓の使う肥桶と肥びしゃくにも位があった。薩摩の殿さまさえ、参勤交替で平戸まわりのとき船が時化て、天草に上いやるそのときは、駕籠を下りて、へへーっというて、道ばたのその肥桶と肥びしゃくにへすべりしてからでなければ、お行列も通ることは相なり申さん。天草の天下百姓は、自分らの気位のことをおん百姓というて、薩摩さまのことを語りぐさにしておったものじゃ。

それが世が替わって、天下さまと薩摩さまの話し合いで、薩摩の小木原を拓きに来て呉いやいと頼まれてここに来たというのに、なんで、わが田んぼも持たんような、棕櫚《しゅろ》の皮のような赤髪毛の、からいも士族の衆に踏んづけにされねばならんじゃろうかい。天下さ

まは、俺《おい》たちの親を薩摩に分けて遣いやるときに、天下百姓の由来を、よくよく話して聞かせ給いやったものじゃろうかい——。

そうおもうて、薩摩なんどへ、分けて遣い申された天下さまというものが、しんから恨めしかったと云うておいやった。

天草の親々の代には天下さまの勢いじゃった。ここの薩摩に来てみれば、薩摩の殿さまの勢いじゃ。けれどもちらちらこの頃聞くところでは、その薩摩さまも天下さまも、この頃では、天皇さまちゅうひとに降参しやったそうじゃ。殿さま同士は降参しやったが、家来に降参せん衆がおって、その旗頭がここの薩摩では、西郷どんというおひとじゃそうな。

そげな風で、誰が本当の一番上の殿さまじゃい、こげんも忙しじゅう替いやっては、下につく者の威張り方も、上々の殿さまの勢いについておるゆえ、これもいっときの辛抱、かれもいっときの辛抱じゃ、我慢せえ我慢せえと、へすべりしながら思いよったといい申すど。

さあなあ、薩摩の殿さまは薩摩で一番えらかおひとじゃ、天皇さまちゅうおひとは日本の国でいちばんえらかおひとじゃちゅうても、日本の国というのはどういう国じゃやら、薩摩の国でさえ、生きておる間に廻りもこなさぬものを、日本がどこにあるやら、どのようになっておるやら、天下さまと天皇さまと入れ替いやったというても、一向になあ、あたいどもの知り申さん、上々の話の事じゃ。

こんだのアメリカとの戦争が終るまでは、刀をさした侍姿こそしやらぬが、やっぱい、士族じゃ、平民じゃと、神さまに仕えさせるばっかいの気が士族の衆の中にあって、ほんとに、こんだの戦争の前まで、士族の衆は、百姓なんどには「わいがわいが言葉」を使うておいやったど。

士族の衆の娘御には「おごさん」、奥さん方には「こっさん」と申しておって、田んぼの草なんどを取っておると、その田の畦のあたりに、膝ぎりくらいの小《こ》まかおごさんが、ちょこちょこ出て来て、花を摘んだりしておいやるもんで、その可愛さに婆さんなんどが田んぼの中から泥手をのばして、蓮華《げんげ》の花などを四つ五つ摘みとってなあ、

「おごさん」

と呼ぶもんじゃ。

するとその膝ぎりばっかいの小《こ》まかおごさんがなあ、

「よう」

と、「わいがわいが言葉」の返事で答えて、

「ばば、わいか！」

口も、ようよう綻ぶ年の頃して、もうそのような根性に育っておいやる。摘んだ蓮華花が泣きかけてなあ、苗の根元にえぐり入れたが、そのとき摑んだ田んぼの泥をばな、その

口に、打ちくらわそうかいとまあ面憎かった話をば、おなごの衆達が寄り寄り語っておいやった。

百姓平民は昔からおはん言葉で、わが子にさえ「わい」とはよう言い申はんど。誰に向いてもはいはい言葉で、「はい」より上の言葉のあろうかい。そう思うて暮らして来申したや、こんどの戦争が済んだら世の中がひとしなみになって、わいが、わいがが通らんごつなった。

麓の奥さん方も、こんだの戦争のあとで田んぼを取られやったりして、みんな自分でも肥桶を荷いやるようになってから、表向きには平民なんどにも、わいが、わいがとは言いやらんようになって、学校でさえ、はいはい言葉で言えと教えやるそうじゃ。

人間の値打ちが、違うて来たごとあり申す。あたいどもが想うとった通りに。

薩摩の殿さまの世と、天皇さまの世の中では、何が違うて来たかとなあ。はてなあ、天皇さんの世になり始めの頃何が違うたかと言えばなあ、そうじゃ。柄付きのから傘を百姓もかぶってよかちゅうおふれが出て、いっとき、あん家じゃ傘を買いやったげな、あん家も買いやったげなちゅう風に言うて、柄付きの傘をかぶって見たや、身半分どころか、膝の下までも濡れじ、こげなよかもんはなかと、傘を買うた家のひとたちが語っておったのを覚えており申す。

それまでというもんは、どんな大雨《うあめ》の時でも、竹の皮のバッチョ笠しかかぶりがならず、濡れんのは頭だけ、雨となれば、着ている物ながらぜんぶ躰ぜんぶ、濡るるのが当いまえで、柄付きの傘をかぶってみて、士族の衆は、こげなよかもんを今までかぶっておいやったじゃろうかと、あたいげの婿の頭の月代を剃いやったとき、「わいが髪毛はバッチョ笠をかぶるのにゃ、ちいっと重すぎっぞ」といわれた訳も改めてわかって、乾いたまんま濡れん身で考え申したど。

西郷どんの十年のいくさは、あたいが嫁女に来てから、眉毛を剃った後であり申した。百姓ん衆にも、部落々々に人数の割当が来て、弾の運び方に出ろという。平常《へじ》からさえ夜業をせん晩はなか上に、人を出さん家には、それ、草鞋を編んで五足ずつ出せ、十足ずつ出せ、俵を編んで出せと触れがくる。

ここらあたりにおいやった大将は、辺見十郎太ちゅうて塩辛声のお人で、ぐずぐずしておればがいやって(どなりつけて)、そら百姓ん難儀ちゅうはなかったとごわんど。

弾を運びに割当てられた家は、百姓でもかねが役をしておいやる家の衆が、家のほまれじゃというて出やったが、一般の衆はもう、出ろごたなさにして、寄り合いの帰りの道々、

「昔の侍ならとに角、弾運びのなんのに行たても、百姓の手柄なんど立てようもなかよ、馬鹿らしか」

と言いより申したそうじゃ。

割当を振られた家柄の衆も、中には一人息子やら臆病者《へべたれ》やらは、その親が、そろいと晩に百姓ん家に来て、

「替わりに出て呉るれば、おはんが身に、米を替えてあぐって」

と頼んで、米俵を十俵運んで積んでみせて、頼まれた者は米を取って身を売って、弾運びに出たひともあり申した。兵隊が嫌さに、その親が米を出してくれてなあ。

そうこうして、ざわざわしておる間に、あの大砲《うでっぽう》がどろどろ言い出して、家内《やうち》ぐるみ死なんごと、この裏の山に逃げ申した。

小屋にかぶせた木の枝のあいから見とい申したや、どろどろっと大砲《うでっぽう》が鳴り申す。鳴ったと思うたや煙が立つ。煙のあいに、高熊山の方から薩摩の兵隊の衆が家蟻《いいあい》がとどめいたい（右往左往する）ごとくして下ってゆくのがみえて、朝早くに味噌なんどを取りに下ればい、畠の区切りの茶の木の蔭に、見るもぐらしか（かあいそうに）よか稚児さんが、まだきんたまに毛も生えんような年の頃の顔をして、たった今死んだばかりに、倒れておいやるではごわはんか。

それをも振り向きざまに手を合わせ、怖《おとろ》しゅうして、上の小屋にかけのぼるのがやっとの事じゃ。

（明治十年六月）十九日前八時敵高熊山の力攻す可らざるを察し戦略を一変し坊主石山

の半腹、及正面の丘陵並に本道等の数処に於て礮台九個を築き山を環り一斉乱発殆ど虚時なし。四斤砲、野戦砲、山砲の数種あり。而して破裂弾あり実弾あり着発弾あり、宛も万雷の頭上より堕落するが如し。此の如き者尽日、胸壁三四、為に壊る。而して我隊一礮なく徒に塁中石間に潜伏し時に小銃を以て相応ずるのみ。其苦知る可きなり。日暮に至て止む。此日、敵費す所の礮弾を推算すれば蓋し七八百個に下らざるべし。而して深野隊の兵士岩崎谷蔵を除くの外、満山又一人の死傷なし。衆戯て曰く、岩崎一命以て数千金に値る、亦以て死す可きのみと。此時に方て弾薬空乏復一函なし。深野隊幹事財津永記来り議して曰く、守るに弾薬なし寧ろ去るに如かず。余聴かず曰く、此山は大口の保障たり、決して撤す可らずと。因て議す。明旦復今日の如くんば恐くは支へ難からん、夜に乗じ山上に隧道を開鑿し礮弾を避くべしと。乃ち人夫数十人を雇ひ之を掘らしむ。余沼田、筑紫及深野隊の半隊長大西弥太郎同分隊長内海善九郎等と薫督深更に至る。更に人をして代督せしめ営内に寝す。幾もなく礮声耳を穿つ。即ち驚起てば敵兵方に諸塁を占取し飛丸雨集す。余慚憤之を復せんと欲す。而して深夜闇黒、一軍散乱、収拾す可らず、終に引き去る。危巌壁立歩す可らず。木根を捫し岩角を縋して下る。敵敢て追はず。木内村を過ぎ一丘陵に登り呼子笛を吹く。敗兵尽く聚る。率ね皆完人なし。(銃剣創に係る者両三人に過ぎず余皆山谷に陥り巌稜に触れたるものなり)半隊長安岡競、伍長佐藤嘉津馬終に至らず。蓋し二人刀を揮ひ奮戦遂に之に死せりと云ふ。此時天漸く明け大雨驟に至る。敵兵随て進む。会々北村部下を率ゐ来り余に代り殿して退く。大口町に抵る比四方の敗兵麕集す。而して左翼平泉、淵辺方面亦先づ敗れたりと云ふ。是に於て辺見大に怒り馬に跨り大呼叱咤す。敗兵風靡返戦す。(佐々友房『戦袍日記』)

いくさが終ったあとで、ここの近くに戦死墓を建てやったども、夜な夜な火の玉が出てなあ、その火の玉をみた者は、すぐにもう寺にかけ込んで、

「和尚さん、和尚さん、火の玉が出たど、お経をあげて呉いやんせ」

と言えば、和尚さんは、

「何時までも成仏しやらんな」

というて、いっき(すぐ)お経をあげて呉いやったもんじゃが、近頃ではもうすっぱい、火の玉も出らんごとなり申した。

そのお寺さんも、天草から一緒に来やった浄土真宗のお寺で、先代のその和尚さんも死んやって、あたいばかりがとっくに死んでよかもんを、いつまでも生きとい申す。あのような美しか稚児さんなら、迷うて出るのも当り前。士族の親御さんなんだ、あのような年の稚児さんをいくさにやって、どげなお気持じゃろかいと、今もって思い申す。

西郷どんが、東京においやる天皇さまに談判があっで、熊本を通しやい、と掛けあいやったども、熊本の城をうっ詰めて(塞いで)、通しやらんじゃったそうなで、今もってこ

こらの士族の衆は、

「あんとき、熊本さえ通しゃれば、日本な今のような、こうしたざまにはならんじゃった。あんとき熊本をうっ詰めたばっかりに、上も下もなしの世の中になってしもた」

と恨んでおいやる人もあっとごわんど。

はじめ官軍の衆というのは、見れば斬るちゅう話じゃと教えられて、怖《おとろ》しかよと云うており申したが、十曾の山に隠れていやったお松ばあさんの息子が、薪を取りに出て、官軍に見《め》っかったかして戻って来ん。

十を少し出たばかりの息子で心配しとったや、米の握り飯を三つ貰うて、丁寧にして呉れたと言うて帰って来た。

村の者は、こげな怖《おとろ》しか戦さのさなかに、息子をば危なかところに出して、我が子ならば出さんものを、継子じゃっで出したもんじゃと、噂をし申した。われわれ平民のものは、ただただ親と子と、夫婦《めうと》の縁だけがこの世の頼りでござい申すで、そのよな十にもなるかならんものを、わが腹いためた子なら決して出しはきらんが、と云うたことで。

それにしても官軍というのは、そげな衆かと考えるところもあり申した。私学校の衆は、

「官軍とは、どん百姓までも拾い集めたクソ鎮台」

と云うておいやったけれども、どこどこの百姓ん衆が、こういうところに戦さをしかけ

に来やったかとさまざまに語ってはみたが、一向判断がつかじ、怖しかばっかいで。

あたいげのつれあいも、とうとうそのうち、薩摩方の兵糧運びに取られ申して、やっと戻されるかとおもう暇もなく、その夜もまだ明けんうち、わが家の者のおりそうな藪くらを探しておったとき、官軍に捕えられたとごわんが。

その藪くらを用心しいしい踏みわけておったと申すが、立てかけた木の枝を踏み申してなあ、ばしばしっと音がし申したそうな。

もうな、ばしばしっと自分の方が魂切《たまが》る音が立って、立ったと思うたや、

「だれかあっ！」

と耳が破るるような声がして、その声がしたと思うたや、三人五人じゃなか、二十人くらいの官の衆が出て来て、手は手、足は足、あごにまでも手をかけて、磔人形のごとくにして、連れて行き申したちゅうでや。

「あたいはここらの百姓で、ないも悪事《わること》はし申さん。女子供を探しに帰い申した」

と申開きをするのに、我が声とも思えん小せえ声が出て、それにくらべてとり囲んだ官は面々に大声でなあ、

「偽りであろう、偽りであろう！」

ちゅうて、またほかの衆が、

「薩州の賊のまわし者じゃろ、その方の体が、並よりすぐれておる」

と言うて、なかなか帰して呉れじ、小屋のうちに座らせて、疑いがあるのを試すのか、ケットを、あの毛布をな、そんとき初めてケットというのを見たそうじゃが、それをば何十枚と畳ませたそうでごわんど。

飯はな、養ね方がえらい良うごわしたちゅうでや。米の飯に梅干を入れたのをば、食い放題じゃんしたそうな。

早う帰してもらいたさ一心で、薪を抱えろと言えば薪を、米俵《こめどら》を抱えろといえば米俵を、もう人より以上に抱えているうち、その官の衆達が、

「無理をして、体をいたむるな」

と言うたそうな。

そんとき初めて、これはひょっとしたや助けるつもりじゃと勘に来て、そいまでは、働いておる背中をいつ刀が走りはせんかと、生きた心地はせんじゃったちゅうて、その話をする度、つれあいは、ほんとに身震いをしいしい語っており申した。

後で帰される時には、官の衆も我から挨拶して、

「高い所にはおるな、低い所におれ。達者でおれ、また逢おうぞ」

と都の言葉で言いやったそうじゃ。

(——電信柱の下に森あり、或は森の中に農家あり。其の要所を見立てて賊は砲台を築きて我が側面の攻撃を防ぐ。我兵は此の賊塁を乗り取りて、田原坂上の街道を取り切ら

んとするに、常に賊は高きに拠り、味方は低きに拠るの地勢なり——福地源一郎「田原坂従軍戦報」『東京日日新聞』明治十年三月二十四日)

ここらの私学校の衆がいくさに出かける時は、

「ケンツケデッポウ！　ホーライ豆！」

と、ひと足、ひと足の囃子にして地《じだ》を踏んで、たったいま官をやっつけるような勢いで出かけやったども、火縄筒と村田銃ではいくさの道具も違うで。薩摩の火縄筒の方が、弾の飛びようが遅かったちゅう話でごわんど。

いくさの事なんど、あたい共にはわかり申さん。世の中がいかに変り申そうと、下々の人間にはよか風は吹き申さんど。西郷どんのいくさでは、取られた婿は帰され申したども、天皇さまの代になってからの戦争ではもう、米俵を出しても、その米俵で兵隊を替ることはできんごとなってしもうたでや。

何《ない》を出せかいを出せと、こんだの戦争ではすっぱい上納が多《う》ない申して、人間ながら米俵ながら、孫ん子供らが弁当箱《なけ》までも、こさいで出させやい申した。

そいでも、今のような世の中なって、楽も楽よ。昔はどういう哀れじゃったことよ。男は士族の衆から、今日はどこの道が壊えたで道公役《みちくやく》に来え、あしたは川の普請じゃ、明後日はどこどこじゃと取られて、はあ、日傭銭のなんの、呉いやるもんけ。人の躰をばただ取って使うのが、当り前のようなただ働きで。おなごはひとりで家で仕事して、夜業をするのが当り前、いつ寝るじゃろかいという晩ばっかり。今の者は暇が出来て子ばかり産んで。

そら人間は、雲の上においやる衆でも、生まの身同士の、身と皮の境の、はっきりとわかる人はおいやらんで、子が出来るのは当り前じゃいども、子を産み方が多過《う》ぎるで。

昔のおなごは寝る間がのうして、子なんど出来る暇もあり申さんじゃったど。あそこの家に子がでけた、そこの家にも子がでけたと聞けばな、御苦労な世の中《なけ》、またひとつ、しかめ面が出て来たけ、とおもうて、わが産まん子でもなんやら胸が重かよな、腹が痛か如《ごと》あいよった。

おもえば、田植えなんどは夢のように楽になって、昔はおはん、一番鍬き、二番鍬き、くれ返し、鍬きかけ、鍬き戻しと七へんも鍬いて、植えつけをしよったもんじゃ。

今の銭肥《ぜんごや》しは、腰も曲げし、立ったまんまばらぁーと蒔くだけじゃいども、昔は馬の骨を買うて来て、それをば薪物《たきもん》を積んで黒うなるまで焼いて、焼けたのをば臼で搗いて砕き、そいをば木灰と交ぜ、それから人糞と交ぜ申してな。足でぎったぎったと踏み合わせ、はい、それはもう、足袋なんど、ぜいたくなものを履くもんけ。我が皮一枚の素足じゃんど。我が足で踏まねば、交ざりぐあいがわかり申さんが。それをばな、流れ出しもせず、固くもなりすぎらんように踏み合わせて肥桶に入れ、植ゆる田んぼに持ってゆく。田舟もいっしょになあ。

とり揃えた苗の一株々々の根を握って、肥桶に漬けて、ひたひたとその根にさきの交ぜ肥《こや》しを含ませて、肥しながらにそろいと握り固め、付いた肥しが流れ出さんように、そのようなだんごを付けた苗を、田舟の中に入れ揃えてゆくわけじゃ。田舟いっぱい苗がつまったら、その舟を押し押し、鋤きあげた田んぼに這入ってゆくとじゃんさあ。

ぬかるんだ、ゆたゆたの田んぼの泥を、肥しで包んだ苗の根が這入る如《ごと》指で掘って、苗を埋《い》けてゆくとごわんさ。そらもう肥負《こえま》けちゅうか、手の指も足の指も、穴股腐れなんど普通のことでおじゃい申したど。

「世の中が、どのように変っても、あたいげのばあさんなんどの考えは、変るという事はなかもんじゃ」

と娘の咲ばあさんは言うのです。

「あたいが七十越えても、まだ十ばかりの娘に言いきかせをするごとく、いつも言い申す。――世の中は、俺共俺共《おいどまおいどま》と、わが事ばっかり言うようでは済まんど。われわれが悪かで人も悪うする。これを忘るるな――ちゅうて。

あの年寄の年金を貰うても、有難《あいがた》かことじゃと言いながら、いっこう特別嬉しかそうな様子もなか。ただ貰うた銭じゃ、人にも呉れろ、自分で働いたものじゃなかでというて、パッパと人に呉れてしもうて、小指の先ほども惜しむという気がなか。あたいらに少しでも惜しむ気があると、機嫌が悪うごわんで。

ここの小木原には昔から、百姓の奉公人の衆が、一緒になり合うて住みつきやる人が多うごわんで。そのような、身と身をふたつ合わせただけの、奉公人の夫婦の衆が出来あがると、うちのばあさんが、必ずな、晩の夜更けになってから、味噌も壺ながら、醤油も甕ながら抱えて持って行って据えて、帰りおいやったそうじゃ。わが家の者はそげなことは、何《ない》も知らじおったら、あたいが世帯を渡されてからな、そのよな奉公人の夫婦の衆たちがぞくぞくと挨拶に来て、

――ここのきくばあさんに、今までえらい世話になり申した。納戸小屋の庇を借りたばっかり、世帯というものは持ったが、米もなか、味噌も自分たちのものはなか、如何《いけ》んして、世帯というものを立てればよかろかいと胸の暗かった頃、ここのばあさんが助け神さんのようにやって来て、助けて貰い申した。米を借りるにも、計りもせずに、ほい持ってゆきやんせと、ぞっくい貸してもろて、一度の催促も受け申さんじゃった。けれども、こっちはそのよなことを一度も忘れず、いつかは御恩返しをと思うており申した。世帯がおまんさあに渡ったときいて、お礼に来申した――

と、誰《だい》も彼《かい》もから言われて、びっくりし申したど。

そいでまあ、うちのばあさんは、命によっぽど縁が永かして、もう百と六つでごわはん

が。わが母ながらたまがり申す。そいでもなあ、あたいらよりも精根がよくてボケてはおいやらんど。

百を越えてから、市長さんやら知事さんやらからまで、お祝いを頂くようになって、もう毛布やら、昔なら殿さまが寝やるようなお布団やらタオルやら、お菓子やらなあ、貰い申すもんで、こればあさん、このお布団はなあ、知事さんから貰い申したが、と云うて聞かせ申す。知事さんと云えば昔で云えばばあさん、薩摩の殿さまじゃんが、と云い申すと、な、ふーん、そうけ、というて、感心して――そげな風な頂きもんなら、百姓ん おれにゃ似合わんもんじゃ。あそこのあいは不自由か暮しをしとったで持って行たて呉れろ、と片っぱしから呉れたい人間を思いついて、呉れてしまい申す。自分で働いたものは、ひとに返せ、自分で働かずに貰ったものなら、なおさら身にはつけるな、身の腐ると言い申す。年をとって欲がつくということは、とうとうごわはんが。そげな母であり申すなあ」

和々《なご》とした野仏のようなきくばあさんがたった一度、鬼のように怒り立ったことがあるのを、咲ばあさんは忘れません。

咲ばあさんが、養子の武熊さんを迎えて世帯を持ったばかりの時、部落に死人が出て、小組合内の若嫁ばかりが七人連れ並《な》んで、咲さんを誘いに来ました。

死人が出れば明けの朝、部落中で籾を踏み、箕で揺って搗いて米にして、それを持ち寄って、野辺の送りをしに集まる人たちの、昼食の握り飯を作らねばなりません。男達は柩を作り、墓掘りをするのです。

死人の家の加勢の為、野良を公然と休めるその日には、なるべく若嫁を出してやる心づかいが村々にありました。ご一新直後まで「色つき着物」を着ることが出来なかった若い女達にも、野良休みの日にはなんとなく汗着物を脱いだような、小ざっぱりしたような色気が匂いはじめていました。だれに気兼ねもいらぬ葬式の加勢日には、衿のうしろをかきあげて剃ったり、縞木綿の着物ながら、それだけは小花の模様などの入った帯を後にちいさく結んだりする風も出来ていました。

死人の家の前か、隣の庭に筵を敷きならべ、墓掘りや柩の棺や葬い花を作っている男たちを、この日ばかりは泥や草のしみのついていない二の腕を袖口から出して、たすきをかけ、若嫁たちが接待するのでした。袖口をたくしあげている、メリンスの赤いたすきだけが彩《あや》でもありました。嫁たちがその日はいっせいに若々しくなり、男たちは目の保養をして、死者たちへの送り話が、あいあいと艶めきさえして、そのような庭で繰りひろげられ、死者を極楽に導く白い紙の鳥も、白い蓮華の花も出来あがり、柩も出来あがるのです。

この日ばかりは、一斗ざるに山と積んだ、米ばかりの握り飯に、丼に盛りあげた油味噌を箸でつっかけて塗り、諸焼酎を汲み交わして、いわば死者の振舞に逢うのです。死人の身内には油味噌のほかに、豆腐の味噌汁を出し、この豆腐も部落の長のような婆さまが作り方を伝授して、塩のにがりをとって置いて、自分たちで作るのです。各々の家を出るときに、加勢人たちは精米を一升ずつ、このような日の為にいつも用意して縫ってある布の袋に入れて持ち寄って、それが、死人の家に対する小木原部落の「結《ゆい》」のしきたりだったというのです。

若嫁たちが、そのような日の後帯を結んで、咲さんを誘いに来ました。

久し振りに湯を使って手足を洗い、支度していた咲さんが、いそいそと衿をかきあげながら連れ立って家を出、田んぼの中の道を曲ろうとしたとき、後から、聞いたこともないようなきくさんの大声がとどろいて、若嫁たちの足を釘づけにしました。

「ひとが死んだというとこれ（死んだというのに）後帯をしたりなんたり！」

そう云いざまに駈け寄って来る小柄な体が、鬼のようにみえ、咲さんの後帯をつかんで引き廻し、引き外してしまったというのです。それからものも言わず、しごき紐の前結びにさせて、一人娘を、立ちすくんでいる若嫁たちの前に突き出しました。きく女の若い頃の、ひとが死んだ日の加勢人の装束とは、そのような、何はともあれ駈けつけた者の、喪に服している慎しみの装束であったのでしょう。

百姓のおいにには麦の飯を炊いてくれとしつこく咲さんに注文しました。味噌をなめろ、よか物を食うな、と家族たちに云い続けました。体をはさむ上と下の布団があれば、有難《あいがた》かこつじゃといい、「我が家には爪に灯ともす暮しを強いて、人には呉れて」「百になったときに拝んで下した手拭《てんげ》をば、百と六つになった今でも使うて、何度、頂きもんが沢山あって、新しいのと替えて使うてくいやんせと頼んでも、余分に生きとって、新しかもんな要らんど、沢山あるなら持たん衆に呉れろ」というのでした。

その、百歳のときに下して六年間、いまも使っているという手拭いを咲ばあさんがそろっと持って来て見せました。その手拭いは、百六歳を越えた老女のいのちのあぶらと、この世の渋に染めあげられたというべき色をしていました。どうやら和手拭いではなく、かつては洋タオルであったとおぼしき縦糸の筋目を残し、その縦糸に、消えかかった蜘蛛の糸のような横糸が、あやしく絡んでいる布きれでした。どのような織物といえども、それを手織《たお》ったり染めたりした人びとの思いがこもっておらぬ筈はありませんが、きく女の手拭は、煎じつめられた生身のあぶらのようなものに染められていました。百六歳を越えた老婆が、この世に残すしるしのように、それはかすかな匂いをこめて、わたしの前にじわりと置かれ、手にとってひろげてみたら、布目から、この世が透けてみえました。

小木原一帯の奉公人たちへの無償の行為には、慈善のかけらはなく、辿ることの出来る妣《はは》たちの魂の、いやされぬ痛苦のようなものが感ぜられます。

古甕を抱えて、鼻先の闇と足元のまむしや草をかきわけ、細い畦道をそろそろと爪先さぐりに歩いてゆく小柄な影を、わたしは思いみます。その姿はあの、

――寒サノ夏ハオロオロ歩キ――

と書きつけた詩人を生んだものの姿ではないでしょうか。

――今の者は暇が出来て子ばかり産んで、そら人間は、どげな偉か衆でも、生まの身と皮の境のはっきりとわかる人はおいやらんで、子が出来るのは当り前じゃいども、子を産み方が多過ぎるで……、人が死んだというとこれ、後帯をしたりなんたり！……

「仏さんのようなばあさん」の口から漏れる生ま身の憤怒には、現世嫌悪の気配があります。なぜでしょうか。御所車も人力車も、はるかな都の風物として感ぜられるばかりで、彼女の暮しには入って来なかったように思われます。薩摩の支配もご一新の出来ごとも後々の政治の支配も、「ひらけた世の中」も、終にはこの老婆の一生にとっては、経めぐる四季の風物と同化しているのではありますまいか。

彼女の心を占めていた唯一のことは、小木原一帯の百姓の奉公人たち、あの、どん百姓たちのことでした。耳が遠くて、孫たちや若い者たちとの会話も途切れ、「婆さんの部屋」から、見事に拓かれた小木原一帯の田んぼを眺めて暮らしていて、日がな一日、吹き渡る風に耳を澄ましているように見えました。

十七歳のういういしい眉毛をそり落とし、その年産んだ息子は、八十過ぎまで生きていましたが親より先に死にました。残ったひとり娘の咲さん夫婦、その夫婦の「また養子」

たちの代になって、きく女が養家から湯呑み三つ、御飯茶碗六つ貰って「家分《えわか》れ」をした頃からすれば、この家は、乳牛数頭と小型三輪車の小屋が隣合ってならぶ自作農家になっていました。アメリカ向け輸出用カナリアの籠が数段、柵をかけられていて、御当主はカナリア飼育について、なかなかの専門家です。

未成年者人口が全国一の県外流失を示す出嫁ぎ県鹿児島のことについて、きく女は、

「ことくわしいことは何《ない》も知り申はんが、昔の奉公人は、この小木原のうちを出たりはいったりしとい申した。いまの若い衆は、遠か都の、会社なんどというところに奉公に出て、親の死に目にさえも逢わん衆が、多《う》ごわんど」

というのです。

きく女の一語一語を字幕のように思い出せば、うつろいゆく文明というものの景色の中ににじわりと出て来て、節の曲がった老人斑の腕《かいな》が、ちゃぷちゃぷと音を立てながら、泥水をかき撫でかき撫で、早苗の間を吹く風の中を、泳ぐような手つきでゆくのが見えてくるのです。それは拡がってゆく土塊のようにもみえ、古い絵地図が活き返って来るようでもありました。

そのような指が、もう唄わなくなった自分の子守唄を、田んぼの泥水といっしょに握り潰したまんま、果てるのをわたくしは見るのです。

第三章　男さんのこと

七十年ぶりの大干害だという古老の話をのせて、地元の新聞は、天草や阿蘇火山帯のまわりの地下水の枯渇を伝えていました。沿道のあちこちに不思議にも、山柿めいた小粒の柿がびっしりと朱色に色づいています。車の運転手さんは、

「日でりの年は、柿年げなですよ」

というのです。

「柿は精の強かそうですもん。柿さえ成れば、日でりは乗り越えらるるそうですな。昔の年寄りたちがそう云いよったと、隣の婆さんの云わすですよ。ありゃ年寄り木で渋柿ばっかりですが、そう思えば心丈夫か気のするですよ」

いのちの色の薄れたような秋の野をかばうように彼は重ねてそう云います。

その年南九州一帯は、鉄道の沿線もバスの沿線も、山裾や野の縁めいた所は熟した美しい柿の色で点綴されていました。よく見れば運転手さんがいうように、枝の下に民家を抱いているような大きな年寄り木ほどたわわに実をつけていて、その朱《あけ》の色は、心なしか衰弱した山野のいのちのように感ぜられるのでした。

「ここらは、いつもはよっぽどお米がとれるのですか」

山つきのちょぼちょぼとした田んぼにしか這入ったことのないわたしはそう聞きました。一見それほど広々とした沃野のように見えました。運転手さんは言下に、

「いいえ、ああた」

と言いました。

「ここらはああた、ただ広かばっかり、かねて水の少なか所ですもん。水はどっか、ずうっと底の方を行きよりますです、ここらの野を漉《こ》して。なにしろ火山灰土で、昔から黍《きび》と箒《ははき》しか出来んところですもん」

その黍も痩せて穂が軽そうに見えました。桑畑が少しの間続いていましたが、桑の葉もからからに乾いています。

「ほう、蚕もここらは飼っているのですか」

「その蚕を、穴掘って埋めよりますですよ、桑の葉の無うなって」

車は、熊本県鹿本郡菊鹿町のあたりを走っていました。わたしは高遊原《たかゆうばる》の近くへゆきた

いのだと云いました。高遊原なら、県が飛行場を造りたい所なのだけれども、畠を持っているる人たちが反対しているのだと運転手さんは云います。

「まあ、値段の折合いがつくまでのかけひきでしょうが、こういう黍しか出来んような野でも、百姓にとっちゃいのちですけん」

そう云ってから、この人は急に悦ばしそうな声になって振り返りました。

「お客さんあのですね、こういう日でりにですね、夢か嘘のように、田んぼの出来とる所のあるですよ」

と云うのです。

「ほう」

「折角車に乗ってもろて、日でりの不景気話ばっかりで申し訳なか。それがですね、地《じだ》の底にですね、よっぽど大きな川の流れよるとでしょうね」

「あら！」

「いやその、近くに白川ちゅうのはあるですがね。ここらの野を漉した水を集めて流れよる川が、阿蘇の方から熊本市の方へ行きますです。ですけども野面《のづら》の方には廻って来んですもん。それよりか、地《じだ》の底に流れよる川から水貰おちゅうことでその、昨年あたりからボーリングを始めましたですよ」

「ははあ」

「そしたらですね、湧いたも湧いたもその水が、もう、噴き上って来ましたですよ」

「あらあ」

「そこに御案内しましょうか、もうよか田んぼもよか田んぼ、黄金の稲穂ちゅうはあれですよ、もう一本一本どっしり首下げて稔っとりますですよ稲穂が。この日でりちゅうのに、黍畑も素枯れとる中に」

「まあ、それはお宅の田んぼですか」

「いいえ、よその田んぼ」

「よその田んぼ！」

「よその田んぼばってん、車廻しながら一日一ぺんは見に行こう如《ごつ》あるですもん、その噴き上りよる水と、田んぼ見に」

ゆく手にその田んぼが見え、一面荒蕪地のような野面の中で、なるほどそこだけ奇跡のような田んぼでした。稲と水の匂いがむんむんして草道は露の玉できらきらしていました。

「ああほんと、穂首が重そう。草道のまあ、美しさ」

「こりゃ見せ甲斐のあった。草まで褒めてもろて」

運転手さんはハンドルから手を放して打ちくつろぎ、いかにも満足そうに田んぼとわたしを見くらべ、もと来た道へ引き返しました。

「お客さんな、どげん思いなはりますか」

「夢みたいな田んぼでしたねえほんとに。水の力って不思議ですねえ」

「それそれ、不思議ですよ、ありゃきっと、地の底によっぽど太か川の流れよっとですよ、青か川の。日でりで暇だもんで、詰所で運転手同士で話よるです。世間はこういう七十年ぶりの大日でりちゅうのに、ボーリングで突き当った水の道が、ああも尽きんでこんこん湧き上ってくるちゅうは不思議。よっぽど、地の底に太か川のあるに相違なか、きっとそりゃ青か色しとるに違いなか、あの田んぼの持主さんな、その川に掘り当んなはったばい、今にここらはあちこち、田んぼの出来るですよ、来年から。そげんいうて毎日飽きずに、我が田んぼ見るごつその話して賑わいよるですよ、我が川見つけた如《ごつ》」

地の底を流るる青い大きな川を思いながら、わたしは高遊原の近くだと聞いた、梅田ミト婆さまの家を探していました。

熊本市の東郊、保田窪から小山戸島村への道は、朦朧たる土煙りでした。

風があるわけではありません。水気をすっかりなくした阿蘇火山灰地の表土が、見渡すかぎり、漂よいのぼっているのでした。その朦朧たる土の靄の中から、ゆくての道にときどきエンジンの音がして、車があらわれたりします。

よく見ると、その靄の下の道を形づくっている笹の藪は、白く脱色し、脱色したほそい笹藪に区切られて広がる畠、いや畠とみたのは実は田んぼでしたが、まなこをこらすと花穂を出したままに立ち枯れた稲が、折れもせずにすっと伸びた姿のまんま、十月も末の昼、ここらの野は異様に人の影もありません。かねてならもう出来秋の時季なのです。

さきほど聞いた地の底の青い川が耳の奥で音を立てて流れていて、そのことをミト婆さまと話してみようとわたしは思っていました。

託麻村平山は、そのような土の靄の中のか細くうっすらとした道を幾重にも曲って行って、稲に似た色の孟宗林の中に、小暗く包まれていました。

孟宗林の中に入ってみると、一軒一軒の在所はぽっかりとあかるく、村の家々は、その竹林の株の間の、静かな小径を縫ってつながっているようでした。

竹林の上を仰ぐと、いかにもむざんに高く高く空は澄んでいます。空の明るさがそのまま降りて来て、太い竹の根の古茎に縁どられている小径を照らしていました。そして、そのような小径の真ん中にぼおっと立って腰をかがめ、片手の杖を小刻みにわなわなとさせながら、梅田ミト婆さまは、えっえっと泣きじゃくっているのです。このたびは同行してもらったミトさんの孫嫁の、美代子さんの来ようが待ち遠しかったと云って、ミト婆さまは泣いているのでした。百四歳の婆さまは一人暮しなのです。

孫の嫁女が来てくれるにつけても、四年も逢わずに川尻町の精神病院にいる、七十四歳の息子のことが切なくてならないのでしょう。で、婆さまはいつもこう云うのです。

「あの親不孝もんが」

息子をおもい出すときの婆さまの口ぐせなのです。わたしたちがあらわれて、美代子さんが、

「ばばさん、さびしかったな。今じゃった」

と声をかけると、ミト婆さまはもう一段えっえっと声をあげ、ぼうぼうの白髪を傾げていやいやをしながら、杖を握っておらぬ方の左腕にその白髪をうつむけてこすりつけ、しゃくりあげ、とうとう屈《かが》み込んでしまいました。

「早う来うち思うとるばってん、わたしもいろいろ家の用事のあってな。早うはなかなか、来られんじゃった」

美代子さんは背中の赤ちゃんを揺すりあげて云います。

「待ち永かったばい、待ち永かったばい……」

婆さまは、うったてぶせ（当座の繕い）に継ぎをあてた舟底袖の袂を引っぱりなどして暫らく涙に当てて拭いては肯づいていましたが、やがて、このうえもなくよい顔になってにっこり笑い、また恨みごとを云いました。

「ほんに、ほんに、どぎゃん夜さりの永かったかな、夜さりの永かったばいほんに――」

そんな小さなミト婆さまの、まあるく屈まった背中をさすりあげながら、わたしたちはひとり暮しの婆さまの小屋の中に這入ってゆきました。

小屋の入口に、縁の欠けた水甕があります。土間の踏み込みに、いきなりそこを掘り窪めて、五徳を立て、くどが作ってあります。くどには、燃え残りの木の枝が灰の中から退《すさ》り出ています。その横の板ぎれ囲いの壁には、もういつ使ったともしれず枯れて朽ちかけた、大きな菅笠がかけてありました。

その菅笠はこの前のいくさ（大東亜戦）の後、台湾から四十年ぶりに帰ってきて、いま川尻町の精神病院にいる息子が、この家にいた三ケ月のあいだ、薪をとりに行ったり、畑をやってくれたりしたとき被っていた菅笠だというのです。突き当りの壁の下に、石を三つ並べて泥で塗りこめたあの懐かしい形のくどが、もう一つありました。くどの上の壁には、手鉤のついた鉄の鍋がかけてありました。石のくどには、婆さまがゆうべ炊いたご飯が、昔ながらの鉄の羽釜の中に入っています。猫か犬かが釜の蓋を押しやったのでしょうか、それとも婆さまが忘れたかして蓋がずれ、上手に炊いたご飯が見えています。

土間と同じ広さの六畳一間きりがミト婆さまの家でした。その畳敷きにのぼる上《あが》り框の下には、昨日おとといぐらいに拾い寄せて来たかと思われる枯れぶりの、薪の小柴が折り込んでありました。上り框を上ると、古い古いあめ色の畳の上に、小さな四段物の箪笥と、形ばかりの仏壇と、小さな長持が置いてありました。箪笥と長持は、婆さまの「かかさん」が嫁入りの時持って来たもので、素人の手作りのようなじつに簡単至極の、古板を長四角に組み合せた、位牌を入れるだけの仏壇はその前から有ったと云いますから、これは百四、五十年くらいか、或いはもっと前の物なのでしょう。箪笥は塗りの物であったらしく金具の跡がありました。長持は、もとは白木ででもあったのか、すかすかと黒く浮き出た木目が軽やかに枯れきって、ひとりきりの貧乏な婆さまが死ねば、屈まり寝たままの姿で、ちょうど収まる柩によいくらいの大きさでした。

ミト婆さまの家財は、ほかに数個の茶碗と皿と、窪んだアルミの薬罐だけでした。これらの品々を自分の死後、病院でひとりで死ぬかもしれぬ息子と、孫やはとこの子たちに形見分けしておかねばならんと彼女は考えていました。

「生きとるうちは、どうしてだいろ、遣ろ如《ごつ》にゃあけん（やりたくない）。うっ死《ち》んだならば、あれたちが来て、取ってゆこうばい」

と思うのです。

幕末肥後熊本の在の片田舎に育った、水呑百姓の女の「親代々の品もん」であるこれらの家財一切は、燃やせば火の精の起る間もなくて、残りの灰さえぽこぽこ飛んで、どこへ消えるやらわからぬように、燃えつきるでしょう。

梅田ミト、文久三年（一八六三年）三月生まれ、いま百四歳。彼女の姿なり家財なりは、生命や年月のあの風化というものを語っていました。

その明るすぎる竹林の中の空間も、その長すぎる生も、わたしたちの意識が描きたがる庶民の近代とやらから、足の首から先くらい、抜け出していました。彼女の居住する竹林の空間は、わたしたちの風土の睡りの時期の、夢の中の景色のようでもありました。

「ばばさま、ここのまわりの竹の山のなあ、絵に描いた如《ごつ》、美しゅうございますなあ」

感にたえて、わたしは云います。すると婆さまが云いました。

「うつくしか。ほんに……。かかさんの生きとらしたなら、さぞ、喜こばっそばってん」

「ああ、かかさんの」

「かかさんのなあ、生きとらすとき、向いの山の竹藪ば眺めてな。たった一本でよか、おるげの庭さねも、筍の這うて来ればよかばってんち、いいおらした。祭のときの御馳走《ごっつお》にな、筍の煮〆の、一本あればよかばってんち。筍好きだったけん。

かかさんの生きとらす頃にゃ、向いの山の根つけに、竹藪の十五、六本生えとるばっかりだった。その筍の、おるげの縁の先まで、今は這うて来たたい。ぐるっとな、村中竹の山になってしもうたたい。かかさんのおらしたなら、さぞかしびっくりさすど、嬉しゃして。夢んごたるもん」

彼女の生は、わたしたちの精神の歴史のおもいだせない意識、あの生来慎ましいというべきか、いじらしいというべきか、ちいさな存在がおおきな世界の中に置かれて、途方にくれながら自分を営んでいる姿に思われました。

けさのめしは、旨《うま》かった。

目の醒めるときは、あら、まぁだここはこの世じゃろか。やっぱこの世じゃなあと思うたい。そうばってんどうしてだろ、ひとりで居ったちゃな、ばばさん、ひとりじゃ、めしも旨《うも》うなかろち云わすばってん、ひとりで食うてちゃ、めしのぶんは旨《うま》かもん。そして晩になれば、あらもう、また晩の来たち思うばい。

毎晩、毎晩、夜さりの永さがな、百年分ばっかりある如《ごた》る。

今夜は夜の明くっどか、明けんどか。

このまま寝れば、ひょっとすれば、あしたは死んどるかもしれん。自分じゃまあだ、八十ばっかりの気のするばってん、百と四つになっとるげなで、嘘のごたる。この前まで八十だったけん、自分じゃな、そるから先は、うち忘れちな、年はいっこう勘定せんもん。たいがい永生きしたけんな。いつまで生きろばよかな、ち、人の云わすばってんな、七十越えた息子が、川尻の病院にひとり入院しとるけん、おるが死ねば、あやつは誰《だる》ば頼りに暮らあちゅくか。そるば思えば夜さりの永か。

呼びとって面倒みてやろ如《ごた》あるばってん、自分が食うず食わずしとるけん、そりゃでけん。あやつが戻ってくるまで、生きとろと思うて願かけまでして待っとったて、あの親不孝もんが……。親ば養う見かけばしたのはたったの三ケ月、台湾のいくさにとられてな。四十年も逢わんだったけん、妙な人間になって戻って来て、どこで気の狂うて来たもねろ(ものやら)、すぐ気の狂うてばっかりおって。親ば蹴たくりこかすような人間になって戻って来た。

いくさに取られてな、戻って来て三ケ月居ったばっかり。おるが願の掛けようの足らじゃったけん、しようもなか。あやつが当り前もなかようになって、病院に入っとるけん、先々の心配で死なれんたい。戻って来たはなは、しんから懐かしか風で、小《こ》まんか時行きつけとった山に、柴ども採りに行ったり、畠にゆけばついて来て、

「かかさんな俺より年寄りだけん、休みなはる」

ちゅうて鍬ば取りあげてな、百姓ん仕事も嬉しか風にして働きおったばってん。何に狂うとだいろ、狂うてばっかりおって。たった三ケ月、戻って来てから親子の縁のつながったばっかり、四十年も離れて暮しとったけん、どういう目に遭うて来たもねろ、しんから魂の戻りつけん風だった。日清戦争てろ、台湾戦争てろ、ろくなことじゃなか。気の狂わにゃ出来ん。

ああ、西郷さんのいくさのことな。まだそん時まで刀のいくさでな。鉄砲の音もちっとは、ぱちぱちしよったばってん、こんだのいくさの如《ごつ》、飛行機てろ、ばくだんてろ、怖しかもんは出来とらんだったばな。それでもな、兵隊さんたちゃ、粥も食いださんごつして、餓《ひ》だるか目にばっかり遭うておんなったろ。おるげの息子も、ああいう目にばっかり遭うとったっだろ。親は往たこともなか遠かところで、四十年も、気も狂うたいなあ。

刀のいくさはな、芝居のように、品の良うはいかん。

侍さんでもな、死のうごつはなかろもん。田んぼの藁小積みば間にしてな、両方とも斬られんごつぐるぐる廻ってなあ、おめき合うたり、突っこけたりして、勝負のつくまではそらもう大事《おおごつ》、畠も作《さく》もそこらじゅう踏んで踏んたくって、しちゃくゎちゃ使いもんにならん如《ごつ》してしもうて、殺す方も殺さるる方も泥まみれになって、何のわけで殺し合いばしなはるだろか。おるげの息子もあぎゃん目に遭うたっだろ、よう生きて戻ったたい。いくさのなんの、しんからの百姓なら出来んばい。暗きから暗きさね起きて作ばつくろうちゃ、どういう大ごつな。踏んで踏み固めてなあ、畠も田も使いもんにならんようにしてしもて。いくさの通った跡は、百姓がどのくらい大事《おおごつ》か。迷惑なこつ、ほんなこて。

ここのお城の殿さんな加担《かた》らっさんじゃったげな。加担らんかわりにお城ば差し出しますちゅうて、殿さんば止めらしたげな。西郷さんと天朝さんと戦わしたげななあ。せっかくな、殿さんのよかお城ばさし出しなはったて、両方してひと晩で、つん燃やさしたげな、熊本の町にまで火いつけて。おどんげには一日、いくさの通らしたばっかり、熊本の方は町中お城といっしょに燃えたげなで、おとろしかったろ。

空に煙の流れて来てな、カラスどんが啼いて空いっぱい逃げてくるけん、親共がそう云うて、カラスどんが逃ぐるけん、こらあ大事ちゅうて、逃ぐる支度しようちゅうてな、しよるうち、いくさのもう、きゃあ来たもん。逃ぐる間はなかったたい。

殿さんちゅうてもおどまよう知らん。名前な、さあ、お城ば差し出しなはった殿さんなあ、なんちゅう名の殿さんだいろ、ただ殿さんちしか云いよらだったけん、名前まではなあ、誰も云いよらんだった。保田窪の方にゃ、殿さんたち（郷士たち）の、うんとおんなはったげなばってん、おどんげの村にゃ来《こ》らしたこつもなか。清正公さまにゃ願かけて詣《みやあ》りよったばってん。あら、清正公さまは昔の殿さんてな、ほう、そうだったかいな。西郷さんのいくさの時の殿さんな違う人ちな、おどま知らだったもん。清正公さまなら、息子が戻ってくるごつ願かけとったばってん。

願な掛けたが、百姓しよるもんだけん、わが掛けた願のぶんだけの日にち、詣ること出来んだった。願ば聴いて呉れらすだけ、詣らだったもん。自分の畠の百姓じゃなか、よその百姓にばっかりやとわれて、貧乏しよったもんだけん、自分が掛けた日にち、詣ることできんだった。

お城にゃ、めった行く者はおらだったろ。百姓がなんでそういう所にゆこうかい、おとろしかもん。細川さまちなあ、へえ、お城の殿さんの名前なあ、おどま知らだった。どういう人か、教えてくれる人の居らだったもん。お城までなあ、ここから二里半ぐらいだろ。いんや、一度も往た事はなか、よっぽどの物好きか閑人《ひまじん》でなからにゃ行かんど、そういうおとろしか所にゃ。

西郷さんと天朝さんと、なしてたたかわしたか、いくさのあったことは知っとったばってん、はて、なんのわけで戦わしたもんだろ、教えてくる人の居らでな、いっちょも知らん。おどまただただ暗きから暗きまで、鍬もって野に出るばっかりで。自分の畠じゃなか、よその畠にやとわれて。雨の降りにはよその着物縫うて。晩にも縫いよったけん、そげな話は聞いたこともなか。いまでもな、天気のよか日には、竹の根ば腰掛けにして縫いよるばい。はじめてああたが来《き》なはった時のごつ。もうな、目のちっと薄かけん、うったてぶせ（当座の繕い）しかでけん。ばばさん上手なあ、ち云わすばってん、自分が見ても縫い目がな、野道の山道のちでけとるたい、おほほほ。

おどま誰と話ばしよったもねろ（ものやら）、土龍《もぐら》にども話しよったっだろ。かかさんのやかましか人だったけん、婿殿な逃げてゆきなはるし。殿さん方の話にゃ縁の無かった。いっちょも知らだったもん。

それよりか、唄ならぐっさり知っとるばな。

ことしもなあ、世の中はひでりのごたるが、なして、雨貰いに行きなはらんとだいろ。なぁん？　今は地《じだ》の底の川から水貰いなはるてな、ポンプで。ふうん、川は天にもあるけん、地の底にもあろ。そりゃ難儀なこつ、田んぼ養うだけポンプで貰おうちゃ。

昔ゃ日でりの時は、雨貰いにゆきよったばい。今日も降らん、明日も降らんちゅうて空ばっかり見とろより、早よ打っ立って、雨貰いに行こちゅうて、子どもも男もぜんぶおなごもぜんぶ、村中総よう連れでゆきよった。

なんもむつかしか事じゃなか。乙姫さんのお宮の前に集って、打ち揃うてゆくとたい。めんめんに笹の枝ば折って肩にかたげて、桶に、井川の水の底にだけ溜っとるのば掬うて入れて持って、その水で笹の葉ば湿らかして、打ちふり打ちふりゆくとたい。先の方には鉦打ちの人たちがゆくとたい。後からおどんたちが、笹ば打ちふって、踊ってゆくと。鉦のいろに合わせてなあ。そんときの唄な、やさしかばい。

わたしはきょうは
雨のふりまっせんけん
雨もらいぎゃゆきよります
あすは　雨　雨
どうぞ　雨くだされ

文句はそれだけ、そしこ。そしてなあ天ば見て、笹ばふりふり、

かんかんのう
きゅうれんそう

きゅうはきゅうれんそう
さんしょならい
もれもんとは
ちいさお　ちいさお

ちゅうて踊ってゆくと。日の昏るるまじ。
文句のわけな、わけはしらん。そら、雨貰いにゆく時の心のことだろ。わけのなか唄もあろうもん。

きつかひでりのときは、飛んでされきよった（さまよった）ばい、晩にもな。いっしんだった。たのしかもんだった、いっしんだったけん。汗まみれになってなあ、餓《ひ》だるか腹で、祭のごたった。晩に飛んでされく時ゃ、たいがいお月さんの出とらした。

そぎゃんして唄うてな、ここらあたりの道ば飛んで踊ってされきよったばい、村中総よう連れで。そん時ゃまだ小《こ》うまか藪くら道じゃった。藪くら道でんなんでん、飛んでされきよったもん、雨貰うとだけん。今のような往還道ゃ、まだ出来とらだったばい。するとな、やっぱり霜月にもならんうちに、雨ば呉れよらした。ようしたもん。

なんだったかいな、ああ西郷さんのいくさな、通らしたばい。わたしが十過ぎ時分の頃だったろ。

　早鐘のじゃんじゃん鳴ってな、いくさになるかもしれんけん、女子供《おなご》は怪我せんごつ隠れとれちゅうことでな、女子供も隠さにゃならんが、米味噌も穴掘って隠せちゅうてな、子どものことだけん、ふだんと違うて、親どんが走り廻ることが珍しかぐらいのことだった。

　それでな、鐘の鳴りだしたけん、そら隠れろちゅうて、やっぱり胸のどろどろしだすたいな。鉄砲の音のぱちぱち聞こゆるもん。

「外に出るな!」

　ちゅうて親どんがおめく。もう大騒動。畳ば残らず剥いでそれを屋根にして、家の中にもういっちょ屋根作ってな、その中に屈んでおりよったばい。胸はどろどろさせて。

　そしたらいっときしたら鉄砲の音の止んで、兵隊さんたちの四、五人連れ、来《こ》らしたもん。ありゃどこの言葉だったろか、言葉のちがうけんな、はじめはおとろしかった。で、その人たちが、おどんたちが隠れとるのに感づいてな、屈んで来て、よそ言葉で、

「ほんにすまんばってん、鍋ば急いで貸して下はるまっせ」

　ち云いなったもん。それで、かかさんの這うて出て、

「いっちょしか無かつん欠け鍋でござりますばって」

ちゅうて鍋ば差し出してやらしたたいな。そしたら、

「いんねいんね、どういう鍋でもよか、鍋でさえあれば。持ってゆきゃしまっせん、貸してもらいます」

ちゅうて、

「こんどはついでに、くども貸してくだはりまっせ」

ち、云わした。よその言葉でな、丁寧に云わした。

「くどはそこに座っとりますたい」

ち、かかさんの云わした。

兵隊さんたちの、自分共が袋から米ば出してな、磨いで、まま炊きに仕かからしたもん。

良うか按配に匂いのしだしたと思うころ、まぁた鐘の鳴り出したたい。そしたらな、兵隊さんたちの、めんめんに舌打ちしてな、

「せっかく炊いたかいもにゃあ」

ちゅうて半分笑いして、鉄砲摑んで往ってしまわした。

良か粥の出来とったもんな。かかさんの、

「せっかく炊いたかいもにゃあ」

ちゅうて真似してな、蓋をとってみて、

「良かお米の粥のでけとる。食べに戻って来《こ》らすかな……来らすまいなあ」

ちゅうて、おどんたちも良か匂いのするもんだけん気になってな、鍋のまわりに屈んで待っとった。そしたらいつまでも来《き》なはらん。

「仕様んなか、待っとるばってん来なはらん、来《こ》らすまいなあ。もったいなか、御馳走《ごっつお》になろ」

ちゅうて、おとろしかまかせの一日だったけん、餓《ひ》だるうなって、兵隊さんの食べだされずにゆきなはったお米の粥は、ごっつおになってしもうたい。お米の粥のなんの、病気になっても食われんだったもん、麦の粟のちばっかり食いよったけん。いくさにゃまあ、お米持って漂浪《され》かすとばいな。

あんときの兵隊さんな思えば餓《ひ》だるかったろて。ほんにいくさは難儀ばいな、粥も食いださん如《ごて》。弾にも当らず斬られもせず、我が家にもどり着かしたもねろ。どこどこの人たちだっただいろ。

西郷さんのいくさの通らしたのはその日一日だけだった。

侍の家に生まれたなりゃどうだったろかてな？　いいや大ごつ。侍さんになるのも難儀そうな風ばい。殿さんたちのぜんぶ止めらす頃、銭出して、金上げ侍ちゅうてな、いっとき殿さんにならした人の居らしてな。その人が、せっかく殿さんになったけんちゅうて、村の分限者どんばっかりして、お伊勢詣《みゃあ》りにゆかしたげな、刀差して。刀も、殿さん止めらした人から買いなはっただろ。刀はえらい重か品物げななあ。そしたらな、お伊勢さんまでゆかんうち、刀の重さで腰のたがえて、ぎっちり腰になって、動きゃならんごつならしたげな。連れの人たちも大迷惑してな、えらい難儀なお伊勢詣りだったげな。籠作って荷うたりして。鍬どもかたげとれば、ぎっちり腰にもならんとに、刀のなんの差さすけん。それから一生腰の利けんごつならした。菊池の方の温泉に、永う湯治にゆかしたばってん、刀の祟りで、後々按配の良うはなかったげな。

世の中のどのくらい変ったかちゅうても、おどま世間の明《あか》かときも暗かときも、地見《じだ》てばかり暮しよったけん、世の中のこた、なぁんも知らんにゃおった。知らんまに百と四つになってしもうたたい。いっちょも百になった気のせんが、ほんなこつだろか？　自分じゃまだ八十ぐらいの気ばかりするばって。

世の中のどう変ろがおどまひとり暮しだもね。話の合う者のおらんけんつまらん。あんた達にゃ、まあだわかるみゃ。自分がその身になってみにゃ。

夜さりのながさにおもうばい。世の中はなあ、やっぱ、男さんのおんなはらにゃなんの嬉しかこともなか。男さんのおんなはらにゃ、こういうつまらん世の中はなか。

おどまなあ、最初の婿殿に逃げられて、そん時が一番きつかった。よっぽど好きなひとだった。

かかさんのやかましかったけん、その人はおりきらずに、よう我が家に帰ってしまいよらしたもん。昔はな、男の方が通うて来《き》よらしたもん。うちは、おどんが頭《かしら》に女《おなご》ばかりの四人きょうだいで。ああいう能なしの婿殿に添わんでよかちゅうて、かかさんのおごらすもんだけん、その人は帰ってしまわした。親の云わすことは聞かずばとおもうてな、辛かったばい。

わが家さね戻りっきりにならす前に、そこの乙姫さんのお宮の、茱萸《ぐみ》の木の蔭で待っとるけんちゅうて、使いの人の来《こ》らしたもん。行たたいな、恋しゅうして。いまも恋しか。

わたしば搔き寄せてな、

「親ば置いて逃げようちゅうは辛かろばってん、二人で逃ぐ」

ち、云いなった。

「上方の方に、二人づれ、百姓奉公しいしいゆこ。体のぶんは達者かけん、働き働きゆけばどうにかなろ。昔とはちがう世の中になりよるちゅうけん。おどんたちのように、自分の地《じだ》も持たん者の逃げたところで、追うて縛りには来らすまい。今夜逃ぐ！」

ち、云いなった。かなしかった。

「おどま、かしら娘だけん、かかさんも在《お》られれば、こまんか妹共もおる。親きょうだいのおらんなら、地獄のはてまでも、ああたに付いてゆこごたる。どうしゅう、あのひとたちば打捨《うし》ててゆくわけにゃゆかん」

ちゅうて、夜の明くるまで別れきらずにな、茱萸の木の蔭で身と身をさしかわして悶えてな、泣いて二人ともおった。三日月さんのなあ、出て居んなはった。茱萸の間から。三番鶏の鳴いたら往ってしまわした。あれが鳴けば、今もまだかなしか。今でも諦めきれん。後で添うた婿殿にゃ心は添わだった。

昔の唄はよかったばな。

けい、しね唄は知っとるな、麦搗くときの。知らんちな、唄おかな。

臼の中にも　名所がござる
むすめ　仕立ててやるこころ
おとゆ　振りよせ
世間なさておき
様じょが　立ちぎき

そういうて、こっとんこっとん麦搗くたいな。雇われ者ばっかりして。婿殿の外に来とらすけん。ほどよう搗けちゅうことばい。

こんや来るばな

どの間に寝るか
東納戸のつぎの間に
雨戸あくれば雨あられ
うちに明かした殿御なら
蓑笠なんぎはしないもの
あたしの前掛け　蓑にして
さらしの手拭いほほかむり
そのときのつらさ

そのときの辛さちゅうはな、三番どりの唄うたなら、夜のあくるけん、婿殿の往ってしまいなはるもん。

第四章　天草島私記

山の峠を越えるとか、海を渡ってゆくということが、意識するにせよしないにせよ、人の一生の大きな区切りになっていた時代があった。

海を渡るということは故郷からの別れだけでなしに、何かの境を越えてしまう、そこへはもう戻れないということでもあったのである。そのような意味の出発が国民的規模で始まったのは、いうまでもなく御一新前後からであったと思われる。彼らの出て来た小さな村はその時朽ち始め、あるいは代替りし、まだ始まらない村がゆくてのどこかにある。

そういう出発をする時、ひとは木で造った舟が海に浮かび、櫓というものが海の上の見えない道を漕いで、陸の道につながる不思議を思わなかったであろうか。そしてまた、始まりと終りが完結しないでつながったり消えたりする、道というものの営みの不思議を、山間の草道の静寂や、舷を打つ波の音に思わなかったであろうか。

幕末、天領天草上島の栖本一帯から不知火海を渡って、北薩摩の大口市、山野小木原に移住した有郷きく女の婿の親たちは、どのような出発をしたのであったろう。その栖本に近い望薩峠や龍ケ岳より見れば、いやいや不知火海側の天草島のどこから見ても、御所浦島、獅子島の彼方に九州本土が横たわり、薩摩出水郷や肥後芦北郷、それに水俣の山々が煙っている。

ここに一群の人たちの出郷の模様をうかがわせる史料がある。薩摩近世史の大家原口虎雄氏がご自分の研究カードから抜書きして下さった薩摩移住天草者の名簿である。島津家臨時編輯所から写し取られた嘉永六年（一八五三年）丑六月の日付のある記録、郡奉行作成の『菱刈並真幸《まゆき》表に出稼差越候天草者取調帳（全）』によれば、総人数五百三十三人が天草から出郷して、北薩摩の菱刈、真幸表、すなわち馬越、山野、大口、吉松、加久藤、羽月、本城、飯野などへ配されている。「出稼」とあるが、たぶん、そのまま住みついた者と思われ、それは、薩摩藩の農業政策であったことがおいおい判明する。出稼者の名と出身村名が、精しく記されている。

馬　越

一、家内人数七人　天草次木村　権右衛門

合家内数　壱
合人数七人
右馬越江居住

山　野

一、家内人数六人　天草瀬戸村　幸八
一、同九人　同所同村　伴助
一、同六人　同所同村　甚兵衛
一、同弐人　同所同村　市右衛門
一、同拾人　同所楠之浦村　五市
一、同三人　同所志柿村　五郎兵衛
一、同弐人　同所同村　利平次
一、同七人　同所同村　宇市
一、同六人　同所同村　弥兵衛
一、同三人　同所同村　善助
一、同八人　同所同村　円右衛門
一、同四人　同所同村　佐吉

一、同六人　同所同村　喜七
一、同五人　同所同村　久米助
一、同五人　同所同村　勘兵衛
一、同弐人　同所同村　弁蔵
一、同五人　同所同村　若右衛門
一、同三人　同所同村　貞平
一、同九人　同所同村　嘉一
一、同五人　同所同村　梅七
一、同五人　同所同村　貞右衛門
一、同七人　同所同村　才蔵
一、同六人　同所同村　順吉
一、同三人　同所同村　周吉
一、同七人　同所同村　福右衛門
一、同六人　同所同村　源右衛門
一、同四人　同所同村　喜平次
一、同六人　同所同村　喜助
一、同五人　同所同村　安太郎

一、同五人　同所同村　伊六
一、同六人　同所同村　龍右衛門
一、同四人　同所同村　友右衛門
一、同四人　同所同村　徳平
一、同三人　同所同村　為三郎
合家内数三拾四
合人数百七拾七人
右山野江居住

大口

一、家内人数四人　天草宮内村　喜惣次
一、同四人　同所栖本馬場村　熊次
一、同壱人　同所志柿村　武七
一、同三人　同所棚底村　鎌助
一、同五人　同所栖本高江村　磯右衛門（高江村は古江村の誤りか＝著者注）
一、同弐人　同所同村　太市

このように並べてみると、苗字を持たない者たちの名前のバラエティが興味深いが、あとまた続けて栖本馬場村三太郎同三、とあるのは家族数であろう。同じく同村同所重太郎三人、同村同所牧右衛門五人、同じく権右衛門六人、同村同所幾太郎六人、同村同所六兵衛、同じく兵吉六人、同じく慶右衛門十人、同じく伝五郎五人。天草大島子村政兵衛六人、同所同村用七五人、同じく千右衛門七人、寅之助壱人と続く。この組は村の組合せも多彩で、上島の棚底村、浦村、大島子村のほかに、下島の壱丁田村も加わり、「合家内数三拾七、合人数百拾九人、右大口江居住」とある。

さらに別の組が仕立てられ、壱丁田村、大島子村、栖本馬場村、志柿村、下浦村が加わり、女世帯が一つあって「ひな、弐人」とある。宮田村金助三人で終り、「右大口村江行廻賃取稼之者共御座候」。村別の世帯数を数えて見たら、大島子村十五世帯六十二人、栖本馬場村、栖本古江村を合わせて十五世帯六十八名、隣村下浦一世帯四名となる。

もっとも出郷者の多い村は山野・大口へ移住した志柿村三十四世帯で、このようにまとまってゆけば、そっくりそのまま、村が移住したような有様であったろう。ちなみに志柿村の家数は天保二年（一八三一年）に三三三、万延元年（一八六〇年）に三四八である。

楠之浦村から薩摩吉松へ移ったもの、瀬戸村や棚底村から宮崎境の加久藤へ廻されたものもいる。その近くの羽月へ移った組は、内田村二世帯、志の木村十世帯、下浦村九世帯である。下浦村の元庄吉妻幾世の後家家内四人が本城へ移住し、飯野へ廻された四家族十四人は、なぜか村名がなく天草とだけしか記入がない。

「惣合家内数百弐拾九」のうち、百八世帯五百三人については、「右明木屋等へ致栖居田畠地相請取少々ツツ致作職工者郷士百姓所江賃取いたし罷在候」とあり、十一世帯三十人については「右為定栖居木屋もこれ無く郷士百姓所賃取いたし罷在候」とある。「惣合人数」は五百三十三人。世帯数内訳の合計が百十九にしかならぬのは、何か計算違いと思われる。

手漕ぎの舟しかなかった時代に、五百三十三人といえば大移民団である。一度には往かなかったにしても、いかなる姿をした人びとが、どのような思いで村を出、舟に乗ったのであろうか。有郷きく女が「婿の親の代に、村ながら出て来申した」と語ったその村とは、どういう仔細を含んだ村であったのか。

薩州入国の話はどのように村々を流れたのか。薩州の北の方に、田んぼが余っているとでもいう噂だったのだろうか。他国者は入れぬが、仕事にまめな天草の百姓ならばとくに見込んで入れ申さるげな。働き出した分の田んぼは、わがものにならぬでもないそうじゃ、とでも話あっていたのか。有郷きく女が、栖本の村ながら来申したと云ったのは、栖本のうちでも馬場村あたりの部落単位をさすのかもしれぬ。

「定め栖む木屋もこれなく、郷士、百姓所へ賃取りいたし罷在候」とは、一家十人も九人もで〝天草者〟が大挙して北薩摩の荒地に流れ入り、空き小屋を宛がわれたり郷士や百姓のところへ下人となったはよいとして、住む小屋もなかった組は、梅雨どきや冬は南九州でも特に寒冷なここら一帯で、どのような夜々を送ったのであろう。家内全部が同じ家の下人になったとも考えられぬが、引きうけ手の仕事が終れば、どのような所に家族が相寄り、その日のことを語り合うたのか。木の下や観音堂はあったのだろうか。よそものが来て、土着の家の軒先を借りることは憚かられたであろうに。そのようになるのであってもしかし、天草の村を離れねばならぬ現実があったのである。

右のような事を思い浮かべながら悶々と水俣病にかかわっている間に、有郷きく女や、須崎文造翁、大口の郷土史家寺師三千夫氏に死なれ、気がかりを解く糸口をわたしは久しく失なってしまっていた。きく女の仕えた親たちの出郷がうかがい知れる手がかりを『天草近代年譜』(松田唯雄著)の中に見つけるまでは更に年月がかかった。唐突なようだが、水俣病問題に関わる中で考えざるを得ぬ民衆の思想の出自を探ることと、近代社会におけるいわゆる市民を考え合わせること、亜知識階級とは異なる存在として見えている辺土の民衆像、たとえば天草移民たちのありかたを探ることとは、わたしのなかでは一本の糸に縒りあわさっていた。きく女や須崎文造翁の人柄に触れて、その情趣深い徳性を垣間見るにつけても、それが何に困っていたかを思わずにはいられない。近代がうしなってゆくばかりの民衆の性情の美質と深く関わるからである。

目に一丁字なき者たちが生得的にそれを規範として生きていた倫理とはどのようにして

生まれたものであったのか。その魅力にみちた人柄の中から、この世の綾を紡ぐ糸のように吐き出される語りかけはなにを意味するのか、生得的とはどういうことか。いうまでもなく、どこにでも居たただの一百姓一漁師にすぎない者の一生である。けれどもただの百姓漁師の、ごく普通の人間像が、たとえば須崎文造や有郷きくや梅田ミトを見てもわかるように、なぜに風土の陰影を伴って浮上する劇のように美しいのか、そのような人間たちがこの列島の民族の資質のもっとも深い層をなしていたことは何を意味するのか、そこに出自を持っていたであろう民族の性情は今どこにゆきつつあるのか。その思いは死せる水俣の、ありし徳性への痛恨と重なり続けているのである。そのような者たちが夢見ていたであろう、あってしかるべき未来はどこへ行ったのか。あり得べくもない近代への模索をわたしは続けていた。

『天草近代年譜』によれば、嘉永五年（一八五二年）二月十日の項に、「薩州出水郡郷士竹添権之助、関屋八郎右衛門上下三人、是日富岡へ船上り、薩州是迄旅人を入れざる国是固取し来れる処、当藩主の声掛りにて、以来他領同様自由に往返差支えなきに至れるを以て、さしより出水開発地稼人夫募集の為め罷越せる趣にて、山方役江間新五衛門を介し役所に申入れるところあり、夫々了解もなり、十二日出船帰国す」とある。さらに、十一年後の文久三年（一八六三年）二月六日の項に「郡中組々より薩州へ出稼人、是日一同打連れ、志柿村瀬戸より彼地へ向け出船す、組総代筆者として、本戸馬場村順太郎之れに同

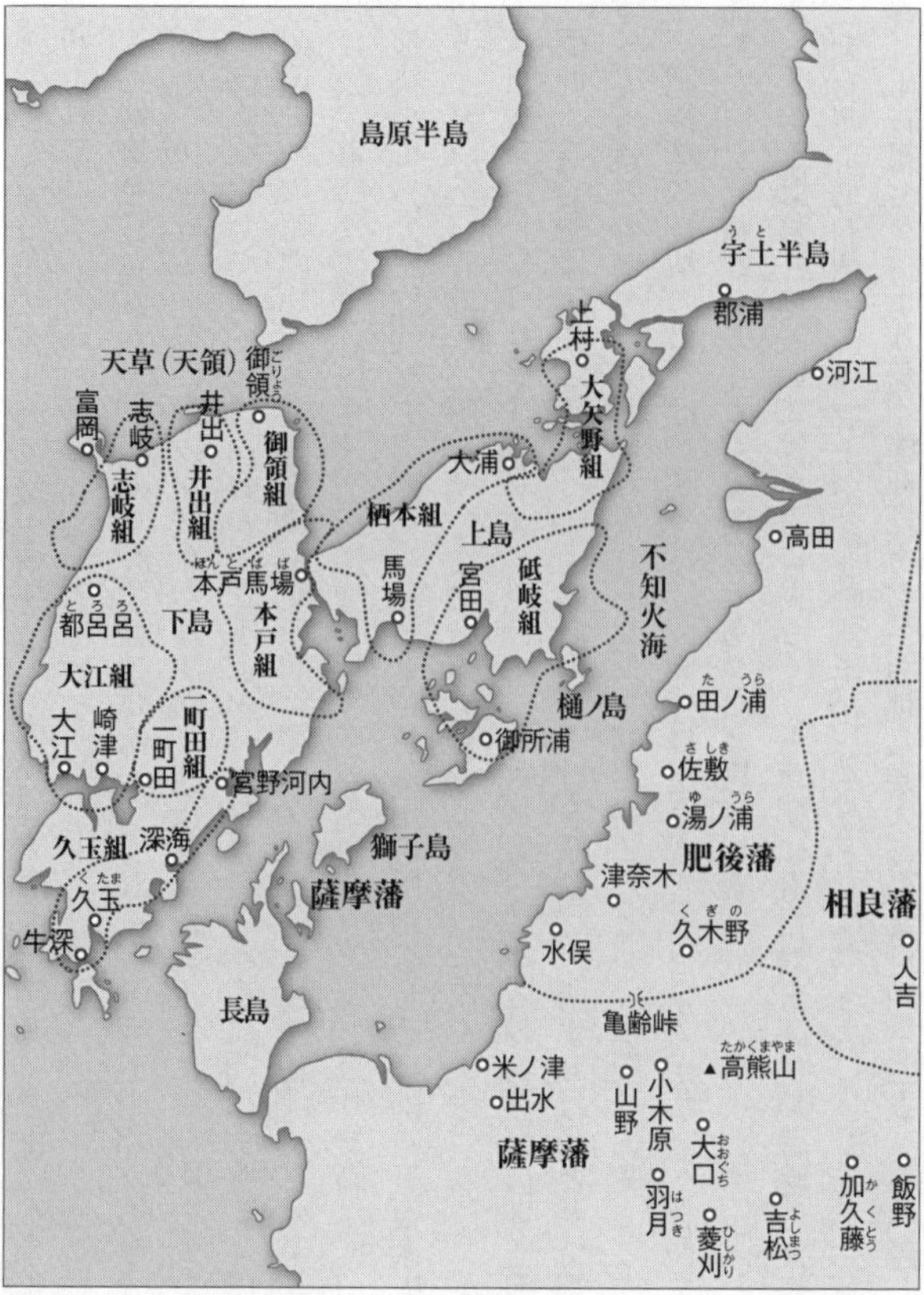
島原半島
宇土《うと》半島
郡浦
河江
上村
大矢野組
大浦
天草（天領）
御領《ごりょう》
富岡
志岐
井出
御領組
志岐組
井出組
栖本組
上島
高田
不知火海
本戸馬場《ほんとばば》
馬場
宮田
砥岐組
都呂呂《とろろ》
下島
本戸組
大江組
田ノ浦《たうら》
樋ノ島
大江
崎津
一町田
一町田組
御所浦
佐敷《さしき》
宮野河内
湯ノ浦《ゆうら》
久玉組
深海
獅子島
肥後藩
津奈木
薩摩藩
相良藩
久玉《くたま》
久木野《くぎの》
水俣
牛深
人吉
長島
亀齢峠
米ノ津
高熊山《たかくまやま》
出水
山野
小木原
大口《おおぐち》
薩摩藩
加久藤《かくとう》
飯野
羽月《はつき》
菱刈《ひしかり》
吉松《よしまつ》

行」とある。このような記しかたからすれば、「稼人夫募集」はかなり恒例化していたことが感ぜられる。

天草民の薩摩移住は嘉永の頃に始まったのではなく、それより約百五十年溯る宝永の頃から記録が見出される。原口教授が薩摩の古記から採集されたカードには「肥後天草民五百余人、薩州へ来りて我国の民たらんことを願ふ。人をして天草吏に問はしむるに曰く。比年、凶民まさに死亡せんとす、故にかくの如く願ふなり、食を賜はれば仁厚の至りなりと。時に公、東武（江戸）に在り。天草の宰竹村太郎左衛門、芝邸へ来りて請ふて曰く、天草の地狭小にして民飽食せず、願はくば田を給し薩州の民たらしめば則ち五百余人の再造の恩とすと。公、許容し、田を給し業に就かしむ」（原漢文）という宝永二年（一七〇五年）の文書があって、これを今少しく天草側から見れば宝永二年とは「累年の凶荒飢饉により、賑恤の為め肥後藩に貯籾五百七十六石の借下げを請ひ、役所より救米として郡中に貸与す、尤も極難の者へは被下切りなり」（『天草近代年譜』）という情況であることが知れてくる。肥後藩に貯籾の借下げを願ったばかりでは足りず、五百余人が薩摩へ救いを求めて移住したのを見れば、よくよくの凶荒であったと思われる。

宝永二年の薩摩移住についてはさらに精しく、天草側にも松島町阿村地蔵院の文書にあることを有明町にお住まいの郷土史家北野典夫氏に教えられた。それによれば、「宝永二酉《とり》年春、砥岐組七ケ村より薩州菱刈郡所々へ引越し候人数男女百四拾四人、右引越し候節は、村方庄屋、年寄ならびに家頭ども、引越し申し候者どもの名前書付け取り、之を富岡御役所へ差上げ置き、その上に薩摩道中通手形持たせやり申候。天草よりだいぶ引越しこれあるにつき、酉三月、薩摩より御使者川南数馬と申す仁、天草へ遣わされ、引越しこれある組々大庄屋方へ、向後遣わされまじき様にとの断りに候。富岡御役所へもその段仰せ達せられ候。右の通りゆえ、砥岐組よりは姫浦村庄屋権左衛門、棚底村庄屋十次兵衛上下四人、薩州へ罷り越し、別当平川治兵衛と申す役人に罷り出で、春中引越し候者ども、御国中住居仕り候様、仰せ付けられ下され候様にと願い申し候ところ、酉三月まで引越し候砥岐分百四拾四人、住居あい済み、権左衛門、十次兵衛罷帰り候。砥岐組七ケ村は、樋島、高戸、二間戸、姫浦、浦村、棚底村、宮田村、この七ケ村なり。郡中組々より引越し候者どもは、大方大庄屋に願い出で申さず、欠落《かけおち》の様に引越し候村々は、御代官御吟味に付き、大庄屋無念に成り候。委細引越し帳に有り」

同じことは上田宜珍の『天草島鏡』にも記載があるが、地蔵院文書のほうが詳しい。

これより溯る延宝元年（一六七三年）秋に、郡中の牛馬四千余頭が死ぬということがあって、時の代官小川氏が幕府に願い、千両を借り下げて、薩州から馬六百六十七頭を買い入れている。その使いに大庄屋たちを差し遣わしているのを見れば、天草下島にもっとも近い薩州長島などは、互いの島の家々が見える程であるし、漁師たちは天気急変の場合など、たぶん互いに宿など借り合って、往き来は日常のことであったと思われる。

してみれば、すでにこの頃から有郷きく女のいうように、「天下さまと薩摩の殿さまの話合いの上で、天下さまから分けられて、天草の天下百姓にこの小木原を拓いて呉いやいと頼まれて来申した」というようなことが、恒常的に行なわれていたのがうかがえる。今は亡ききく女の話を聞いたその当時、わたしは薩摩入国は厳しい禁制であったという常識にとらえられていたので非常に驚き、それかと云って創り話とも思えず、そのときの驚きに導かれつつ長い間かかって、以上のことが判明して来たのであった。

宝永年間の移住は天草民のほうから望んだことで、薩摩側は迷惑であったらしいのだが、嘉永から文久に至る幕末の移住は、逆に薩摩藩が望み誘なったのである。そのことは前掲の天草側文書にも明記されているが、薩摩側にもそれと照応する文書が宮原公速の『万留』の中に見出される（原口教授の教示による）。亥十二月廿九日の日付をもつ郡奉行勤平田真之丞ほか三名連署の意見書で、まず「真幸五ケ在菱刈七ケ郷之儀、御領内随一之人少にて」と前置きし、出水表より天草まで「極内《ごくない》」に使を出し、「棚底村大庄屋、村役等へ相談致し候はば、かねて他邦稼ぎならでは食養いも乏しく難渋致す場所と承り及び申し候あいだ、わけて幸いに存じ、則ち罷り越したき望みの者も多人数これあり候はん」と述べている。

亥の年というのは、後出の河添甚之丞文書との関連で、嘉永四年亥の歳であることが知れてくる。つまり、嘉永四年に薩摩側で天草者の招致策が立てられ、翌五年には『天草近代年譜』の語るように使者が来島し、翌六年にはすでに菱刈、真幸方面に天草人五百三十三人が入植しているといった、ことの進みぐあいなのである。

もともと、この北薩摩、大口方面は耕地が荒廃し、逃散の民が多く出たところであった。原口虎雄著『幕末の薩摩』によれば、調所笑左衛門の下役であった海老原清熈は、天保十三年（一八四二年）大口郷の里村・大田村を視察した折の実見を次のように書き留めている。

「両村へ差シ入リテ人口ヲ見レバ、大半老ボレタルモノバカリニテ、古櫃桶《ふるびつおけ》マデモ捜リシニ升合ノ貯ヘタル米穀モナク、目モ当テラレヌ有様ニテ、壮丁ハ身売リトカ雇ニ出タルトカニテ、今ヨリ休地ヲ増サネバ田作ル事能ハズト言フ事ナリ」

西郷吉之助が安政三年（一八五六年）に書いた上書で、「御国の程、農政乱れたる所決して御座あるまじく、いかがして百姓の伸び立ち候期《とき》、御座あるべく候や。離散仕り候ほか御座なく候につき、近く他領へ在りつき居り候者幾千人、十年ばかりあとにも、五百人余無理に御引き戻しあい成り、牛馬農具等まで成し下され候えども、居止り候者あい少なく、ことごとく逃れ去り候儀に御座候」と書いているのは有名である。これはとくに北薩摩についていわれたことではないけれど、逃散が出水・大口方面にとりわけ多かったのは定説となっている。

弘化三年（一八四六年）六月の日付をもつ出水郷士河添甚之丞の『離散者応酬備忘録』

（出水郷土誌　資料編第二十一輯）は、高鍋藩に逃散した出水・伊佐方面の農民をとりかえすため、郡奉行平田真之丞とともに交渉した経過を記したものだが、それによれば、弘化二年に起ったこの逃散は五、六百人に達している。高鍋藩が内密のこの交渉に、のらりくらり、どこやらとぼけたような丁寧な応対をしているのも興味深いが、すでに逃散先で結婚、養子縁組もすませている者もいたのである。

してみれば、ここらあたりの百姓たちには、天草・薩摩間の海の道とはまた趣きのことなるルートが、地続きの高鍋藩領との間にひらかれていて、手引きし、受入れる仕組みが作られていたと思われる。出水の郷土史家田島秀隆氏は薩藩が一向宗を禁じていたことも、逃散の理由のひとつだろうと申されているが、出水から水俣の寺へ越境して詣でる一向宗徒がいるのを、出水の横目が探索した記録もあることだし、関所にはかからぬ抜け道があって、その道をたぶん闇の夜や雨の夜に往き来した者たちが少なからずいたのである。こういう百姓たちは今日に比べればよほどに、山野の鳥やけものの神秘に近い五官を具えていたのであったろう。

右のような史料の探索のかたわら、有郷きく女亡きあと、大口市山野の小木原部落の篤農家を訪ねた。この方面の移民団の中でたったひとりの女世帯だった「ひな」女のあとかとも推察される、もと小学校の校長先生をつとめていられた前田甚吉さんの家は、戦後、農地を解放せねばならなかったほどの地主になっておられた。

「ここの山野の一帯は、有郷のおばあさんが語りやったように、天草から来た同じ連れのものたちの村で」

と前置きをして、甚吉氏は、宮崎県、熊本県の国境の山々に囲まれたのどかな沃野を見渡された。

「わたしの家の、まあ、御先祖にあたるばあさんという人は、そりゃ男もかなわんような働き者で、たった一代で、人の及ばんくらいの田んぼをば、増やしやった女丈夫だったそうです。そのおかげで、わたしらは今のように暮らしてゆけるわけですが、御先祖さまの教えというもんは、ほんとうに有難いと思っております」

「そのおばあさんが、天草からこちらにおいでになった道々は、どんな道中であったのでしょうね、赤児のとき女籠《めご》の中に入れられて、山道を揺られて峠を越して来たのを、親から教えられておる人もいるそうですが」

「ほう、女籠《めご》の荷といっしょに。さもありましょうなあ、車もなんにもなか時代じゃればなあ。さあ、うちの先祖のばあさんのことは、女丈夫じゃったということは聞いておりますが、もう五代も前のことで、苦労して来たんじゃなかろうかとは思いますが……。ただひとつ、親からも聞かされておったひとつ話に、そのおばあさんが、天草から出て来てどこの道を通って来たのか、あそこのほら、高熊山、十年のいくさがゆきしたあの高熊山

の方の上場《うわば》のそばの、水俣との境の亀齢峠《きれいとうげ》に出ましたそうじゃ。そしてそこの峠から、ここの小木原の笹原をつくづくと眺めて、

――ああ、もうここなら、心配は要らん――と、そんとき思いましたそうじゃ。ここらあたりは笹の原になっておった所じゃったそうですが、おばあさんの目にはよっぽど、良か地《じだ》に見えたわけでしょう。おばあさんが見込んだ通り、今は御覧のように米所になって。

ここの家をば始めたおばあさんのその言葉は、ここより上の良か土地がどこにゆけばあろうかい。山崩れも、川流れの心配も来そうになかか、耕やせば深か泥のある、これより上の地《じだ》のどこにあろうか、大切にして守れよ、という風にわたしは解釈して、大切にしております。おかげさまで鹿児島県ではな、一等米をな、作り出して来ましたよ、このわたしが。もう八十を越えてな、米作りのなんのせいでも、楽をしてよか身分じゃぁがと、まわりがいうけれどもな、家内もわたしも、やっぱり一等米を作りとうしてな、楽しみで楽しみで、わたしら夫婦が作らねば、鹿児島県にはもうおまんさ、一等米が、絶えてしまいもんが」

氏はそう云って藤棚や木蓮や、海棠《かいどう》の花木にかこまれたうつくしい庭に座って、目を細められた。

思えばなんのあてもなく、漠然たる直感につき動かされ、きく女の家を初めて訪ねたの

は三十八年一月末のことであった。汽車の中でわたしは学生に間違われた。山野へ越すトンネルの前後には雪が残っていた。それからもう十二年も経っている。水俣の問題に足をとられているとは云え、なんという年月の流れであることか。

おばあさんのお名前はと聞くと、さあ、もう五代も前のことで名前は知りませんが、との御返事だった。

亀齢峠に登りつくまでに、どのような道中をして来たのだろうか。天草から舟で、薩州の出水口か、米ノ津あたりに着き、水俣まわりではなく、たぶん出水郷を通って、出水上場に出て、鬼嶽《おんたけ》のあたりを通り、亀齢峠に出たと思われる。

有郷きく女から、

「やっぱり天草の栖本からお寺にも来てもろて、十年のいくさのときの亡霊の火の玉が出るときは、もうすぐその浄光寺に走りこんで、和尚さん和尚さん、また火の玉が出たど、お経さまを上げて呉いやいといえば、和尚さんが、いっこうに成仏しやらんなあ、そんならというて、いっき、お経を上げて呉いやれば、だんだん火の玉も出らんようになったもんじゃった」

と聞いていた。

それにしても、峠の上から眼下にひろがる笹原をみて、「ここならもう大丈夫」と思ったというおばあさん、当時はまだ肌のきめも若かったであろう天草の女の、土に対する全身的な希求には胸打たれる。「ひな弐人《ににん》」とあるから、子どもと二人の家族であったろう。

天草の西海岸をとおって来て〝九州本土〟に入ると、土のほぐされている深さ、やわらかさがちがう。色もちがう。毛のような草の生える畳半枚ばかりの畠にも、潮の来ぬ間に通る渚の磯道にさえも甘藷や麦を作っていて、それでも人間を養う地《じだ》の足りない天草とは、せつないほどに土そのものがちがうのだ。山から海までの間に広い地《じだ》があることからしてなんという驚きであることか。ここでは草の色さえ、嚙めば青汁がほとばしりそうに柔らかくゆたかな色をしていることか。山坂のわきに生いしげる樹々や羊歯の葉や、岩の苔さえも恵みの神の宿った聖なる苔に見えたことであったろう。よか地《じだ》じゃ、見かけからして天草の瘠せ地とはちがう、と思い思い、重い荷物をゆすり直して、登って行ったにちがいない。

一群の人たちが峠に出て背に負った荷をおろし、菱刈郡の百姓たちが逃散したあととも知らず、広大な荒れ地を見下ろしていた。峠の上から見れば、荒れ地といえども笹の葉の緑が、天草では見たことのない深い地に養われた色をしていたろう。秋や冬ではなく、春から夏であったろう。

人びとは何を考えていたのであろうか。不知火海を渡ってここまで来てしまった。出て来た故郷はどちらの方角か。戻れない旅に一家して出る思案を定めかねて、とつおいつしていたことも遠く感ぜられる。井戸のぐるりに湧いたようなちいさな田んぼや、猫のひたいぐらいの段々畠の一隅ほどでも、御先祖さまの手形と思って大切にしていたものを位牌田ときめて、御先祖さまがわりの形代《かたしろ》に、親類にあずける相談もしに行かねばならなかったろう。たとえ畦のいっぽんほどでも、あずかった側では、生き形見をあずかることなので、

「ゆく先ゆく先、くれぐれも体だけは大切にしろうな。失敗したなれば、いつでも戻って参れなあ。それまで位牌田はたしかにあずかり申した。こっちもだんだんさびしゅうなるが、どうしたものか」

そのような挨拶のやりとりがあったろう。年寄りになるほど涙が先に出る別れであったろう。二人家内もあれば十人家内もあった。

何刻ごろの陽ざしであったろうか。天草を舟で出るには、朝の満潮を目指してうまくその潮に乗らねば、瀬戸の間を逆に引き戻されるのである。本渡の瀬戸を来るにしても、宮田村、栖本馬場村、湯舟原あたりから出るにしても、押し潮に乗って、御所浦島、獅子島あたりの瀬戸をいっきょに通り抜け、引き潮につれられて出水口へ流れ出ねばならぬ。機械船でない手漕ぎ舟であれば、朝潮に乗れたとして、御所浦のあたりを抜ける頃昼飯になり、出水口に着く頃は日が暮れる。潮に乗れねばあけ方である。そこで野宿をして――募集に行った出水郷士たちが宿を調えてくれたかどうか、そのような手当があったとは考えられぬ。

出水で一泊し朝立ちして、上場までの距離は四里の道のりである。当時の荷運び道具は天秤棒の両端に棕櫚《しゅろ》の皮をより合わせた緒をつけてある籠を二つ吊した女籠《めご》か、もしくは、籐や葛の蔓で編んだやはり天秤棒式のこいどりであったと思われる。男たちは布団を茣蓙《ござ》か筵にくるんで背に負い、肩には縄で縛った鍋釜を振り分けに担いでいたのだろうか。いやいやそれでは持ちにくかろうからやっぱり女籠か即製のこいどりに入れて荷って往ったと思われる。女たちの荷う女籠の中には、当座の食糧の干した切り藷や、味噌やイリコや赤ん坊も入れられていた。歩ける子はなにがしかの荷を持ち、お位牌さまを背に負うていたかも知れぬ。

天保の頃と推定される出水郷士家の文書に、出水・水俣境の欠落人の身なりが記されているのを見れば、冬のさ中というのに、綿入れ一枚と袷一枚くらいの着のみ着のままでうまく逃げおおせているが、この頃の旅立ちの身なりはそのようなものであったろう。持てるだけの荷を背負うた一団が、上場の峠に出て深々と息をつき、まだ始まらない村を眼交《まなか》いに見たのである。思えばそれは、せつない光景である。

途中、出水郷の人びとは、まるで言葉もちがうそのような集団をどのように見たことか。水をもらったりしたならば、お互い他国者どうしの感想も持ったであろう。しかし天草の者たちは、何よりも、道々土の深さと草の色のみずみずしさを、あるいは田の色とそれらを養う水の豊かさを、徐々に充溢してくる身内の血のように感じ続けていたのではあるまいか。

出水郷から上場にかけての紫尾《しび》、矢筈《やはず》、鬼獄の山系は、ことに豊かな水系を貯え持つ山々である。水も土も極端に乏しい島から来た者たちは、水と土が万物を養う無限の豊沢を目のあたりにしつつ山道を登った筈である。

『天草近代年譜』には、例年の干害に苦しむ島のありさまが記されている。雨量に恵まれながらそれを貯えておく地力がなく、笊《ざる》で漉《こ》すように、雨はこの島の大地を漉す仕掛けになっている。人びとはあらためて、過ぎ来し虫追いの松明《たいまつ》のかがり火や故郷の瘦せ土を思いやったことであろう。踏みしめてゆく道は、かつて踏んだことのない厚味をもってふかふかと足のうらの下にあったと思われる。

すでに海を渡って何かの境を越えて来た人びとであった。上場までゆきつき、直ちに此処を耕やしたい、もう先へゆくまでもなくこの地に住みつきたい、と願い出た者がいたのをみれば、ひと目で「土にほれた」者たちの道々の心情がうかがえる。上場の峠で荷をおろし、中食《ちゅうじき》でもとっている間、人々が潤いに満ちて甦える草のさざめきのような会話を交したであろうことが想像される。腰を下ろした朽葉の下のみみずでさえ、大地の滋味に養われて艶々しく太っているのを見て、わたし自身この地を通り非常に感嘆したものである。

北薩地方と天草を往き来して、そのあまりに隔たる土壌の質を見て、いささか耕やしたことのあるわたしは度毎に胸つかれる想いをする。ひょっとすると本稿への想いは、そのことにもっとも深く触発されているのかもしれぬ。

出水郷の東部上場は、肥後はもとより日向高鍋、佐土原への道にも通じ、薩藩が辺路番所をめぐらしていた国境の要衝であった。田島秀隆氏の手になる『上場郷土史』には、上場の村を拓いた者が天草栖本馬場村の出身であることが記されている。

「嘉永五年、菱刈及び真幸地方の欠所を埋めるために、天草栖本組から相当数の農民が上場越えをして移住したことがあった。その中の一人、栖本馬場村の緒方二八なる者が途中上場まで来た時、この地に相当広い水田適地があることを知り、藩に願い出て一人上場の地に落付き開拓の鍬をふるった。これが上場開拓民の第一号であった。その後三年経って安政二年、同じ栖本から緒方八蔵が来て開墾に加わり、次に緒方十吉、前田信助、前田甚治三人が移住」とあり、さらに「続いて同じ村から」として緒方増右衛門以下十四名の名があげられている。明治三十三年にはこの部落は戸数四十戸を越し、開墾面積は田畑数百町歩に及んだという。田島氏はさらに次のようにつけ加えておられる。「だが天草から皆が裸一貫で来たのではない。僅かではあるが、それぞれ天草の財産を金に換えて移住して来たのである。緒方増右衛門は移住の時、銀五貫五百目を持参し、またその後五ヶ年間に天草の親族から届けられた金が四十五両にも及び、これが開拓や営農の資本になったのだという」

右の記述は、竹添兵太郎氏所蔵の家系図によったとしてあるが、さらに竹添富太郎墓碑銘には次の記述が見られる。「弘化年中祖先緒方重吉四十一歳ノ時、天草郡栖本村平家ヨリ上場ニ移住シ来リ、土地ヲ開拓シテ上場部落ヲ創成シ、出水町竹添祥氏ヲ倚頼リ、姓ヲ竹添ト改称シテ竹添重吉ト名乗リ、安政元年十二月二日長男富太郎ヲ生産ス、是レ上場部落ノ誕生也、明治十年ノ役ニ従軍シ、其後村会議ニモ挙ゲラレ」云々。緒方重吉とは先の十吉と思われる。

以上を見れば第一次の入植者は、一人一人が上場部落の創成者という自覚を持っていたと思われる。入植時が弘化・嘉永とずれているのは家々の伝聞であろうし、いずれにしても、出郷の動機は時代の波に揺られてのことであった。墓碑の建立者名にハツギクという女名が刻まれている。薩摩一帯によくある名で、天草者の子孫がすっかりこの地になじみきっている姿がしのばれる。

有郷きく女が「天草の栖本の村ながら、お寺さまも一緒に来やったど、寺の名は浄光寺と云い申《もん》が」と云っていたことから、山野小木原の浄光寺の長尾知道師をわたしは訪ねた。まことに意外であったが、師は、天草訛をやさしく残しながらこう云われた。

「移民の人たちと一緒に来たように、きくばあさんが申されたのは、ちょっと違いまして、みんなたいがい浄土真宗でしたから、拝むところがなくて、はじめはやっぱり亀齢峠を越えて、出水の方に拝みに行っておりましたんです」

きく女としては、お位牌さまもお寺さまも、いっしょに来てもらったつもりであったろう。

「栖本の円性寺では、私と同じような修行をしている小僧たちが常時十二人くらいおりまして、私もまあ、ちいさいとき、学問をしたいと思って得度をうけたひとりで、まあそんな兄弟弟子たちが方々のお寺にゆくわけです。はじめここは説教所として開所しましたんです。明治四十年に。私は二代目で、先代とは血はつながっておりませんのですが。はじめは、村の人たちにお説教をするのに、衣を着るところがなくて、台所で……。台所にもみなさんが来て座ってしまわれますから、仕方がなくて、そこで、ごめん下さい、着替えさして頂きますちゅうて、皆さんのおんなさるところで、着替えさしてもろうて、ごめん下さい、ごめん下さいちゅうて、座っとんなさる所ばお辞儀して踏みわけて、自分の場所に行たて説教しよりましたです。

それじゃ不自由かろうちゅうて、皆さんがいまの本堂を建てて下さいましたんです。戦後になってから。

その天草から来たしるしというか、各家の過去帳のひとつに、いま五代目で大久保長右衛門という人の家ですが、その家の御位牌に、島津侯の乞いにより、と書いてあるのがありますですよ。

こういうことをお尋ねにみえることがわかっていれば、心がけていろいろ聞いておけばようございましたが、先代なら、くわしゅうございましたろうて。檀家の方々も、もう五代目になられまして、惜しいことをいたしました。

今でも、場所の名前に、天草ん丁とか、桜田ん丁とかいいますから」

このお坊さまの話の内容もだけれども、ととのっていて控え目な言葉づかいや表情や物腰が思いもかけず、誠実純朴な天草人のタイプをあらわしていた。ゆき昏れているような思いの身にはじつに有難く懐かしかった。

「そのお位牌を持っておられる人からよく聞いていましたんですけれど、ここらの田んぼは、もとはもう荒れ地で荒れ地で、なにしろ笹藪で、笹の根ばかり張って来て、稲を作っても稲の方がきゃあ負ける。えらいな荒れ田んぼじゃった。それでまあ上の方からは、もうちっと作ってみんか、もう一反拡げてみんかというような話がありますでしょう。みんな、へきえきしましてですな、なかなか田んぼを持とうとはせんじゃったそうでございます。一反の田んぼをもらえば、当時五十銭だったそうで、その頃、馬車に米を積んで、伊佐米をですな、水俣まで一日かかって往き来して、二銭の口賃で、田んぼを貰えば、その税金が二、三銭で、それが困難だから貰わぬ、というので、そんなら、焼酎一升つけてやるから貰うてくれといわれて、貰うた田んぼだと、その大久保さんが、よくその田んぼを指して、おっしゃっておられました。

ああ、そう云えば思い出しました。なんでも天草からこちらにくるときは、まだなんにも知らん赤子で、おっかさんの女籠の中に揺られて荷われて、荷物といっしょに山坂を越えて、藪くらじゃったここの土地に来たもんぞと、親から聞いたという人もおりました」

わたしの想念は再びあの一団のところへ呼び戻される。赤んぼといっしょに担われて山坂を越えた荷のひとつひとつを知りたいのだ。

鎌、鍬は持って来たろうか。西郷の上書では逃散した者を呼び戻し農具を当てがってもまた逃散するとあるが、天草から来た者は逃げるのではないから、鍬は、たとえゆく先にあると云われても持ってゆきたいものの一つであったろう。車などない徒歩の道中には鍬一挺でも相当に重かろうが、少年か少女がそれを持ったろう。山鍬であったろうか平鍬であったろうか。柄と刃の角度の狭い平鍬では這いつくばうような腰になり、一応、笹の根を掘り取ってからでなければ役には立たなかったにちがいない。笹原であれば、柄の長い立ち鍬でなければ使えぬのである。

蓑笠に、火うち石。持てるだけ背負うたり振り分けに荷ったり、女たちは女籠《めご》をぎっしと撓《しな》わせて、総勢五百三十余人、いっしょに行ったのか。日を違えて出発の準備のととのったものたちから出発したのか、最初の決心をして荷をまとめ始めてから幾日がかりでたどりついたのか。有郷きく女の言葉を想い出す。

「きつかったともきつかったとも。百姓の体は苦労でしか成らんでや。そいでも地に惚《じだ》れて、ここの地に惚れてなあ、地に惚れたばっかいで、ここの地に居ついてしもうた」

火山灰土を含む薩摩の土は、農業後進県などと近代に入ってから云われるが、天草の流民たちには、惚れ込むような地であった。

北薩摩からは日向へ、日向からまた肥後の奥へ、天草からは海を渡って薩摩へ流れ出るものたちの通った同じ道筋は、やがて十年の役のいくさ道ともなってゆくのである。

一九七五年の四月初旬、わたしは、浄光寺の長尾知道氏が修行されたという栖本の円性寺をたずねてみた。二十八代目の御当主である石原照堂氏は、

「さあ、こちらの信徒の方の間でも、もう昔の話でしょうから、村ながら大口の方に行ったという話は聞きませんが、ひょっとして山野の方にある寺がそうだと思いますけれど、そのようなことは、あんまり聞きません。

弘化年間に、ここの栖本を中心に大きな一揆がありまして、そのときの栖本の古江村の庄屋、永田隆三郎さんが首謀者でして、ことが終ってから富岡の代官所につれてゆかれて、処刑されましたんです。古江ではまあ極刑はそのひとひとりだったんですが、連座した人たちは大勢いたわけですから、その関係の人たちが、あるいは世間を狭くして生きていたのかも知れませんですね。永田さんの身内の人たちも消息不明になってしまいましたですから。まあそんな人たちの子孫が、ひょっとすれば、村を出てゆく機会でもあったろうか、とも考えられます」

その人たちの影がしのばれる。境内に目を放って石原照堂氏は暫く無言でいられた。早

い桜は葉になっていて、その影がしっとりした境内の古刹であった。年代のかかった見事な細工の楼門は海口の方に展けて高い石段を持ち、寺のたたずまいは、切支丹鎮圧後の奉行寺と云われる格式にふさわしかった。

「人間が余ってでもいたのでしょうか」

月並なことをうっかり呟いたら、

「いや、人間は、余っていたというわけでもないんです」

と複雑なお返事をされた。まだお若いのに風格のある長い眉毛の下から、ちらりと眺められて恐縮した。

この栖本一帯から一群の人びとが眼前の不知火海を渡り、薩摩を目ざして出て往った。今を去る百三十年前のことである。寺格二十石、西国巡見使の宿寺であった円性寺は、栖本一円の尊崇を集めて今日もそのようにある。移民たちの大部分は円性寺の門徒でもあったろう。今世紀にはいってからもこの寺のお住持さまは、駕籠に乗って村内を往き来していた。前と後と四人ずつ、八人の人足が担ぐ駕籠である。寺は城をも兼ねていたのであったろう。

上場越え、あるいは亀齢峠越えして菱刈、伊佐郷一帯へはいってしまえば、もう、天草の海を見ることは出来ない。人びとは萱山《かややま》や笹原を拓きながら、どのようにこの円性寺を思い出していたことか。長尾知道氏によれば、移民たちは詣でる所を探して今度は亀齢峠を逆に越え、出水の浄土真宗の寺に詣でていたという。切支丹を禁ずることは出来ても、人びとから拝みたい気持をとり去ることは出来なかった。円性寺のすぐ側には出自のわからぬ棘神《いげ》さまがあって、人びとは棘科の蔓や樹木をさまざま持ち寄って神垣を囲い、人間のみならず牛馬豚犬猫の、目、耳、口、足、魂の病い一切を祈願しつづけていた。文字の要らなかった民の神であったことは、願いごとが稚拙な絵であらわされているのでも知られる。何十里離れていても、この棘神さまに祈る心さえあれば、咽喉にひっかかった棘など必らずとれるという信者を数多くわたしも知っている。移民たちも、後生を祈る寺と棘神さまとを心に持って海を渡ったろう。ゆく手の他郷に、たやすく病気を見てもらえる医者など考えられもしなかった。

「わが好いた神さまじゃれば、気持は通じるど。人間によらず、犬猫によらず、手足の腫れや咽喉の棘なら、栖本の棘神さまに頼みやい、そんかわり一心に拝め、はんぱ拝みをすんな、と親から教えられておったで」

そう、有郷きく女は云っていた。出郷した人びとと故郷とのきずなは、まだそのようにつながっていた。このような者たちの魂の来た跡を逆にたどって、その故郷へわたしは行こうとしていた。湯舟原村円性寺に来て、わたしは石原照堂氏から、はじめて弘化の大一揆についてご教示を受けたのである。

残りの桜が繊《ほそ》い紅色の萼《がく》をつけたまま、ときどきはらはらと音を立ててこぼれた。春はいよいよ奥深く、空の青とまろやかな丘陵を分つ稜線は菜の花で出来ていた。それはなんと清純で眩惑的な色彩と形であったろう。その昔、異国からやって来た宣教師たちが、このような天草島の春を眩《まぶ》しんだであろうことをわたしは想った。それは彼らに、島民たちとひとしなみに与えられた天の至福であったろう。今もそのような光をやわらかく含んだ風が前面の海から吹いてくる。

薄靄のかかっていたような天草の庶民たちの動乱期が、その時からわたしの中に浮上し始めたのである。

天保十三年（一八四二年）末から形をとりはじめていた「弘化年度打毀乱妨件」に対する江戸勘定奉行の判決が出たのは、嘉永二年（一八四九年）正月であった。その内訳は、

獄門二名、栖本組古江村庄屋永田隆三郎（五十六歳）、栖本組河内村時右衛門。

死罪一名、栖本組馬場村七蔵（すでに獄死）。

遠島十三名、御領村庄右衛門、同村辰右衛門、栖本組打田村銅助、同村道助、同村甚右衛門、栖本古江村佐次右衛門、同村倉右衛門、同村与平次、同村為八、御領組佐伊津村卯作、同村作之丞、本戸馬場村広吉（但し牢死）、御領組本村五八。

中追放十二名、御領組新休村熊蔵、栖本組打田村留蔵、同村栄吉、同村庄五郎、馬場村善四郎、同村杢太郎（入墨の上）、同村菊市、同村鹿蔵、河内村弥八、下河内村市次郎

（敲の上）、下浦村儀市郎、下津浦伊右衛門。

江戸払二名、無宿正学、同恵中。

所払九名、栖本馬場村金右衛門（入墨の上）、栖本打田村弥助（但し牢死）、同村乙平、同村初太郎、新休村善蔵、本村為四郎、古江村円次郎、湯舟原村熊五郎、同村庄蔵。

このほか、重敲二名、馬場村駒松、櫨宇土村惣右衛門（入墨の上）、敲三名（二名入墨）、押込一名、急度叱り十九名（内三名は婦人）、叱り一名、過料十七名、過料関係三十カ村。

右のうち押込一名は、発狂した御領組大庄屋長岡五郎左衛門興就で、永田隆三郎発意の契機を深からしめたと思われる人物である。長岡は本格的な打毀しが始まる前の弘化二年（一八四五年）、江戸へのぼり勘定奉行へ駈込訴えをして町宿預けとなった。しかし出奔して行方をくらまし、突如、老中阿部伊勢守正弘の「出先を擁して」駕籠訴に及ぶのである。身柄を長崎代官所江戸詰へ引き渡され、弘化三年には「牢駕籠に白き縄を打ち足がけをはめられ気息喘々の躰」で長崎代官所へ送り届けられた。この一年間に一生分の精魂を費消し尽したと見え、永田隆三郎が指導者となり一揆に発展した弘化四年には、長岡も一揆一味とともに取調べに引き出されたが、「発狂の躰にて何事も申上げず手数相掛りし由なり」と記されている。嘉永二年の判決では「同人乱心致し申し口取り止めざるに付、親類へ引渡し、永の押込」となった。（引用は『天草近代年譜』及び『天草史談』第一巻五号・

七号による。以下おなじ）

彼は江戸上府に当っては、富岡御役所へ届書を出し、十八名の百姓たちを伴っていた。

書付を以て申上げ奉り候事

天草郡村々百姓ども願い筋につき、江府御表へ召連れ罷り出候に付、留守中御用の儀は年寄勝次ほか四人の者どもあい勤め申すべく候間、この段御届け申上げ置き候。願い筋の義は、かの御表において明白仕るべく候。後日の為、御届け申上げ置き候。以上。

巳十月　御領組大庄屋

長岡五郎左衛門印

高木作右衛門様御役所

この届け書の尋常ならざる気魄からすれば、彼がいかに熟慮の末なみなみならぬ決意をし、周到の準備をして上府したかが読みとれる。届けを出させたのが出発の九日後だったのも、留守年寄と打ち合せの上のことであったろう。「願い筋の義は、かの御表において明白仕るべく候」とは、事態をずるずるにしている代官所へのあきらかな挑戦状である。出府に先立つ四カ月前、彼は組内七カ村の庄屋に飛び文して同人役宅に集め、「郡中請地一件の動向に付熟議」し、その総意をたずさえて富岡御役所へ出勤している。郡中の動向を深く体して役所に対応策を迫ったと思われる。出発後は下関で長崎奉行を待ち受け、願書を上達した。奉行の対応は好意的で、五郎左衛門は「吉報」を下男に托して組内六カ村庄屋に報じた。ところが江戸に着いて長崎代官所江戸詰役と交渉に入ると、「双方事穏便に和熟を遂ぐべく、説得」され、「事志と反するや甚だしき形勢の一変に、五郎左衛門早々身を退き、此の上は正面衝突も辞せざる覚悟の臍を固め、敢然長崎代官高木作右衛門を相手取り、勘定奉行所へ駈込訴に及」んだのである。

弘化一揆の心情には、長岡五郎左衛門の右のような姿が揺曳していたと思われる。おびただしい処刑者を出し、関係区域三十カ村、関係「暴民」一万五千二十一人と記録される「弘化年度打毀乱妨件」とは、どのような内容であったのか。弘化年度というのであれば、以前の年度にも同じ事件があったという記しかたである。そのように記される通り、この大一揆は根の深いものを引きずっていた。

ことの起りは天保十三年十一月、金利引下げに関する公儀触書が、富岡役所より郡中に廻達されたことにある。その要旨は従来金銀貸借の利息が年一割半であったのを、二十五両につき一分に利下げするというにあった。二十五両につき一分というのはひと月の利息で、年に一割二分の意味であったのだが、小前百姓たちが一年に一分と解したことから、それまで深くくすぼり続けていた銀主《ぎんし》たちへの怨みがいっきょに噴出するのである。役所側はしばしば廻達を出して小前百姓の誤解を解こうとしたが、かえって百姓たちの気持を昂ぶらせるばかりであった。金利引下げについての百姓たちの誤解の前提には、銀主たちに借金の抵当としておさえられている自分の土地についての思い詰めた願望があり、思わせぶりな金利引下げの触書は彼らの質地回復の願望に火をつけてしまったのである。天保十四年二月になると、大島子村で村民が「村決算と称えて貢銀の取立に立会ひ、或は庄屋年寄筆者方へ押掛け、勝手に財物書類を取出す等の乱暴狼藉に及ぶ」事件が起った。同月二十二日には、二江村の平吉、源吉、楠甫《くすぼ》村の松之助、小宮地村の藤十、上村の久助、安兵衛の六名が、長崎に出て奉行所へかけこみ、土地請け返しの歎願を行なうに及ぶ。長文だけれども訴えの内容と心情をよく語っている歎願書があるので引用する。

私共儀は天草郡小百姓に御座候。天草郡の儀は土地より人別多き所にて、追々人別相増し次第に貧窮に及び、よんどころなく所持の田畑年季質地に差出し借用銀仕り、当難相凌ぎ候処、其時々銀主より案文差出し、望みの証文差出し申さずては金銭貸し渡し呉れ申さず候につき、年限中、如何様とも相働き請返し申すべく存じこみ銀借用仕り候処、近年いよいよ困窮差逼《さしせま》り銀繰り合い出来仕りかね、漸く借替銀出来仕り候もの共、田畑請戻しの儀銀主え申出候えども、年季わづかの延引にても年限相済候と申し田畑差し返し呉れ申さず、難渋至極に存奉り候。猶又銀主方え追々田畑共多分に引取候に付、請地下作（小作）相稼候儀も銀主えの手筋（手づる）之有候ものばかりにて片落に相成、田畑作方の外は手馴れ候渡世もこれ無く候に付、請地これ無き候ものは稼方仕るべき候場所も御座無く候故、如何致すべき哉と心痛ばかり仕候内、最早飢渇の難儀に落入困窮千万の仕合にて、島内住居も相成兼、進退差し逼り罷り在り申候。之に依り近頃恐多き願上げ奉り候事に御座候得共、質地引取に相成田地の分は、相応の割合を以て元主え引戻方の儀銀主共承引仕り呉れ候様、御慈悲の御上より格別の御憐愍を以て御付け下し置かれ候はば、銘々作場所に有り付稼方仕り、只今の難儀相凌ぎ老年の父母妻子養育仕り、百姓稼方取続候段、御高恩之程生々世々有難仕合せに存じ奉り候、此段恐乍ら御歎願申上奉り候。

（『請地方一件控』大坂屋文書・渋谷敏実氏蔵）

時代を経た今なお真情が切々と伝わり胸打たれるが、奉行所から六人の身柄を渡された長崎代官所では翌三月、御領組大庄屋長岡五郎左衛門はじめ五名の大庄屋・庄屋を長崎に召喚し、事情を聴取した。この段階では代官所は百姓側の要求に同情的で、「大体に於て訴人が願望する土地請返しの至当なるを認められ」、庄屋たちは平吉ら五人の訴人を連れて帰島した。この時代の民情の一端をうかがい知る話がひとつ歎願行に伴っている。訴人のうち松之助は折柄長崎表に流行中の疱瘡にかかって病死し、二江村庄屋の池田寅之助も帰村後発病、「島原領の内に出養生」に出されたまま「生死の程もわからず」になるということがあった。出養生《でようじょう》とはこの頃天草の慣習で、無人の島に流して隔離したまま生死の確認が出来ぬ事をいう。

代官所の態度に力を得た大庄屋・庄屋は、六月に入り談合を重ね「取極桁書《とりきめけたがき》」なるものを作り役所に提出した。要旨は「百年前の延享元年に溯り、転々移動せる土地の占有権を全部還元せんとする」にあった。庄屋層は土地の共同体的な所有に関する情念において、小前百姓と一致していたわけで、彼らの要求を詮じつめれば徳政令公布の要求にほかならなかった。

そのように庄屋層が動くについては、彼らが願って寛政八年（一七九六年）四月に「百姓相続方仕法」と称ばれる実質上の徳政を幕府から裁許されたという、百姓らとの一体感があってのことと思われる。「余国類外の御仕法」と云われる救済法が出されるに先立つ寛政六年、郡中大庄屋連印をもってしたためた願書がある。

「天草郡之儀離島にて山野勝の場所にこれ有、御田地は谷間迫田多く一体地面不足し田畑共土性悪敷《あしく》、米穀出来方甲斐無く百姓困窮の地所にこれ有り、高弐万三千石余の所享保三年中人高六万五千人程御座候ところ年々と相増し当時十一万弐千余の人高に相成り高不相応の多人数に罷成り、殊更疱瘡を嫌ひ候場所に候へば他所稼迚も仕らず、作間に山稼仕り候へ共近年困窮に連《つ》れ百姓四壁《しへき》の山も伐《きり》尽し他足《たそく》に相成候程の義御座無く、連《しきり》に難儀相募り是非無く借入れを以つて御年貢納並に農具等の他足仕り候へ共僅の借高も両三年又は四五年の内には高借に及び、作徳にて払入れ兼ね拠《よんどころ》なく持田畑等質地に書入れ次第に銀高《ぎんだか》相積り終には年季も切れ流地に成り夫《それ》より徳者（銀主）の地所を下作致し上米差出候上、御上納仕り候間《あいだ》、身前の落手（自分の取分）は僅の儀にて、風旱損悪作に逢い候えば又ぞろ借用を以つて御年貢相償い困窮に及び海浜付きの者は魚漁海藻を取り漸く家内の養育仕り候え共、借用向き上米共徳者よりは用捨《ようしゃ》無く引取候に付き一統百姓共年々と衰微仕り、銀主は次第に隆に相成り田畑四壁の山、永代に渡し候類多く――」と書き出して、郡中百姓らが追いつめられてゆく有様を縷々訴えている。その内容が真に迫っているのは、「唐《から》芋《いも》を畑一反に付何斤と地主下作人相対《あいたい》にて相極め申すべきこと」と仕法の箇条にもあるように、百姓らの「作徳」の内容や家内事情にまで、庄屋らが深く関知していたからだと思われる。江戸勘定奉行所や老中への駕籠訴は、長岡五郎左衛門が初めてではなく、たとえば櫨宇土村の幸之助という者が文政十二年（一八二九年）と天保二年（一八三一年）郡中小前総代と称して芝野山請返しを老中に駕籠訴、一度は捕まるが逃げ出してしまう。櫨宇土村庄屋年寄が二度ともはるばる連れ戻しに出府するが行方知れず、地元ではいつまた現われてお上を憚らぬ振舞に及ぶかわからぬというので、幸之助の父や兄弟らは四辺へ気兼ねの余り、人別帳から除き方を願い出るのである。文化四年（一八〇七年）には、久玉・支岐・都呂呂の大庄屋・庄屋らが郡中下免を願い江戸に出て越訴し、この時は願いが聞かれて帰国する。当時江戸まで歩いての越訴にはよほどの気力が要ったろうが、天領の島で江戸勘定奉行所の巡見が恒常化してもいたから、文政十一年（一八二八年）八月の巡見などには「大風被害もあり、傍々御前に腰を据え押はまり、歎願に及ぶ可き百姓、村毎に両名宛前々より人当り極め置き、其の機に差支えざるよう手筈第一なりと、会所詰大庄屋急触して組々へ廻す」（『天草近代年譜』）などということもあったから、幸之助や二江村平吉らのような者を出すのは不思議ではなく、二江村平吉らの場合は訴状のととのえ方といい、大庄屋長岡や永田らには暗々の段取りではなかったかと処刑の判決文から読みとれるのである。寛政度の大庄屋たちの願書は続けていう。

「下方気合至て不平にこれ有り、是迄徒党体の儀に先達《さきだち》候を他国並まで越訴等仕り候儀夫々《それぞれ》御咎仰付られ候へ共兎角《とかく》相治り兼《かね》候訳、悪者の所為とは申し乍ら難渋の根元相絶ず候故人気穏に無く御座候様存じ奉り候、右体困窮此上相募り命を先に立、覚悟相極《あいきめ》合足仕り候様成り行き候はば如何様の敗か出来、上の御厄介に相成り候所甚だ心元なく徳者共も只今通の気合に目差され候ては不安心にこれあるべく候あひだ、事立申さざる内治方これ有る間敷やと私共寄合段々評合候ところ、何れ難儀の根を切候手段に仕らずしては郡内一体の治相成間敷存奉り候」（『天草島鏡』）

このような願書が出された結果裁許された百姓相続仕法の内容は、過去五十三年間に銀主に渡った田畑、山林、家屋敷を元金で向後二十カ年（のち十一カ年延長）間に持主に返させる。借金は元金だけを三十年年賦で返せばよい。過去の小作料未払分は凶作が原因であるから打切り、以後の小作料は十五カ年に限り半額にし、銀主の自作高を十石に制限、残りの田畑を、小前百姓や無高の百姓らに分配するなどという仕法であった。この仕法の運用年限の間、騒ぎが起っていないのを見れば、暫時が間、島にはおしめりがあったと思われる。

右のような寛政度仕法の復活をというのであったから銀主たちが驚いたのは当然で、ただちに郡中銀主総代富岡町大坂屋吉郎兵衛ほか七名の連署で、取極桁書反対の陳情を行ない、代表を長崎に送って代官所に働きかけた。このとき彼らが、百八十五年前の万治二年（一六五九年）の検地帳では土地をもつ本百姓の数は三万弱にすぎぬから、現在十四万の郡民中十一万人は、もともと田畑を所有できぬはずだと主張しているのにはその執心の突飛さに驚かされる。

銀主方と百姓方の対立は日を追って激化し、郡中に不穏の気がみなぎる。閏九月になると、代官所は銀主方に立って百姓方を抑えつける態度を示し始める。すなわちこの月、長崎代官高木作右衛門が来島、富岡役所に各村より庄屋一名、重立つ百姓三人ずつを呼出し、「軽々に請地方相成らざる段」申し聞かせたうえ、次の二条を申し渡すのである。ひとつは、先に二江村平吉らが「天草郡民十四万人余の内より僅かに五人十人の申合を以て郡中小前惣代などと称し」越訴に及んだのはけしからぬというのであった。そうはいいながら一方、各村とも「小前一人別に平吉等への同意の有無を相質《あいただ》し」、その結果を連印帳に仕立てて提出せよと指示している。いまに変らぬ恫喝策であると同時に、郡中不穏の要因を悟っていたことをも示している。

もう一カ条は、平吉らの駈け込み訴えの噂を聞いて、「請地願の成否分明までは、地主へ小作米銭渡すの要なきが如く心得違ひし、向々中合せ滞り居る」とのことだが、そのようなことは断じてまかりならぬというもので、役所側の態度はここに至って鮮明というべきである。ただし役所側は百姓たちを懐柔するため、「近々正徳度同様の改革を行う手筈」という付帯事項をつけた。このため、百姓たちの徳政幻想は逆に煽られることになった。彼らは代官一行の巡回につきまとって離れなかったが、上津浦村では昼食中の代官を取り囲み、正徳度の仕法なるものの説明を求めた。人数は千人にのぼったという。箸を握ったまま中腰でいる代官らの姿を想起すればおかしみを誘う光景だけれども、平吉らの願書は「五人十人の申合」ではなかったことになる。

代官手代の説明を聞いて百姓たちは呆れた。「正徳の改革とは畢竟正徳三年（一七一三年）已出の百姓心得向公儀触を其儘再発し、之れに去寅九月出の触書を併用したるものに過ぎず、要は諸事倹約を旨とし、自給自足すべしと云うに尽く。事の意外さに一同唖然」、群衆は口々に「当局無能、銀主横暴」と罵り騒いだ。十二月二十七日、まず大矢野組三カ村で初発の打毀しが始まる。この日二千人の百姓が上村の銀主龍吉を襲撃、大矢野組大庄屋の周旋で一応収まったが、翌々二十九日までに、五軒の銀主が打毀しにあう。騒ぎは翌弘化元年（一八四四年）一月に入ると激化の一途をたどり、地域的にも大矢野組から砥岐組の大道、二間戸、御所浦、浦、棚底、姫浦の各村、栖本組の上津浦、下津浦、大島子、河内、打田、志柿の各村に波及、一月十六日、砥岐組の一揆衆に至って総勢八千人に及ぶ勢いとなる。いずれも銀主家を打毀して掠奪、貸借証文を焼き捨てたり、銀主に債権破棄を強要している。

富岡役所は一月八日、手代以下十九名で大矢野へ鎮圧に向い、一応頭立つものを召捕ったが、百姓らの勢いの前に釈放せねばならぬ有様であった。二十五日、長崎代官手代が二十六人の人数で騒ぎ立てた三組の村々を巡回したが、なぜかこのとき一人の検挙者も出なかった。代官所側も本百姓制度維持のため、百姓の要求に一応理解を示さねばならなかったものと思われる。百姓方は証文破棄の要求を事実上かちとったことになり、彼らの意気上ったさまはこの年の三月と八月に、米銭押借りに歩く者や、小作米不納などの「強談」がやまぬことについて、役所から各村に注意していることでわかる。

永田隆三郎の名がこの年の五月、長崎奉行所記録『口書集』の中に見出される。それによれば高木代官らは廻村のあと連印状を取ったと見え、「千七百人請地相願心底に之なく、以後は定法通り証文面を以って取引いたし度き旨申立候もの二万六百人程之れ有り」などと云い、この時呼び寄せて吟味した平吉らの親たちや銀主たちの名と共に、一町八十七カ村の大庄屋・庄屋たちを以ってなす役人物代として、永田の名が筆頭に記されているのである。この人物がかかる場合に郡中の総意を携えて役所との接触役をつとめる位置にあった事がわかるのである。

十二月には「郡中悪説流布止まず、内輪に種々仕法を立て、勝手儘の減じ方に及び、或は作籾渡し等も是迄の半高にすべく内々奉行所よりの下知済みなりなどと風評し、人心を迷わす輩横行の模様」という雰囲気で越年する。

翌弘化二年、長岡五郎左衛門が江戸で越訴に及んだことは先に述べた。この一件は弘化三年一月になって富岡役所に廻達され、陣屋詰役たちの態度は俄かに硬化する。かの届書の意味が漸くわかったものと見え長岡に加担の徒の探索が始まった。同時に百姓たちの徳政願望に応えるため、当年を溯ること二十年、文政十年以来の流質地を「向う五ケ年間に、元銀にて請戻すべきを令」した。百姓たちが望んだ「寛政度仕法」を模するものであったが、寛政度仕法よりはるかに微温的で、「不平不満の声は依然全郡を掩」う。これとともに弘化元年の打毀しの首謀者への処分がいい渡されたが、意外に軽罪で、所払い、過料の程度である。

年の暮になって、百姓方はふたたび動き始める。栖本組古江村の庄屋永田隆三郎はかねて「長岡等に心を寄せるや切」であったが、「質地の儀寛政度の通り相成ざる上は迚も人気折合間敷など小前のもの共へ申触れ」（大坂屋文書）この頃から局面の転回を求めて具体的な腹案を練り、同志らとはかり始めた模様である。明けるや早々弘化四年一月、宮田村矢筈岳で毎夜炎々と篝火が焚かれた。今日のように電燈などない時代である。山の上に焚

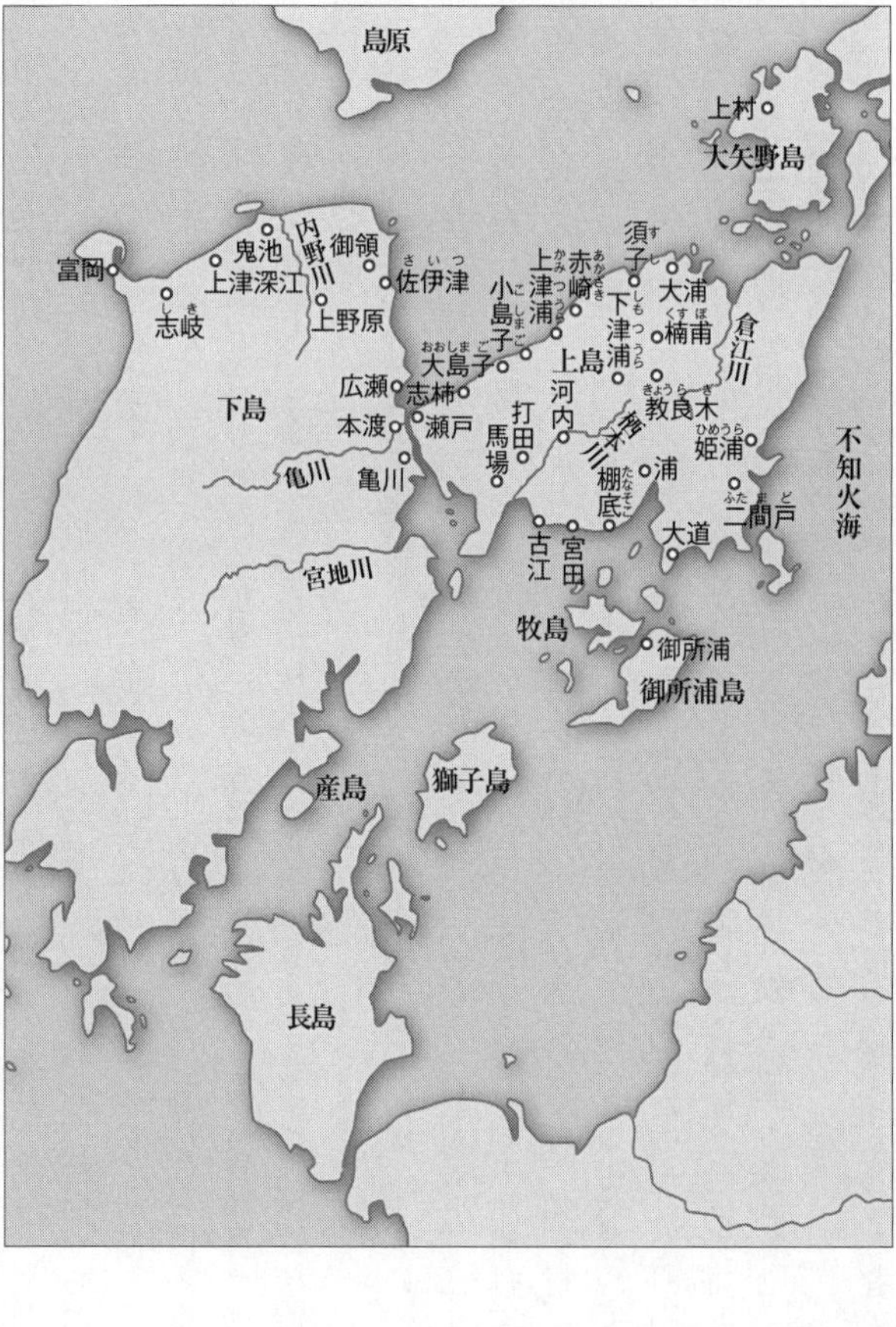
島原
上村
大矢野島
富岡
鬼池
上津深江
内野川
御領
佐伊津《さいつ》
上野原
志岐《しき》
上津浦《かみつうら》
赤崎《あかさき》
須子《すし》
小島子《こしまご》
大島子《おおしまご》
下津浦《しもつうら》
大浦
楠甫《くすぼ》
倉江川
上島
広瀬
志柿
本渡
瀬戸
下島
打田
馬場
河内
教良木《きょうらぎ》
棚木川
姫浦《ひめうら》
不知火海
亀川
浦
棚底《たなそこ》
二間戸《ふたまど》
大道
古江
宮田
宮地川
牧島
御所浦
御所浦島
産島
獅子島
長島

き続けられる火の色は、人々の気特に確実に燃え移ったと思われる。

一月二十八日、円性寺に程近い湯舟原村河原に、数百の者たちが集合した。村民たちだけではなく、江戸の無宿者で僧名を持った者も参加していた。彼らは村民の吹く竹筒にあわせ、山々や海の面にむけて法螺貝を吹き鳴らした。群衆は「銀主共に懸け合いに参る故、何れも出会え出会え」と呼び廻り、「加勢致さず候はば、家屋打毀すべき旨申罵り同意致させ、追々人数相増し」、「夜に入り無数の松火を焚き立て振りかざしつつ、遂に打毀の火蓋は切つて落され」た。

先ず血祭に古江村銀主謙助方、宮田村形右衛門方を襲撃、一夜明けると群衆は千人にふくれ上っていて、栖本の河内村、打田村、馬場村で六軒、下浦村八軒と終日打毀し、三十日は瀬戸より志柿村にかけ四軒、大島子村九軒、小島子村は庄屋吉田家、夕刻上津浦村で銀主四軒。「暴徒等」はここで一泊して、翌朝二手に分れ、一手は赤崎村三軒、須子村三軒、楠浦村各一軒、教良木村七軒、大浦村三軒、一団は瀬戸へ引き返し下島の亀川村へ渡って三軒、勢いに乗じて町山口村へ押しかけ六軒、本戸馬場村で二軒。獄門にかけられた河内村時右衛門に対する判決書によれば「瀬戸下村々打荒し候上、直に富岡陣屋へ一同押寄せ右質地請戻方等之義申渡し相成候様強訴致可と存じ含み、寄集り候もの共の人気を励まし」とある。富岡陣屋へ押し寄せるつもりもあったと見える。

二月二日、下島広瀬村で打毀しにかかったところ、出役中の手代で斎藤珪五郎なる者が集団憑依状態にあるこの大群衆に出逢い、羽織大小を振り捨て近くの寺院へ逃げこむという出来ごともあった。この日、打毀しの及んだ村々はおなじく下島の櫨宇土、佐伊津、御領、鬼池、翌三日は上野原、城河内。結局、被害区域二十六カ村、被害戸数八十四軒、関係暴民一万五千二十一人。「一月廿八日より二月三日までの六日間、全郡の殆ど過半数は暴徒の横行するに任せ、手の附けやうもなき混乱状態に陥」ったのである。

二月三日、長崎代官高木健三郎はじめ三十二名が来島、島原藩兵五百二十余人が出兵するのはそれより五日目の二月七日である。本戸馬場村明徳寺を本陣と定めて駐屯しこの日から検挙を始め、十三日までに百八十余人を連行している。永田隆三郎が捕えられたのは吟味のために江戸評定所留役が来島してこの一件を引き取り、本格的な取調べを始めたあとの七月二十一日の事であった。彼が指導者であることはまだわからなかったものとみえる。吟味期間中、もっとも強情で口を割らなかったのは、「衆に先んじ打毀しの魁けせる馬場村七蔵」であった。『天草史談』第一巻五号・七号、たそがれ・しじま氏の「百姓一揆弘化打毀の跡仕末」中の江間新五右衛門の側日記によれば、一件吟味は七月十日から始まって十四日はお盆で休み、二十一日雨の日永田隆三郎召捕られ、二十八日、「馬場村七蔵と申す者打毀しの時も先立ち候ものなるが、昨日より厳敷く牢問、拷問有之候得共、強情の振舞いにていつかな白状致さず」、八月十五日、「馬場村七蔵儀、此の間中より厳敷く痛め御吟味有之候が、一向に白状致さざりしところ今日の牢問にて漸々白状に及びし様子、如何様の責め苦仰せつけられ候とも、有の儘に申上げざる様含め有之候」とあるから、蜂起にあたった面々は検挙後の心得についても申し合せていたのである。

江間氏は富岡居住の山方役人で、取調べに来た役人たちの宿所でもあったが、七蔵のことはよほどに取調役たちの話題になったのであろう。判決が出る前に獄死したのをみれば、旧七月の盆祭をはさんだ盛夏に、「御吟味中乱妨之もの共、つり拷問、そろばんせめ等之由ニ而《て》、なきさけぶ其有様地ごくのごとく、人々肝ヲつぶさざるハなし（中略）しらすははげしき拷問ニ而、もんぜつ罪人数多、医者殊之外迷悪之事也」（鶴田八洲成氏「天草天領農民一揆の地域史研究」『熊本史学』第五三号）という有様であったから、ほとんど虐殺であったろう。江戸役人たちが引きあげたのは十月も半ばであった。

処罰された者たちの村名をあげてみると、栖本組がもっとも多く、古江村八名、打田村九名、馬場村九名、河内村二名。次は御領組で三名、佐伊津村二名、本戸馬場村一名、新休村二名。軽罪も入れると合わせて六十一名の処罰である。重罪の者たちの家屋敷はすべて欠所になった。

遺族たちは、どこへゆけばよかったろう。ここで思い浮かぶのは、本章のはじめに記した北薩摩、真幸、菱刈郷、あるいはまた出水上場へ入植した者たちの出身村名と円性寺石原氏の御言葉である。『天草近代年譜』には、判決が下され処刑が行なわれた直後の嘉永二年（一八四九年）三月、「馬場村は先年庄屋退身後、跡庄屋なく、湯舟原村庄屋兼帯中の処、小前等の内心得違の者多く出し、仕置筋にも成りし次第にて、一村の不取締、村方衰微の因ゆえ」下河内村の岡本という者を庄屋に取り立てる旨の触書が記されている。

有郷きく女存命の頃、わたしはこの大一揆の存在をまだ知らなかった。彼女の婿の親たちの世代こそは、この騒乱の目撃者ないし当事者であったのに。

銀主側の受けた被害もさることながら、おびただしい犠牲者を出しつつ、小前百姓らの願っていた徳政令は、ついに出されなかった。永田は覚悟の死であったとして、流された先も記されていない遠島の者らは、どのような生涯を送ったのであろうか。もしどこかで生きのびていれば、のちに来る「御聖代」は彼らの目にどのように映っていたであろうか。その者たちの後を追うてゆき、聞いてみたくて切なくなる。

永田隆三郎の人柄をうかがわせることが、『長崎代官記録集』中巻（森永種夫編）の中に見出される。それによれば、明らかに同家の門前を選んで捨てられたと思われる女児の赤んぼを拾い上げ、この庄屋は自分の子として養育していることがわかる。すなわち天保二年（一八三一年）四月八日、

「――夜五ツ時頃赤子の泣声いたし怪敷存じ家内一同罷越し見届候処、出生より凡《およそ》廿日余にも相成べく相見ゆ女子にて、木綿浅黄形付き単え物着せ、同じく縞継ぎ剝ぎ袷弐つに包み薪小高く積み候上へ捨て有之候に付き、隣家のもの共へも知らせ早速取揚げ乳の手当

いたし、近村々迄相糺し候え共何ものの仕業に候や一切手懸り相知れず」富岡陣屋に届けるが、手代がやって来て見分したところ、肥立ちよく育っている。届書は云う。「隆三郎儀身元相応に暮らし当卯四拾三歳に罷成り当時子供も御座無く、殊に同人を見掛け捨て候儀に付き其儘養育いたし置く様仕度き旨相願い候間、乳の様子相糺し候処、召抱候乳母乳も沢山にこれ有り、家内一同慈愛加へ罷在候に付、其儘同人養育の儀承わり、届候」

古江村は今でも閑寂な海浜の一小村である。そのような村でことにも目立つ庄屋の前に赤子を捨てるとなれば、近隣の者ならすぐに発覚する筈で、よほどに遠い所から隆三郎家の「慈愛」を聞いて捨てに来たものと思われる。

「縞継ぎ剝ぎ袷弐つに包み」「薪小高く積み」上げた目立つ所に赤子を捨て去った者は、ひそかに神仏とも頼んだであろう育ての親が、あろうことかその家のすぐ側で獄門に懸けられ、折角託した赤子が、後年また親無しになろうとは思いもよらなかったろう。おびただしい見物人がその場所へ来たというが、その者は恩人の首を見に来たのであろうか、あるいはもうこの世になかったのか。雪野と命名した拾い子をその養い父は、しかとした婿に託して死にたかったろう。

村内の岡に、隆三郎三十七歳の折建立した無縁塚があり、海に向けて「南無阿弥陀仏无縁法界平等利益」とある。

捨てられて泣いている赤子も隆三郎自身の生首も同じ図絵の中に在る。不知火海の光に向いて立ち、この庄屋は現世の内界図を細密に思い描いていた。その把握する生類観においてｌ。法界平等利益、とは刻み深く、ひろがり無限の文言ではある。その文言の下《もと》に彼自身がひらいて見せた現世の凄相をわたしどもは見なければならない。

首はどの方角を向いて懸けられていたのであろうか。阿弥陀川と称ばれる小さな川の口に隣合う田の畦めいた往還道《おうかんみち》の片隅に獄門台が立てられた。今は村人もまれにしか通らぬ三尺巾ばかりの古道である。阿弥陀川とはその以前にあった名なのか、あとからつけられたものなのか。川堤の根につながり、目前の渚に続くその道にも蓮華が咲き、すみれが咲きオオバコが芽を出し、葦むらが海との境を区切るように露を含んで立っていた。そのような草花に形を整えられて古い道が獄門台のあったほとりにのみ、渚に向けて二百米ばかり残っている。田に埋もれて、丸い石組みの道の土台が見え隠れして苔むし、石組みの間から蓬が萌え出ている。古道のたたずまいは、晒しの日を再現するに充分だった。村の人びとはこの道を「昔の往還道」と称ぶ。一米巾程の往還道とは鮮烈である。わたしは獄門台のあった所まで来て、やっと辿りつけたと思った。戻らぬ者と居残るものが別れ合った道に。日常の平穏と極相が、何時ぐるりと入れ替わるかわからぬ陽の光の中にたどりついたのである。往還道は、魂たちの行き交う賑わいを草の花々に記憶させていた。わたしはそこから眺めた。

首は、幼ない雪野がよちよちと蓮華を摘んで遊んだこの道を眺め、その子が巻貝《みな》を拾って遊んだ目前の渚の方角を向いていた。旧暦二月二日より三日間の晒しであれば、この細い往還道は枯れ色で、蓮華の葉もオオバコの葉も、まだ小さくちぢかみ、まばらな草家は丘の蔭に隠れ、海の貝と川巻貝《みな》がゆき交うような渚辺の葦田に囲まれてその首は海を向いていた。くたくたになった足半草履《あしなか》の素足たちがこの道の上に立っている。年寄りの足、男や女の足、子供らの足、いずれも爪垢深く土に食い入る指の動きが人びとの心を語っている。

同じ道の上にわたしはかがみこみ、石垣からさし出ている蓬を意味もなく摘み取った。摘み口にさみどり色の露が光り、よい香りがした。蓬はこの村の節句や祭や、あるいはもぐさに用いられたろう。雪野も摘んだろう。蓬もすみれも昔のまま、うつつ眼前の道にあるのである。

幾日めかわからないが晒しの日に雨が降ったという。天地も慟哭すると云う事を、今も信じている村人である。その晒首をうつつに視る霊感の人が居て、昭和五十二年に、阿弥陀堂の隣に隆三郎の碑が立てられた。完成式の日に大雷鳴があり雹が降ったと、建立発起人の島村和来氏が云われた。阿弥陀堂は獄門台より阿弥陀川を五百米ほどさかのぼったほとりの辻にあり、今はその前を自動車道が通る。古い地蔵さまめいた像のほかに、ただ「阿弥陀堂建立記念、発起、辻　桂松組」とだけ彫られた自然石の碑が昭和九年に建てられていた。ながい間、反逆謀反の徒であったろう者たちを出した村の、そっけない碑文は意味深かった。

わたしが辿り来たった所は一体どこなのであろうか。

古江とはまことによい名である。村の背後には倉岳がそびえている。わたしが生首になって山の方を向かせられたとしたら、魂の眼《まなこ》を項《うなじ》の後に生やしてでも海の方を向く。もう娘になっていたあの赤子は、養い父の首をどこから見たのか。心やさしい庄屋家の娘であれば、村の人たちも大切にしてその成長を愛でていたにちがいなかった。人を葬るに、ことにも手厚い村が、どのような「無常」の営み方をしたことか。人死にのことをここらでは「無常」ともいうのである。

明日は阿弥陀さまの祭という日になぜか獄門台の跡に行き逢った。祭にゆき合わせた者は、誰でも阿弥陀さまの御接待にあずかれるということであった。獄門台の跡を教えてくれた田んぼ帰りの村人も、鄙びたお堂の掃除をしていた四、五人の人たちも物腰美くしく、古江という村の名にふさわしかった。その人たちはどこから来たともしれず、永田庄屋さまの首のことを尋ねた人間に、

「ようこそまあ、こういう田舎に尋ねて来てもろうて」

そういいながら白い手拭い被りを恭しくとり、

「有難うございます、ほんに」

と云われた。まるで永田隆三郎の身内のような云い方であった。

「その人のことは、なあんも知りませんとです。ただあそこで、さらし首になんなさった事ばかりを聞いとりますだけで。いいえ、赤の他人で」

そう云いながら深々頭を下げて、

「有難うございます、こういうところにようこそまあ」

と云われるのである。男の人も女の人も野良着姿の腰をかがめられ、にこにことされた。

「明日はお祭りでございますけん、お出でになれば、お接待いたします、どうぞ」

野面を見渡せば、戸外に出ているのはこの人たちだけで、陽は海の方に照り、阿弥陀堂の小さなのぼり旗がひらひらとはためき、世界はそこから彼の時代へ、更にまたその昔へとひろがっていた。草花だけでなく、人も元のまま生き替わってここに居るではないか。人は誰でも、風土の古層と同じような魂の原郷を持っているのではないか。法界とはひょっとして、そのような所かもしれぬ。

阿弥陀堂の辻からも、いや古江の海に向かって展ける所ならどこからでも、隆三郎の首が見える。葦の葉群が、歴史の時空をそこに溜めているように微かにふるえていた。

弘化の天草一揆衆は徳政という言葉で何を訴えたかったのか。幕藩体制の崩壊を受けて、「御一新」を指導した近代的エリートたちが、それを幕藩時代の役人たちより正しく理解したとはとても思えない。前近代の民の訴えたかった心情を、近代社会はさらに棄てて顧みない。それはなぜなのか、どのように捨てて来たのか。永年にわたる自己の疾病のようにこだわり続けてその極限に水俣のことがある。

延享から天保に至る約百年間に、七万余の人口が十四万余に倍増したのを見ても、この島の困苦は想像されるのである。その様は、「最早飢渇の難儀に落入り島内居住も相成りかね」という平吉らの嘆願書に委曲が尽されているが、弘化の「乱妨一件」には底に深く、いかに零細な棚田のみであろうとも、先祖伝来の田畑、たがいの共同体的関係がその上に結ばれる土地が銀主に奪われて行くことへの絶望と、甦えりへの願望があったことが汲みとれる。土地は海と共に、生命の母胎であると共に魂の依る所であり、いわば彼らの一切世界そのものであったろう。それを銀主から奪われるというのは世界そのものを失なうようなものであったろう。

ここでいう世界とは、下層農漁民たちが夢見うる至上の徳と情愛と、理《ことわり》とが渾然一体となった神仏の如きものが宿る深所、そこに魂をあずけて、共に統《す》べられると思える依《よ》り代《しろ》として、経済基盤の今一つ奥に至る現世の足がかり、手がかりとして土地は観念されていたに違いない。だからこそ心身共に「島内居住も相成りかね」る有様になっていたものと思われるのである。長岡や永田のような庄屋たちは小前百姓らと魂の結ばれ合う所にいたと思われるのである。北野典夫氏の『海鳴りの果てに』によれば、同じ栖本組赤崎村庄屋北野織部家に『古江村永田隆三郎欠所田畑家財取調子書上帳』が現存、永田家の高三十七石五斗七升四合、反別四町九反八畝六歩と記載あり、しかも全部で八十二筆の田畑中三十七筆が、銀主たちに借金の抵当として入質されている由である。

それによれば欠所になった永田家遺財は本宅附属の土蔵一、物置小屋瓦葺き二、藁葺き一、公用出張用として富岡宿泊所板葺屋根一軒を所有していたが、雨戸や障子をも含む家財道具が八十九品目で、山水の掛軸一幅の外は、本膳十人前、吸物膳二十人前、茶漬茶碗十五人前、衣桁一、小だんす一、湯桶一、火鉢大小二、硯箱一、机一脚、煙草盆大小三、平釜二、小羽釜二、まな板二、包丁一、薄刃包丁一、丸行灯《あんどん》一、角行灯一、提灯二張などの生活用具と、農具としては、せんば二挺、馬鍬、鍬、鋤、斧、鎌などがそれぞれ一挺、肥桶二つ、とある。あまりに質素な庄屋役座遺財記録を見て北野氏は、事を起す前、農具など小前百姓らに分け与えていたのではないかと書かれている。

更に切ないのは先掲した鶴田八洲成氏によって精述されている河内村時右衛門や馬場村七蔵の遺財である。時右衛門は「無高」で家は「居宅之儀解方仕候」(規模理由不明)「家財拾弐品」「鍋二・碗十・茶呑碗五・平膳三・ちょか二」農具類は「鍬一・鎌一」その他「商箱一荷・たらい一・手水たらい一・小桶一」である。馬場村七蔵は「持高九升八合」でそれは「屋敷上畑壱畝歩」である。家は「藁葺家壱軒但梁行壱間桁三間」と「物置小屋雪隠共壱カ所」で「家財拾三品」は家具類が「芦畳三・雨戸三」のみ食器類は「鍋一・茶漬碗二・膳二・水瓶一・庖丁一・小櫃一・柄杓一」で農具類は「鍬一・鎌一」その他「桶一」とあって、これでは先に述べる流人たちに毛が生えた程度の暮らしぶりである。

弘化乱妨一件を見てゆく中で非常に印象深いのは、天保にはいると、驚くべき頻度でこの島の流人たちが島抜けをしていることである。

天草に最初に流人が配当されたのは、明暦元年（一六五五年）である。元禄二年（一六八九年）には高野山の配流僧六百人が来島するなどのことがあったが、享保九年（一七二四年）、江戸からの流人四十八名が島に着いたのを最後に、約八十年間の中絶があり、享和元年（一八〇一年）に至って、再び近畿方面の罪人の流刑地として指定されている。大坂表から八人の流人が着いたのは翌々享和三年であった。

村々ではくじ引きをして、流人たちを預った。村預りとなった流人たちは、十日分の米五升と小屋、所帯道具をあてがわれ、手職のある者はそれで生活を立て、ない者は庄屋方や百姓方の手伝いをして生計を立てた。

流人の所帯道具は、天保八年に島抜けした安吉なる男についての届書に例をとれば、釜（但壱升焼）一個、鍋一個、茶呑茶碗三個、飯茶碗三個、古膳一枚、水田子（水桶）一荷、水瓶一個、土瓶一個、摺鉢一個、摺子木一本、手水盥一個、古畳四枚、〆めて十二品（『長崎代官記録集』）といった具合であった。先に述べた弘化一揆の処刑者時右衛門の所帯道具をくらべてみれば、流人と村人との暮らしぶりがいろいろに想像される。

村預りと云っても牢住いではなく、村民たちとはむろん、流人舟に乗り合わせて来た仲間で他村預けの者や、先住流人たちとも自由に往き来していた。彼らのうちのある者は村の後家さんとの間に子どもも出来て一家をなし、刑期満了後帰らねばならなくなったが、よほどこの島の人情に心ひかれていたと見え、このまま居たいという願書を出し、許されている者も居る。

『長崎代官記録集』を読めば、犯罪記録を主としたものだけに、土地の者たちと彼らの間柄、その生活ぶりを具体的に知ることが出来る。

天保四年（一八三三年）、久玉村預りの流人万之助（三十五歳）が、志岐村預りの堀江の清吉と酒を呑んで口論のあげく、切合いをして互いに疵を受けた届書がある。

事の次第は、清吉が、碇石村流人才之助に銭取引があって行かねばならぬため、かねて懇意にしている佐伊津村の百姓又左衛門を荷持ちに頼み、途中の津留村流人長之助方に一泊、長之助は菓子や心太《ところてん》等を近村に掛け売りや触れ売り（行商）をしていたから、その夜の話に、商いも繁昌していることを話すと、清吉は牛深の大工安五郎に用事があるのだが道が不案内なので連れて行ってくれまいかという。長之助は、ちょうど心太草の取揚時期で買入れにゆきたく思っていたので一緒に行こうということになった。

翌日清吉は才之助方に行き用事を済まし、同夜また長之助方に止宿して、連れ立って出立、早浦村を通りかかった。ここにも流人百蔵がいるので「見舞」に立寄った。すぐさま酒が出て時刻が移り、百蔵方で一泊。翌朝牛深へ向う途中、久玉村流人万之助方に立寄った。清吉と万之助は同じ船で流されて来た間柄である。久し振りの面会なので濁酒が出て呑み合いが始まった。長之助がいうには、心太草買集めのことで懇意にしているろくという者の所へゆきたいが道がわからぬ。万之助ならろくと同じ郷村だから道案内をしてくれと頼み、四人ともいっしょにろく方へ行くことになった。途中、長之助と百姓又左衛門が後になり、清吉、万之助が先になった。道々、昨夜の「万之助方にての取扱いかた麁末《そまつ》不敬の至り」と根にもっていた清吉は、万之助に向って、「牛深村あたりへ罷り越し候はば酒肴拵え持参、見舞に参り候者何人もこれ有り、万之助方の酒は呑めず」と難癖をつけ、さらには自分は「天草郡にて大庄屋庄屋どもを始め恐れ候もの一人もこれ無く、もし喧嘩等いたし候はば如何様にも取り計らいやるべくなぞ」、そのほかにも種々「自慢の高言」をした。

六ツ半頃ろく方に一同着した。ろくが酒肴を調え、挨拶に出て呑み合いが始まった。ところがまた清吉が万之助に、さきほど来の雑言を吹きかける。万之助は不行届を詫びるのだが、清吉は云い募って止まぬ。長之助、又左衛門は下戸で、ことに長之助は六十七歳でもあり、終日歩きくたびれ壁際に打臥している。ろくと又左衛門が竈の所で飯拵えをしているうち、清吉が万之助の鬢をひっぱたいたところから立ち廻りとなった。万之助ははじめ清吉から脇差で膝頭を切られたが、逆に奪い取って清吉に十カ所の手傷を負わせたのである。一方清吉は、万之助の「陰嚢へ摑み付き手強く〆め起き上」り、又左衛門が間にはいる隙に隣家へ逃げこんだとある。

もっともこれは万之助の云い分で、清吉の申し立てによれば、万之助は流されてくる船中で流人頭になりたかったのだが、船中の支持がなく自分が頭になったことを不快に思っていると聞いていたので、それを含んで雑言を云い掛けたという。

清吉は十年後の天保十四年、早浦村の百蔵は天保九年に島抜けをしている。流人同士がゆき来して酒になり騒動を起すことは度々あった。この場には居合わせないが、清吉が「銭取引」のことで尋ねている才之助は、弘化四年（一八四七年）に平床村の流人金蔵方で、無宿友蔵や百姓たちと酒を呑み、友蔵に切りつけている。才之助が市瀬村百姓利助に金を貸していて、その返却延引を詫びに利助が来たのを、日限の延引など聞かぬと声高に罵ったので、金蔵が勘弁したらどうだとなだめたことから、双方酩酊していて刃傷沙汰になった。

清吉の事件より溯ること九年前、文政七年一月の厳達には「流人共近来不身持となり、無断にて他村へ出懸るのみか、銘々の手職に勤めず、村内より養はれるをよきことにし、却て百姓共より結構なる生活を為しつつある嫌ひあり、病身其の外 拠《よんどころ》なき者に限り、村所を袖乞いして其の日を凌がしむべし、心得違いし、村役人の申付けを用ひざる者は厳敷取締り」云々とあり、さらにまた天保二年には「流人共手馴れし稼ぎ無之旨申立て、村方より不相応の食物請取り、遊び暮し居る趣の処、近年不作打続き百姓さへ取続き難き折柄、右体の義は有る間敷事」と取締り方を示している。

才之助や清吉たちを見ていると、「見舞」と称する酒呑み往来は日常のことで、そのまわりにいる百姓たちは、流人たちの荷持ちに雇われたり借金も返せなくて、流人たちが「百姓共より結構なる生活を為し」というのは後年になるほど定着している感がある。この島では、嘉永元年、嘉永四年、安政二年と三度遠島地除外を出願したが却下されていて、その安政二年には郡中差置きの流人は七十六人になっていた。天草郡一町、十組八十七カ所でくじを引いて受け取り、ただでさえ欠乏勝ちの村方でこれを賄なわねばならず、金貸しをしたり、酒を呑んでの刃傷沙汰など起されて、かかり合いになるのでは迷惑なことであったろう。老齢になってこの島と女性にもなじみ、「手馴れし職」にいそしんでいる長之助のようなのもいて、流人たちが日々、酒呑み喧嘩に明けくれていたとは思えないが、それにしても頻発する流人たちの島抜けは、村々にとってひそかに幸いなことではなかったか。島抜けと知ってか知らずか、舟に乗せた者たちが居た筈で、手漕ぎの舟に乗せていずこかに着岸するまで、乗り手と乗せ手の間に違和感があっては出来ぬことである。

島抜けの記録は文化年間から始まっているが、急増したのは天保になってからで、天保年間十四人、弘化年間二人、嘉永年間九人、安政年間十四人、万延年間二人、文久年間二人、慶応年間二人と記録されている。村々に差しもつれの事件が続いたり、一揆の前兆をなす騒ぎの雰囲気の中で抜け出す者もいた。たとえば天保十二年三月、打田村預り無宿辰之助（三十四歳）、翌十三年一月、早浦村預り「無宿穢多」壱貫の兼松、九月同村石田屋百蔵（五十歳先述）、同月登立村預り無宿岡岩の保次郎（二十二歳）、十四年閏九月、支岐村預り無宿堀江の清吉（先述）、同十二月上津深江村王蔵院住持理道（三十三歳）、弘化三年五月佐伊津村預り無宿御茶山の音吉、などというぐあいである。ほとんどは深く探索されることもなく、脱出に成功していると見てよかろう。

幕藩体制の箍《たが》が、末端の遠島地でもゆるみ始めていることの反映とも云えようが、もとの居所では世間を狭くせざるを得なかった者たちが、脱出の時はともかく、島での日常において、まるで太平楽な気分になれているのは、ひとえにこの島の控え目な人情の深さ、心厚さに包まれてのことではあるまいか。

高野山の僧六百人余の流配などは、学僧たちの争論を裁断してのことであったから、当初の流人たちは、都の文化・学問を辺土にもたらした貴種であったのかも知れぬ。清吉たちのまわりに立ち現われて、人の好さを思わせる島民は、下層の者たちであろうが、あたかも流人たちを客人のように扱いもてなしているのに気づく。先に引いた「村方預りの身などと心得違いし」という廻達の文面にもそれはあらわれている。流人たちの出身地は主に京・大坂方面であった。その言葉づかいや身のこなし、島民たちより広い世間を渡って来たいわば世慣れた姿が、鄙なる辺土のものたちには、どこか垢抜けしたみやび人のように見えたのではあるまいか。村民の子弟たちに学問を教えたりして慕われたものもいたから、事実、客人的要素もあったと思われる。

一方、清吉のような言動をするに至る流人たちよりみれば、遠島地に送られるというので、苛酷な前途を予想して船に乗ったであろうに、来てみれば牢にも入れられず、島人には右のような気分で迎えられる。図に乗って調子よくなる者が居ても不思議ではない気がする。ひとつには、遠いみやこで何をし出かして来たか知れぬ罪人でもあるから、なるべくご機嫌よく居てもらい、帰っていただこうという気持も複雑に交っていただろう。

天保十四年暮から弘化元年にかけての打毀しの件で、永田隆三郎が惣代になり、吟味を受けた郡中の庄屋たち二十人が申し述べていることの中に、「天草郡の儀は、高に引きくらべ候ては人別多く、他所稼ぎ嫌い候土地柄につき、次第に年々相増し、山方の百姓は耕作の余業に薪を取り炭焼等いたし、近国もよりへ売捌き候えども、直段下直《ねだんしたね》につき格別の潤いにも相成らず、海岸つき村々は、水呑百姓ども多く住居罷りあり、漁業渡世にて漸く取り続き居り候次第に候えども、往古より人気は偏固の所にて、一途に存じ詰め候生質ゆえ、毎度徒党あい企て」というくだりがある（長崎奉行所記録『口書集』上巻）。「他所稼ぎ嫌い候土地柄」で「人別相増し」とは、百姓らの口からも度々出ることであるが、一途に存じ詰め候性質とは、切支丹の乱で死んだ者たちによってあますところなく表現されている。度々徒党を企てているにしても、そのようになるには条件がなくてはなれぬのであって、かねて並より慎ましく辛抱強くなくては、その存じ詰め方が一定情況に上りつめての憑依状態（この場合は打毀し）になることは出来ぬ。存じ詰め、思い詰める性質とは、世間知に染まず、純一で底知れず情愛深い性質でなくてはならぬ。この島の爆発的人口増加とは、そのような性情の故でなくて何であろう。流人たちの配流を迷惑がりながら、うつつの姿がそこにあれば、島民たちはついつい優しかったのではあるまいか。天草からの流民である水俣病被害民たちの中にいて、わたしは同じような性情のよってくるゆえんを思い続けているのである。

島原の乱後、寛永十七年（一六四〇年）五月より天草は幕府直轄地公領となったが、初代代官は鈴木重成である。この初代代官は、殉教者を手厚く弔い、種々の復興策をほどこしているが、よほどに心を打つ島民の惨状があったとみえて、承応二年（一六五三年）十月、石高の半減を上訴して、江戸の自邸で自裁し果てた話は有名である。二代目鈴木重辰代官（重成の甥）の時、石高半減は容れられるが（四万二千石から二万一千石へ）、そのあとまた戸田伊賀守の私領となる。この戸田氏もまた、その任八年にして他へ転封されるに当り、富岡城の本丸二の丸を破却して去っている。理由は、郡民の蒙る過重の負担を根絶するためであったといわれている。

この島には、為政者たちのいわゆる徳政を促してやまぬものが具わっていたらしい。それはなにかとしきりに気にかかる。鈴木重成にしても、征討軍の立場で天草の乱の実戦に直接参加し（松平伊豆守の賄方で火薬の責任者でもあった）、宗徒たちの死にざまをつぶさにその目で見た武将である。

彼がその為に来た戦の相手はそれまでの戦の概念である敵とは、まったく異る者たちであったろう。激しく抵抗したとは云っても、圧倒的な征討軍の前には結局のところ、武器すらろくに持たぬ女子供を交じえた百姓漁師どもに過ぎなかったのである。一万二千とも云われる殉教者たちの屍を前にして、この男はなにを視たのであろうか。一人も余さず殲滅したと勝鬨をあげてどよめく気はしなかったのではあるまいか。

乱の終了後、彼は上方代官職のまま島原に滞留していて天草荒廃の開発を命ぜられ、案を具して帰府している。つぶさに乱後の民心や土地の荒廃を見、瘠地のありさまに胸打たれたものと思われる。それにしても、主君の馬前ではなくして、民百姓たちの蘇生のために一命をかけて果てるとはただならぬことである。武将の忠節と大義の対象が、その主君から領民へと転換された、心情の機微が知りたいとわたしは思ってやまない。身命を擲つまでになるには、その対象とよほどに心通うものがなければならぬ。殉教者たちの最後のさまに向きあったことがきっかけであったと推測されるが、この人物の任期中、常に身辺にいて彼の魂をゆさぶり続け、まなうらを去らぬ生きた島民たちの姿があった筈である。それはどのような現身の者たちであったのか。切支丹の乱と弘化一揆をつなぐ赤い糸が見えてくる気がする。長岡、永田らいやいや夥しい者たちの血の色において。水俣被害民らの魂を通して。このような魂たちの依《よ》り代《しろ》は異教や一握りの土地や海であった。その寄るべを失う者たちを放棄したまま近代は始まるのである。

流罪人たちの島抜けを援けたのは勿論、漁師たちであったと思われる。かなり自由に触れ売り（行商）などをしていたとしても、追手の舟や浦々の見張りを突破するほど、舟漕ぎの技に習熟する機会まではなかったろうから、いかなる話合いがついて、島抜けをし終えたのであろうか。してみれば、暗々に島抜けとわかっていて、これを舟に乗せた者たちもまた、時代が天草の島の外で動きつつあることを感得しつつあったに違いない。長崎奉公に出て出稼人たちが奢侈になって困るというお触れが度々出ても一向改まらなかった様子を見れば、開国間近な長崎の雰囲気を、尊皇攘夷や開国論とは全く関係なく、天草の出稼ぎ人たちは見て取っていたと思われる。異国の船の荷の積み下しに傭われたり、役所の下働きに傭われたり、そのような男たちにまつわる遊女や下女でもあったろうから、天下国家を考えるのとは全く異る直感で、時代の推移を自然の移り変わりのように感受していたのではあるまいか。異国船の漂着、天草沖通り抜けはしょっちゅうのことで、下田の黒船に驚愕した民心よりは早く外国馴れがあったことは、『犯科帳』に頻出する外国船の抜荷にこの島の者が加担している記事を見ればうかがうことが出来る。

このようなことを知る前、わたしは天草という島を、ものさびしい単調な瘠土《せきど》の辺土と想像していた。じつは天草栖本あたりはわたし自身の出自にもかかわる所である。長崎奉行所の記録、その他を読むうち、この島の者たちの職種を見ることが出来た。百姓・漁師はもちろんだけれども、長崎へ出稼ぎに出た者たちの職種を含んでいる。左にあげてみる。

鼈甲《べっこう》細工、草履売り、大工、寺男、船大工、炭焼、唐人屋鋪小間物商人、油屋、日雇働きの者、茶売り、野菜売り、魚売り、髪結、唐通事部屋小使、古物売り、畳細工人、仏師細工、にせ銀つくり、豆腐作り（売り）、花茣蓙売り、茶碗作り、比奈久温泉（対岸葦北郡）あんま、古銅店売り、唐人屋鋪日本煙草売り、唐蘭船入港の荷役、唐物買い、にせ人参売り、旅芸子、代官所小使、菓子心太売り、心太草取り、船宿洗濯女（売女）、唐紅毛船水積み舟、屋根師、桶屋、木挽、石工、櫨蠟作り、塩作り、馬喰、判人（人身売買を含む）等々である。

犯罪者の職種を含んでいるけれども、はじめ閉鎖された辺土を思っていたので、こう並べてみると一抹、いのちの華やぎのようなものが伝わってくる。疱瘡を極端におそれて「出養生」の習俗を作りあげ、そのこともあって他郷稼ぎを嫌っていたとはまことでもあろうが、西海岸側からは目と鼻の先の島原、長崎との間に、このような通路もひらけていたのである。慶応元年（一八六五年）閏五月の布達に「長崎表外国通商取開き後は、給金多きところより、天草奉公人総て長崎へのみ出稼ぎに赴くやうなれど、彼の地の風になぢみ、其身嬌り華美となり、結局は為め筋にならざるゆえ、長崎への奉公稼ぎを差止むべし、尤も他の向きへの出稼ぎは勝手たり」（『天草近代年譜』）とある。このやるせない華やぎの底から、からゆきたちの姿も仄見《ほのみ》えてくるのである。

天草はこのような姿をした者たちの往き来する絵地図で成っていた。それは庶民の日常というものであった。歴史の中の或る日の島を後にして、今も変らぬ潮の流れに乗り、薩摩領へむけて小さな舟たちの船団が渡って往った。

第五章　いくさ道（上）

熊本県阿蘇郡小国《おぐに》町大字上田《かみだ》の、いまは廃校となった、上田小学校の沿革史をつくる話を洩れ聞いたことから、このたびの話ははじまるのです。

明治八年一月に、男子十名、女子二名の生徒をもって発足した上田小学校は、昭和四十八年三月をもって、九十八年間の校史を閉じるのですが、創立当時は、「校舎ノ設ナク北里亥久太郎氏ノ旧宅ヲ借受ケ授業シタリ」という有様でした。翌々年の明治十年、「校舎新築ノ議起ル時、偶々西南戦争ニ当リ一時中止シ（学校も休校となった）居タリシモ賊徒平定ト共ニ再ビ工ヲ起シ同年十月竣工ス」という経過を経て五十年後、町行政上宮原小学校の分校となっていました。

昭和十四年には本校に併合されて敗戦の年まで六年間「廃校の憂目に遭い」ます。けれども、ここらあたりの「校下民」にとって一・二年生、三・四年生をあわせて二教室、在籍児童数つねに二十名内外に満たなかったこの複式学級は、よほどに淳徳なる校風、いや村風の元であったと見え、ふたたび「校下民たちの熱意」によって分校として復活するのですが、昭和四十八年に至り、創立から数えれば九十八年間、村の歴史とともにあった学校は最後の児童在籍数男子十二名、女子十七名の卒業生を送り出したあと、「経済界の変動と、過疎対策によって」ついに廃校となるのです。

廃校時の戸数は百二戸、保護者の職業をみれば、農業十七、工員三、大工二、お寺の住職一、公務員五、精米業一、となっており、なぜか運転手という欄がもうけてあります。この欄はゼロとあり、過去にあるいは、親を運転手に持った児童が在籍したのかもしれません。

まことに慎ましやかな村落の雛形がここにあることよと錯覚いたします。事実そうにはちがいないのですけれども、流亡の早い兆しを含んで成立する海付きの、工場をつつんだ村落の在り方しか知らない私などは、このような村の、こんこんと光をあつめて生き続ける向日性のごときものにふれるとき、日本の村落の成り立ちと、村というものの生命の、深い不思議さにとり憑かれてしまう思いがするのでした。

小国杉の名で知られる杉の産地で、のびやかに点在する村落を囲い込んで連なる杉山のいわれをきけば、これが学校林であったり、老人会のものであったり、婦人会のものであったりいたします。嘉永の頃から先人たちが受けつぎ、村の後々のために丹精して育てあげた杉の木で、今ではひとつの学校をゆうに養える共有林となって育っているとのことでした。藍色に重なる見事な大杉の穂立ちの向う側には、壮大な阿蘇外輪の山々の襞が遠く天空に溶け入り、活火山の噴煙の上に太古ながらの陽が照っているのでした。

このような上田の村々の背後を、阿蘇の山容とは対蹠的にやさしい起伏を重ねて中部九州の脊梁山系となる九重の高原群が囲んでいて、中でも頂きの高い涌蓋《わいた》山にまつわる伝承などは、同じ裾野をめぐって大分県側の村落にも通じていました。そして阿蘇郡小国町は大分県玖珠郡と、やはり大分県の旧天領、日田郡の山地のあいだに這入り込むような地形をもって、熊本県最北東に位置しています。

まだ霊威を失わぬ山々の力が、その襞の中に村落を養っているありさまがちいさな学校の沿革史にもあらわれていて、ここらあたりは古代の神々が土俗のひとになる過程にあるのではないかと思われたりしました。阿蘇の第三期の爆発によって出来た地層はやわらかく、石に刻んだなにかの事跡やしるしを時々見つけだしても、崩れが早くて拓本がなかなかとりにくいのだと、こんどの物語へいざなって下さる長谷部保正おじいさんの言でした。

さて、上田小学校「校下民」たちはこの学校の閉鎖について、いたく「空虚さを感じ」ていました。宮原小学校へ併合の話は最後の統合がきまるまで、しばしば小国町の教育委員会などから持ちこまれているのですが、そのたんびに、校下民大会をひらきました。

「大きい学校の方が教育効果があがり更によくなると存じます」というおえら方に対し、

「学力の低下、納税の優劣により、併合の問題が起ったか。又教育委員が出ていないから上田の問題が起ったか」

「私共は上田分校を宮原校への併合よりも寧ろ大字上田に一校併合を希望するものであります」

「民主主義とは主権在民の政治であります。分校の併合は地方文化の破壊であり、地方文化中心の喪失であります。それで本当に民主主義を政策面で実施されるならば、上田分校を残し文化の発展に寄与されんことを切望いたします」

などと、まことに矜持高い論を申し述べました。校下民たちはまた「学校後援会」の会員でもあって、昭和十年二月七日、元《もと》上田部落民大会を開催して左のような決議をしました。

決議事項

一、上田分校ハ如何ナル問題起ルトモ絶対ニ之ヲ存置シ廃校ニハ断然反対スルコト
一、右問題ヲ促進セシムル為メ部落民代表者ヲ設ケ廃校問題ヲ永久提出セザル様村長ニ厳談スルコト
一、現在ノ上田分校ニ一学年ヲ増シ四学年マデ増置スルコト

一、以上ノ件ニ関シ委員拾壱名ヲ選任スルコト

として、十一名の委員と委員長を選任し、「北小国村長北里雄平氏ヲ自宅ニ訪問シ本日決議セシ事項ヲ陳情ス」と念を入れ、記録にちゃんと残しています。勿論このくだりはすべて、『上田小学校沿革史』の中に入れられて、左のように書かれてあります。

翌二月八日北小国村長北里雄平氏ヲ自宅ニ訪問ス委員長北里誠一郎部落民ヲ代表シ二月七日部落民大会ノ決議文ヲ陳情ス

北里村長曰ク協議事項ノ内絶対ニ之ヲ存置スルト言フ「絶対」ヲ取消シテハトノ話ガアッタ委員一同口ヲ揃エテ之ヲ拒否シテ之ニ応セス退去シテ一同帰宅ス　帰ッテ上田校ニ集合委員会ヲ開ク委員一同協議ノ結果二月十二日熊本県議会開催中ニ付部落民全員出動シ熊本県知事ヲ始メ議会ニ決議事項ヲ陳情スル旨ヲ決議ス

二月十二日午前七時部落民八十七名集合トラックニ便乗午前十時三十分熊本県庁前（千反畑町）ニテ北署員三十五名ニヨリ呼止メラル責任者ハ何人？　トノ話デ委員長北里誠一郎名乗リ出テ応対ス署員曰ク本日ハ無届デトラックニ乗ッテ来タガ以後斯ノ如キ行動ノ無キ様注意ヲ受ケテ……

このような愛惜の情をこめて『上田小学校沿革史』が出来あがると、校下民たちはじつ

に厳粛な出版祝賀会というものを執行しました。編纂を受け持ったのは隣村の、大分県玖珠郡湯坪の出身で、そもそもは、やはり廃校になった『湯坪小学校沿革史』を作られた俳人穴井太氏と熊谷陵蔵氏です。その穴井氏との縁につらなり、私までが前代未聞の、これを出版記念会というならまさしく真実あふるる出版記念会に出席できたわけでした。

当然のことながら出席したひとびとは、一年二年で一教室、三年四年でまた一教室だけの複式学級の、二教室しかない小学校校舎の、卒業生たちでありました。小さな講堂（明治のはじめから百戸前後でにぎわっている部落の公民館をかねている）の真ん中の板張りに、茣蓙を敷いて座っているおじいさんや、小父さんや、小母さんたちを数えてみたら、私たちを入れて二十名ほどでした。内訳は、前記二人の編纂者と印刷社社長（この人は山福さんといって穴井氏主宰の俳誌「天籟通信」をじつに風趣ゆたかにつくりあげます）、とその夫人、沿革史刊行委員会のひとびとと、しかとは意味もわきまえずにまぎれ込んで来た外来者の私などです。

式はまず、編纂者お二人と山福印刷社社長、とくに沿革史の資料部門に貢献した人などを表彰しようということのようでした。なんと私などまで来賓ということになって、机をとり払った教室の窓側に小学生用の椅子に腰かけさせられ、おじいさんたちの座っていられる板敷よりは一段高い座で、キモをつぶし、わたしは板敷に降りようとしました。けれども、そういう座を与えられるのは、外来者に対する村の礼譲だと、穴井、熊谷両氏にさ

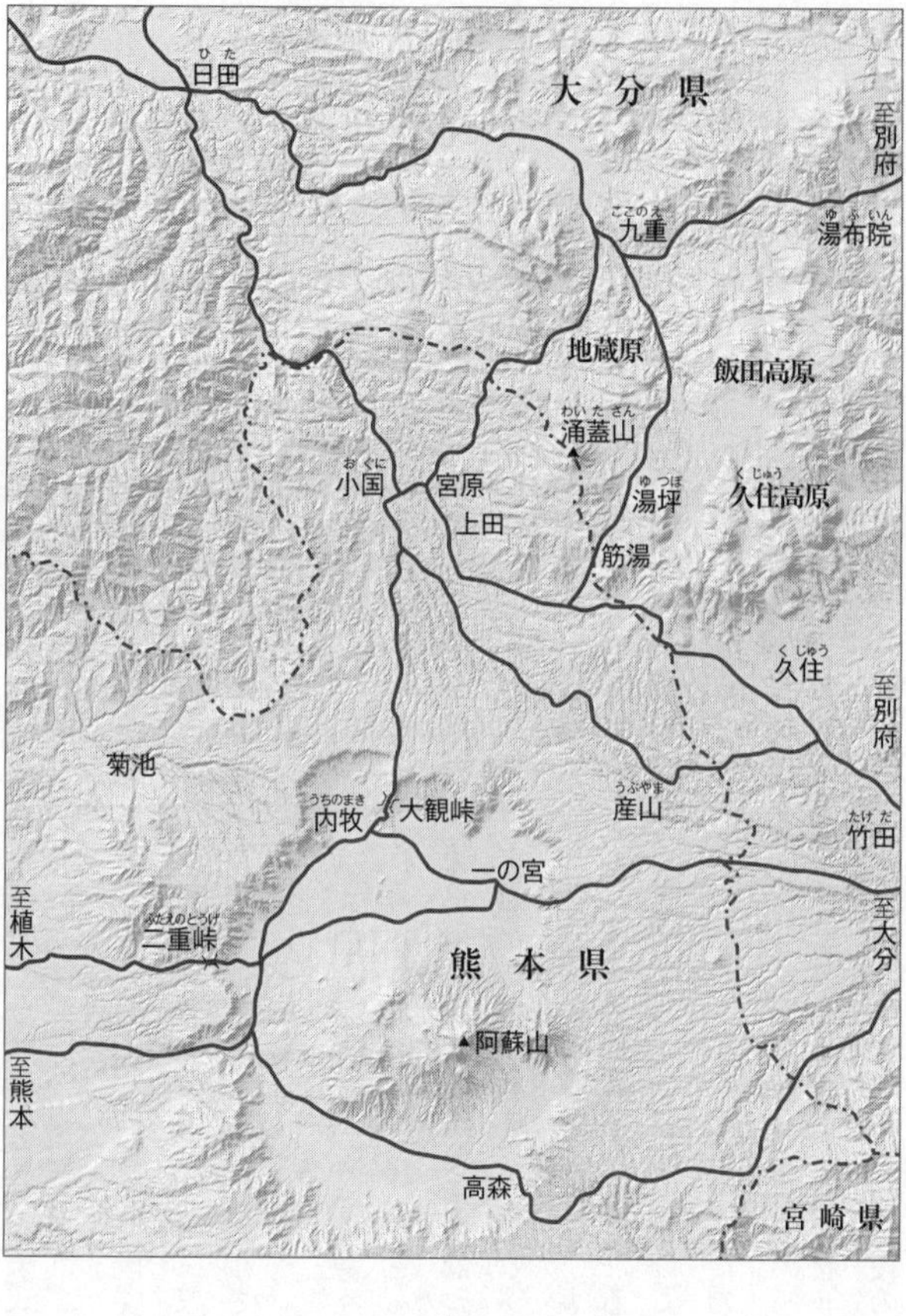
日田《ひた》
大分県
至別府
九重《ここのえ》
湯布院《ゆふいん》
地蔵原
飯田高原
涌蓋山《わいたさん》
小国《おぐに》
宮原
湯坪《ゆつぼ》
久住高原《くじゅう》
上田
筋湯
久住《くじゅう》
至別府
菊池
内牧《うちのまき》
大観峠
産山《うぶやま》
竹田《たけだ》
一の宮
至植木
二重峠《ふたえのとうげ》
至大分
熊本県
阿蘇山
至熊本
高森
宮崎県

とされては、その礼に従うほかはありません。「開会の辞」がのべられたあとに表彰式がはじまりました。腰に手拭いをぶらさげたおじいさんが、名前を呼ばれて「はいっ」と云って、往年の小学生さながらに立ちあがって進みゆきました。そのあまりに真摯な後姿に胸をつかれてよくよく見守っていたら、足元が、緊張のためにかすかにふるえているではありませんか。粛然とも敬虔とも、その純一無垢な会場の雰囲気に感動して、私は小さな木椅子の上の膝を正しました。

表彰理由をきいておりますと、この人が、村に集中している口碑伝説、口説きの数々などを、おどろくべき記憶力で再現して下さったとのことでした。みればこのおじいさんだけでなく、式の進行の役目に出ていらっしゃる人も、挨拶をのべる人も、やりそこなったら真摯な様子でやり直しをして、直立不動の両脇に伸ばした掌の中で、式中に必要なメモらしき紙片をくしゃくしゃに握ったり、ひろげてみたりしていらっしゃるのでした。座って拍手する人たちも厳粛なお顔をしていて、大の大人たちが、まるで、純朴いちずなる山里の一年生のようなのです。わが目をうたがう気持で右の模様に見入りながら、このように精神性の深いお式は、私自身の小学生時代にも逢わなかったことだと感じ入ったのです。

来賓を含めて二十名足らずの、沿革史出版記念会の場からはるかに溯って、明治十年三月、はじまったばかりの上田下等小学校が休校になったのは、ここいら一帯が西南役の通り道になったからでした。

それより以前、この村の「尾河内共有林」がまだ藩の御山であった嘉永六年（一八五三年）ごろから、村々の記憶は、近代のはじまりを伝えはじめるのです。

それは異様でおそろしいお触れの形でやって来ました。いまだにこの界隈の年寄りたちが、陽のかげってゆく方向にある山あいを見やっては首を振り、声を落として語る記憶です。長谷部保正さんは、じつに優しい声で、かそけきそこらの魂たちと語るように、ゆっくりゆっくり、こんな風に語りました。

そんとき、小国じゅうにお触れが出て、切支丹ば信仰すれば、こういう目に逢うぞちゅうわけでしたろう。うすねぎりの者どもを、処刑するけん見にゆくようにちゅうて、お触れが出たそうです。わたしの母がよう話しよりました。

その「うすねぎり」の生き残りの人は、泰次郎さんというお人で、そんとき四つじゃったそうです。

左の足が脱疽になって、膝から半分下の無《の》うなってしもうて、畳職人じゃったが、そん頃は、今のように松葉杖もなかったき、無《の》うなった膝の先に、ぼろ切れやら綿くずやらを押しつめて、木の台を作って当てて両手で抱えあげて、こっつん、こっつん、こっつん、こっつん音させて、あそこあたりは、石の多か道じゃったき、音させて、畳替えの仕事頼めば、そうやって音させて来よらすき、ほら、うすねぎりの泰次郎さんの来よらすばい ち、皆《みな》して云いよった、母が云いよりましたです。

うすねぎりの人たちば処刑するき見にゆけちゅうても、見にゆかんじゃった人たちもおって、人の斬らるるとば見に行たて何するき。人斬るとじゃき、見に行たていいことあるめ。見に行たて間違えられて、あっちゃこっち（あべこべに）斬られどもするならどうするかち、見にゆかんじゃったそうです。

それでも、じいさんたちに連れられて見に行た人たちもおって、見に行た人たちは、幾《いく》日《か》も、食いもんの咽喉通らんじゃったげなです。

うすねぎりの山ん上、松の木の下に竹矢来を結うてあって、検死の役人が向う鉢巻して、袴をあげち腰かけとって、あん頃は非人ちいよったが、今は非人もおらんごつなって、そういうい方はのうなったが、斬るのは非人で、それが検死の役人の方にお辞儀してから刀を抜いて、三べん振って三べんめに、首落しましたそうです。そうすると、胴がふっと半分膝立てて立ちよったち、子供だったばってん覚えとるち云いよったです。

立ちあがるとば後から穴の中に蹴り落しましたそうですもんな。ちいさい子供たちまで後手に縛って斬ったそうです。そうすると切口から血柱の空に向けち、さあーっとふきあがって。

あすこあたりゆけば、今でも外道のひっつくちゅうて、そるから先、うすねぎりの付近にゃ、滅多にだあれも寄りつきまっせんです。今でも、あそこのそばの吉原あたりじゃ、陽のさし入ると、そばの田んぼからでも、早々に引きあげますげな。外道のひっついて祟られて、死んだちゅうもんの何人も居りますき。

何家族殺されましたやら、ひとつの塚にひと家族、斬られる前に、腰に縄つけられて曳かれて行って、自分たちの入る穴ば掘らせられたちゅうて、吉原あたりの年寄りたちがいいよりましたです。

塚の数が十二ありますき、うすねぎりの部落ぜんぶ、十二家族だったとでしょうな、女子供みーな殺されて、一家族が四、五人から、五、六人として、五、六十人もおりましたろうか。かねてあんまり、付近の村とつきあいのなか村でしたき、はっきりしたことはわかりませんとです。塚の数だけが、大きいのや小さいのやとりまぜて、大きい塚は、大人数、小さい塚は小人数だったとでしょう。

こんだの戦さの終戦後に、不心得もんのおって、金の十字架ども掘り当てるつもりだったとでしょう。掘った者のあったですが、金の十字架は出らんな、人骨のぞくぞく出て来たそうです。どの塚がどの家族やら、ぜんぜんわかりません。春の野焼きしたあとは、はっきり塚の形のあらわれますき、春の野焼きしたあとに、またおいでると、よう見えます。

やしきの跡や、田んぼの跡は、もう杉山になってしもうて、杉も一年々々のびるばかりですき、元の部落の様子を知った者でなきゃ見分けることは出来まっせんです。塚のある山だけは、まだだあれも、手をつけきらんな、そんままになっとるき、なるべく早う掘ってあげて、弔ろうてやろうごとありますが、なんしろ、うすねぎりの話ば知っちょるもんも、だんだん死んでしもうて、熊本の歴史の先生方に話しに行たても、記録のなかけん嘘じゃろのなんのちゅうて、頓着もなかですもんな。

どういう人の、どういう暮らしだったじゃろ、やしきの跡には、よか梅の木や、椿や、お茶の木が植わっとって、それからあのつつじの花木の、つつじは、ここらでは墓花ですき、そんなつつじを丁寧に植えてありよりました。きっとそこらが墓所《はかどころ》だったじゃろうと思いよります。田んぼの広さやらを調べてみると、東洋英和女学院大学の石井次郎先生が云いなはりましたが、熊本の海岸あたりか、臼杵あたりの切支丹が、ここにのがれてきて田んぼをひらいて、二百年くらいは暮らしを立てていたにちがいなかと。今も大きなあすなろの木の根元に、部落じゅうで使われるほどな井川が湧いちょって、その井川の筋から湧く水が、田んぼに入るようになっちょります。

わたしの親父は、明治元年に十一だったけん、「影絵踏み」に、親に連れられて行たことがあると話しよりましたです。役人がおって名あ呼ぶと、行たてぽんと踏んで、なんやら、瘡蝦蟆《かさわくど》のようなもんを彫りつけてあったがね、ちいいよりましたです。キリストの絵のこつでしょうな。並んで待たせられて、役人が「次っ」と云って、小さな子は親が抱えて足着けさせて踏ませよったが、わたしの父はもう、一人で踏むことが出来たというちょりました。うすねぎりの人たちは、たぶん、影絵踏みにも出て来よらんだったとでしょう、隠れて住んどったとでしょうけん。

おいねさんという人がここの近くの廻向《えこう》という部落の娘で、その嫁入り先に、どういう縁か、泰次郎さんが養子に入っちょって、おいねさんが泰次郎さんを連れて里帰りしとったときに、その処刑があったわけでした。それで二人が処刑をまぬがれて、泰次郎さんはそんとき四つになっちょって、よう覚えちょるといいよったそうです。

ほとぼりのさめて、二カ月ばかりしてからだったろうと云いおったそうですが、おっかさんに連れられて、そろっとうすねぎりに帰ったそうです。もちろん村には誰ぁれも居らんな、おっかさんが、あっち立ち、こっち立ちして塚に詣って、どこの家の塚かわからん塚のひとつずつにそこらの花摘んであげて詣って、わあわあ泣きなはるき、自分もわけはわからんなり、悲しゅうして、いっしょになって泣いたのばよう覚えちょるち、泰次郎さんが酒呑めば泣いて、話しよったそうです。

家々の草屋根も壁もくされ落ちて、そこらの草むらん中に、箱に古着物のなんの入っちょるとの、投げ出してあったげなです。

明治になって信教の自由の許されて、今はなんの宗教信じても、斬らるることもなか世の中になったき、よかったばってん、自分の親たちゃ、明治まで隠れおおせずに斬られて死んで、悪いことして斬られたのじゃなか、切支丹信じとったばかりに、明治になる前斬られて死んでしもうて、自分はうすねぎりのたったひとりの生残りちゅうて、酒呑めば、半分しか無か左足抱え抱えして、泣きよったそうです。その脱疽が元で、明治十一年に、三十三歳で、泰次郎さんは亡くなってしもうて、泰次郎さんと仲のよかった次八という人が、わたしが十七のとき、廻向の部落に養子に来て、それで同志になって、くり返しきかせられよったです。誰にでも話すばってん、又かちゅう顔して、みんな、屁も嗅ずませんち、ぐずりよりましたですがな。

母も話し好きで、いっぺん話してきかせるとわたしもよう覚えよりましたき、その話もようしよりました。

泰次郎さんが、こっつん、こっつん音させて、ごめん下はいち来よったちゅうて。畳替えしに来らすばいち。そんな話聞いちょったき、もううすねぎりの塚には、百ぺんばっかり行って見ちょりますです。なんとか世の中に知らせんことには、斬られた人たちの浮ばれめえと思うて。

畳といえば、もう泰次郎さんが、畳替えに来てくれる頃は、ここらの部落でも、畳のある家がぼつぼつありよったわけになるが、今のように、縁《へり》のある畳じゃなかったですな。縁《へり》のなか畳どころか、わたしたちが小さい頃まで、家によっては真萱《まかや》の敷物も多かったですもん。ありゃ、夏にうっかり裸で寝ておって寝返ると、ステーッと背中を切られよりましたですもんな。真萱ちゅうのは、蓑にも作るあれで、まだ葉の稚いときに刈り取って干しといて、筵織るように縄で織って、それを畳のかわりに敷きよりましたです。親たちの時代には、それが普通の百姓家《や》の敷物で。母や祖母が手柄のごつ云いよりましたが、自分たちの小《こ》まかときゃ、冬でも、敷布団のなんの敷いて貰わじゃったぞちゅうて。ふだんには畳のなんの敷かじゃったち。お客さん布団のなんのある家は、よっぽどの家で、家内の親父が、阿蘇谷の南宮原の方に用のあって行って泊めてもろうたことがあって、夜中にその子どもが、くすんくすん云うて寝られん様子で目が覚めて、明けてみたら布団は自分が着せられて、そこの家の人たちゃ筵着て寝ておって、お客さんが来たけん、子どもに着せる布団を剝いで、それで寒さに、子どもがくすんくすん泣いとったばいなと気がついて、いさぎゅ（たいそう）気の毒したと、話しよったことのありました。

まあそんな風な村の暮らしが変って来たといえば、やっぱり西南戦争からこっちでしょうな。

戦争のある間は、上田の学校も休みになっちょって、ここらあたりはいくさの本道《ほんみち》じゃなかったですが、脇の通り道になっちょりますき、主に官軍の巡査隊ちゅうのが、ありゃあ二月に始まって、九月にゃしまいましたき、ここらあたりも通り道になって、学校どころじゃなかったわけでしょうな。往きにゃ沢山通ってたいそう賑おうたそうですもん。今まで見たこともなか他国の人を見るやら服装見るやら、聞いたこともなかよそ言葉聞くやら、唄聞くやら、なんの事かわからずにわたしたちも小《こ》ぉまか時「剣突き鉄砲！ ホーライ豆」ちゅうて、喧嘩するときの囃子にしよりましたです。それ早う云うた方が勝ちの如《ごた》る気のして。戻りにゃ少ししか通らんじゃったち云いよりましたです。

ここの村でも、いくさに加担《かた》って帰って来た人がおったですが、巡査隊にゃズーズー弁がおった如《ごた》る、多かったごたるち、話じゃったです。田原坂のいくさの始まる前、ここらあたり、巡査隊ちゅうのが、毎日々大そう通りよって、賑やいよりましたげなです。それで上田あたりの人たちゃ、そん人たちを馬に乗せて、よか駄賃稼ぎになって、馬持たん人は持たんなりに工夫して程よか稼ぎにはなったそうで、上田まで来て、坂梨まで馬に乗せて曳いてゆくけれども、駄賃稼ぎちゅうても怖しかもんだったと、わたしの父や、祖父さんが語りよりましたです。斬らんちゃ云いよるばってん、油断なできん。首どもちょんぎらるるなら、銭取ったぐらいじゃねえちゅうて、みんな用心して、馬から下したならば銭貰うなり、後も見らんな逃げて帰りよったそうですな。

巡査隊はたいがい背中に一本、大刀ば背負うちょって、りっぱな男だったそうですが、親父が乗せて行ったうちの一人が、馬から下りるなり、背中からスラーッと引き抜いて見せて、大上段に振りかぶるなり、エイッヤーッちゅうて上から下に、右から左からエイッヤアーッち斬ってみせたそうです。空振りして景気つけたとでしょうばってん、もうたまがったのなんの、後も見ずどうして馬曳いて来たかわからんで、飛んで帰ったそうですたい。油断なできんだった、首どもちょんぎらるるなら銭取ったぐらいじゃねかったちゅうて、あとあとまで云いよりました。

さあ、百姓ん仕事は、そん頃なんばしよったでしょうかな。合間々々に出来る仕事じゃったでしょうな。ここらあたりば通ったひとたちは静岡やらその先の、何ちいますか、ええと、浜松あたりの人たちや、あのズーズー弁は、会津、そうそう会津あたりから、沢山来とったち云いよりましたです。会津に西郷さんが征伐に往たそうじゃけん、仇討に来たとでしょうな。ズーズー弁の方が、薩摩弁よりゃ、聞き易かったそうです。薩摩弁はとても真似は出来んち、聞きとりもよう出来んち。そんなよそ言葉初めて聞いて、みんな耳ひねって、北から南から、よそん国の人たちがこんなに一遍にあちこちから沢山来たとは初めてですき、よっぽど、印象に残ったとでしょう。母は十年のいくさの時十三《ごつ》で、そんな兵隊の間で流行りよった歌を、娘の子たちに兵隊たちが教えて、村で唄う如なったち云いよりましたがな。

親まか　ちゃんりんで
儲けた金は
親まか　ちゃんりんで
使い出す

親まか　ちゃんりん

はじめはおやまかち云いよったが、あとじゃ親バカち云いよりました。酒の座で歌いよったが、今まで無かったハイカラな歌だったでしょう。ありゃ、もとはどこの歌ですかな。

母は物好きで、なんかあると人より先に見にゆく方で、そして物覚えの人一倍良かったですが、坂梨か笹倉か、あそこあたりで薩摩が敗けて逃げ込んでおって、大方食い物の無うなりましたとでしょうな、ここの小国に二人、逃げ込んで来て、大騒動になった事のあったと、よう云いよりましたです。「堂の草」という所で、何か食わせてくれちゅうて現われて、鉢巻に十の字つけとるけん薩摩とすぐわかって。もう大体、薩摩の方が逃げ足の立っとります頃じゃったき、気の立っとるかもしれん、女子供は外にゃ出るなちゅうて、旧士族も加担ってここの村百数十人集まって、今で云えば山狩りのようになって。

どこ探しても居らずに、飛び瀬の滝ちゅうのがありますが、そこの奥に隠れちょるらしいことがわかって行って見ましたげな。

明治九年に、旧士族で上田から巡査を拝命した北里五郎ちゅう人が居りましたき、その人中心にして、東京の巡査二人と指揮官になって探しましたげな。そしたら案の定、滝の付近の岩の間の藪くらから、鉢巻しめて大刀振りかぶって飛び出して来て、そん時いきな

り、

「チェースト！　チェースト！」

ちゅうて、えらい大きな刀ば、三尺五寸ばかりあったちゅうですが、鉈で切る如《ごつ》振りまわしたそうです。そーしたら、山狩りにかかる時、

「なーん、俺が真っ先切るき」

ちゅうた人が一番先になって、あと他の者も誰一人向わず我先になって、逃げ出しましたげなですもん。

そん時、鉄砲持っとった人で小関善四郎さんちゅう人は、ひょいと後向いたら、すぐそこに向うが追うて来ちょって、

「チェースト！」

ちゅうたもんだきもう無我夢中で、どこ向いて討ったかわからずにドーンとやって、当ったか当らんかもわからず、命からがら逃げたそうですもん。

そーしたら、それが胸に当っとって、討ち殺してしもうとったげなです。まだ若か二十ばっかりの人じゃったげなですが。調べてみたら死んだ人は旗持っておって、伊地知正治ち書いてありましたげなです。

あと一人の人はどこに往たろうかと相談しよったら、夜遅うなって、食べ物分けちくれちゅうて、やっぱり堂の草の辺に現われたらしいち。あっちこっち様子見てみるが居らず

に、手型の井手の口の、滝の上の水貫《みずぬき》に、貫とは、トンネルですたいな、どうもそこらしいち。それで貫の水せき止めて見ろちゅうて、土俵積み上げて見たが出て来ずに、また水出して松明沢山つけて、みなして槍、刀、火縄銃あるだけ持って、おそるおそる通って見たちゅうが、居らだったそうですもん。なーん、後でわかったそうですが、貫の中の大岩ん上、平這いになって隠れとったそうです。

あくる日の夜更りになって、今度は波居原《はいばら》の方角に、後家さん方ちゅう話じゃったが、現われて、

「ご恩返しはきっとするけん、御飯食べさしてくれ」

と頼みましたそうです。女所帯の方があういう時は行きやすかとでしょうな。頼まれた家じゃ恐しか任せもあったとでしょう、腹いーっぱい食べさせて、今、納戸に寝ちょるち教えに来たそうですもん。さあわかった、今度は向うも死に物狂いぞ、ちゅうて、前に恐しか目に逢うとるもんですけん、今度はみんなへっぴり腰になって、今度こそこっちも四、五人はやられる覚悟で行かにゃならんちゅうて、決死隊作って、波居原学校に集まって、達者な者ばかり六十人ばかり選び出してゆきましたげな。

庭の戸すこーし開けましたらゴットリ起きて、勝手口に飛び出して、その下に隠しとったのを腹這いなって、引き出して抜きかけたところを、飛び込んで寄ってたかって取押えたげなです。それで高手小手縛ってしもうて取調べましたげな。

若か人じゃったげなです。立派な顔しとんなはったち、母がよう云いよりましたがな。十三ですき、何か想うたとでしょ。そん人も旗持っておって、長崎源三ち書いてあったげなです。

何年もしてから、白鬚生やして大小差した小さい人と、この長崎源三さんがやって来て、またまた騒動になりましたげな。あの死んだ人のお父っつぁんを、源三さんが懲役つとめたあと、道案内して連れて来なはった事が分かって。もう廃刀令の出たあとばって、吊り鬚立てて、立派な大小差して、

「伜はどういう身分の人の手にかかって最後を遂げたか、どこが最後の地かお教え下はい。掘り上げて連れて帰って弔いたい。お礼も云いたい」

ちゅうて、一軒々々尋ねて歩きなはったげなですもん。さあそれからまたえらい事になって。波居原学校に皆して集って、見張り立てて相談してから、一戸々々ずつ実印持って来させて誓約書取ったそうです。たとえ寝物語りにでも、誰が討ったか決して云うこたならん。縁の下にでも居って聞かれでもしたらどうするか、仇討に来なはったに違いなかぞちゅうて、とうとう隠し通しましたげな。

それで諦めのつきなはったか、人傭うて、仮埋葬してあったき掘り返して、まだ背中やら尻やら、あちこち身のついとるのを掘りあげて、念仏唱えておんなさったげなが、小刀抜いて左の親指の腹ば、頭蓋骨の上にかざして切んなはったげなです。そしたら、骨にそ

の血がしたたって、皆吸い込まれましたげなです。そしたら初めてその人が、小柄で精悍な顔しとんなはったそうですが、はらはら落涙して、

「わが子にちがいなか」

ち云いなはったげなですもん。親子なら骨が血を吸うちゃ、ほんなこつですか。

二人とも立派にお礼云うて、帰んなはったそうですが、波居原学校校下民八十戸、居んなはる間どうなる事かと思うて、肝が冷え切りましたち。

第六章　いくさ道（下）

今おもえば、中津の増田宋太郎ちゅう人たちじゃなかったろうかと思うですが、そん人たちが通るとき、宮原ん町は空っぽになっとって、町の者は、みんなそこらの山ん中に隠れてしもうとるわけですが、あそこには会所のありよりましたき、そこの前ば通るとき、そん人たちの一行が、だあれもおらんとに、「ここが会所か」ちゅうて、その会所にむけて実弾ば二、三十発ぶちこんで通ったそうです。だあれもおらんとに勢い出して。

あそこ付近にゃ、なんとかちゅう造り酒屋のありよりましたもん。町にゃだあれも居らんき、そん人たちも山越えして来てくたびれとったとでしょう。酒樽のせん引きぬいて、さんざん御馳走になって、よか気色になって行ったそうですもんな。昔の造り酒屋の酒樽は、八斗ぐらい入っちょりますき、うっかり栓引き抜くと、止めることは出来んですもんな。それでその酒で、顔洗うて行たもんもおるのなんのち話しよりました。この人たちの中には、叺《かまげ》を緒でからげたような駕籠に乗ったりしとる人もおったそうですが、三十人ばっかりの人数だったそうです。

そこでわたしは、さきに記した県境の隣村、大分県玖珠郡九重町『湯坪小学校沿革史』の中に出てくる一隊の話を、長谷部さんに語りました。宮原に出る前の山道は、湯坪小学校のある筋湯温泉のあたりであり、長谷部おじいさんの話はそこに残されている口碑ときれいに接合するのです。その『湯坪小学校沿革史』の中に出てくる「九重風物誌」赤峰老の話。

私が八つの時で、何月頃だったかははっきり覚えていないが、私の家のすぐ横の道を隊士が通った。兄は十五になっていたから人足として呼び出された。恐ろしかったが、家の横のボロの中にかくれて見ていた。隊士は鉢巻姿も勇ましく太刀をもって、むしろや板戸で作った駕籠に乗って村の人にかつがれて通った。三十人近くおったと思う。隊長だっただろう、一人丈《だけ》馬に乗って通った。後に人足に出た兄や姉婿から聞いた話では、その日は地蔵原から、夫婦木越しを通って小国の玉子湯まで行って柳屋という旅館に泊った。旅館の息子が隊士の様子を襖の奥よりのぞいていたのを隊士が見つけ、腹を立ててひっ捕え熊本迄つれて行くといいだした。宿の主人はびっくりして、いくらか金を包んで許してくれと、しきりにあやまった。隊士の一人は、心配するなと言っていたが、その場でゆるしてやらなかった。あくる日朝早く宮原へ向って出立したが、アズキ谷まで行って休憩した時、隊士の一人が柳屋の息子に向って「お前は山に薪をとって来い」といって許してやった。いよいよ宮原に近くなると小高い丘に登って鉄砲を空に向って数十発ブッ放した。それから宮原に行った。さっきの鉄砲の音で皆逃げたか、町の人は殆んどいなかった。大きな造り酒屋に寄って樽のかがみを抜いて酒を飲み、人足にもたらふくふるまった。上等の酒に良い気持になり、足取もかるく二重《ふたえ》の峠までゆくと向うから西郷軍の隊士が馬に乗ってゆうゆうと迎えに来た。兄達と路端でじっと見ていたが、馬上で応対する様は実に勇ましく美事なものであったという。ここで荷役から解放され、いくらかの賃金を貰ってホッとして帰りにかかった。又味の良い酒にでもありつこうと、足取りも軽く宮原まで引返すと、行きは留守になっていた家々には人が帰っており、官軍の兵士と警察官がいて、「貴様達は賊軍の手伝いをするとは不届きなやつだ、斬ってしまうぞ」といって皆捕えられ、ある質屋の質蔵に入れられてしまった。翌日しらべられた結果、山の中の者達で、官軍か賊軍か見さかいがつかないでした事がわかったので、きびしく説教された後やっとゆるされたという事である。

ほう、筋湯に泊ったその話は聞いちゃおらだったですが、飯田高原《はんだ》の方から筋湯の方へ通る道筋ちゅうのは、そりゃさぞかし難儀なことでしたろう。駕籠に乗る方も担ぐ方も。侍がいくさにゆくとに、百姓どもに駕籠つくらせて担がせてゆくちゃ、よっぽどくたびれとったとでしょうな。隊長らしい人が一人馬に乗っとったちですか。

はあやっぱりその人が、増田宋太郎さんちゅうひとじゃなかったろうかと思うですがな。こっちの村でも、二重の峠までこの人たちを案内した者たちが居って、その隊長を馬に乗せて二重の峠までゆくと、薩摩の方のりっぱな人たちが出て来て、恭しゅう刀抜いて、答礼して迎えたけん、あんときの隊長は、よっぽどえらか人だったばいち思うたと、後々云うちょりましたです。

田原坂入り乱れて戦さするようになってから、お菜なんか見せびらかしよったそうですな。

「おどん方は、魚ば食いよるぞ」

ちゅうて、大方塩鰯かなんかだったでしょうばって。二重の峠の戦さの時、小国の人が見とったそうですが、死人の身ぃばですな刀の先に突っかけて、薩軍の方が、差し上げて見せよったち。

「おどん達ゃこういうのば食いよるぞ」

ちゅうて。よっぽど薩摩の方は、お菜も無か如《ごつ》なりよったとじゃろち、そん人が云いよりましたげな。

山々のあいを戦さの通る気配がしていました。涌蓋《わいた》山の裾の肥後領小国あたりに入ると、大分や別府から迂回してきて合流する山径を、「ツバつき帽子に肋骨をつけ」、大刀を背中に背負い、大きな鉄の鍋や羽釜、漬物樽さえかついだ官軍たちが通りました。田原坂が激戦にはいると、夜も昼もばちばちと笹原を焼きつくすような戦さの音が聞えました。薩州の西郷さんのいくさだと噂に知っていても、天皇さまが誰やら天下さまが誰やら、藩と云ったり県と云ったり、藩知事と云ったり、どれがほんとの殿さまやら、段々に位があるという侍に近づきがあるわけもなく、お触れなど読めもせぬ山深い村の人びとが、どちらが官で、どちらが賊やら皆目わからなかったと云うのももっともでした。

大分県庁を襲ったあと中津隊（中津藩出身の増田宋太郎のひきいた反乱軍）は、別府の高崎山に勢揃いして西郷軍に合流するため、庄内の伯楽某の案内で間道をえらび、九重飯田高原まで来て、連日の強行軍と嶮しい山道にすっかり疲れていました。ところはいまでも鄙なる風情の中にある、筋湯という湯の湧く部落です。たぶんそこで、ひと晩くらいは湯にも漬かったと思われます。

『大分県史』によれば、増田宋太郎は、同志の筑摩という人を豊後高田市の高田警察署の中に、政府の情報を探らせるために送り込んでいて、このときの反乱には高田署の巡査十八名全部、筑摩の勧誘で中津隊に合流したとあります。大分県中津支庁を襲って支所長を殺し、中津警察署を襲って宿直吏を殺して放火、途中の豪家、役所から軍資金、銃器、弾薬をうばって四方の同志、農民に檄をとばしました。それが、ひとたびは鎮圧されていた一揆をも誘発することになり、無警察状態になった高田では全町暴動化して略奪焼討が続き、この方面を受けもった中津隊の松本大五郎は、一揆勢を西郷方に合流させる意図であったともいわれています。けれども、かけつけた政府側の防衛隊に大五郎が殺されたために、一揆の側は鎮圧されてしまいます。このあと、別府湾に軍艦浅間が入港したので中津隊は方向を転じて、大分郡時松・小挟間・速見郡川上村岳本（湯布院）・湯の平温泉・玖珠郡湯坪村筋湯（九重町）・肥後宮原を通り二重峠をこえて薩軍と合流したとあります。新式服装の高田署員をまじえた一隊は、高原伝いの間道をくぐり抜けて来て憔悴し、負傷者もいて殺気立っていたことでしょう。大義のためとはいえ、火つけ略奪人殺しをやって来た血なまぐさい姿の壮士集団が、官軍やら賊軍やら見分けなどつこう筈もなく、そんな連中に呼び出されて「十五歳以上で丈夫な男子は全部人足とし、駕籠をたくさん用意して出させろ」と云われては、村民に対しては威のある戸長でも怯え上るのは無理もありません。

「てんてこまいして村人を狩り集め、沢山の駕籠はすぐにはできないので、板戸やむしろ、かます等に縄をつけて人の乗れるようなものをこしらえ」させ、隊士たちはめんめんにそれに乗り、十五歳以上の山民たちにかつがせ、よほどに疲労困憊していたのでしょうが、阿蘇のふもとの二重の峠まで、刀や銃や、その殺気で脅してゆこうというのです。松本大五郎なる人が、百姓一揆を西郷軍に合流させようと思っていたとしても難かしかったと思われます。

筋湯部落の人たちは、中津隊を担がされての帰途、宮原で官軍に掴まりひどいめにあった事だけは、肝に銘じたことでしょう。

「なんしろああた、今のごつ新聞・テレビがあるじゃなし、今ならば、こういう山の中でもテレビなどが来て、座っておっても年寄りでも、世の中の動きぐらいちっとはわかりますばってん、わかったところで、東京あたりの事は映画のごつ、外国の事のごつありますもんな。いくさの通るだけでもおとろしかったろうて、官も賊もわかりゃせんとが、ほんなこつ」

筋湯村の住民であり、この話を伝え聞いている穴井、熊谷両氏はこういって大笑いなさるのです。それにしてもわたしはその、「きびしい説教」なるものの中身と、そのときの村人たちの表情にひどく興味を持つのです。中津隊が乱を起したときの檄文というのをくだいて記すと、

古今官吏の徒、上は天子の宸襟をなやまし、下は人民を収斂し、残忍至らざるはな

い。佐賀・福岡・秋月ともに義兵をあげ賊吏を殺し、上は天子の叡慮を安んじ、下は人民の難儀を救わんとす。諺に、下は上に習うと。区長、戸長等は官威をかりて人民を苦しめ、無用の民費を増し、利欲を謀る等、不埒の所業少なからず。よって人民は、これらの悪吏は詳細探索のうえ申し出づれば、捕えて吟味のうえ処分すべく、罪状明白の者は直ちに召し捕えても苦しからず候事。

一種人民裁判のすすめのように読めないこともありません。

新しいよそおいを持ってあらわれた運上の噂や徴兵令や地租改正は、天草の島々に、西南役のはじまりと共に流布された「佐倉宗五郎の芝居でみるよりも恐しか世の中の来て、一軒々々の綿くり機や、生まれる赤子にもみな運上のつくげな」という予感の的中のようなものでした。人民たちがこの檄をどう読みとったのか、宇佐郡敷田村からふたたび一揆がおこり、豊前六カ村にたちまち波及し、発足したばかりの村役場、学校まで焼討ちにしていて、『大分県史』は、檄のことを知った農民たちがてっきり区長、戸長らの不正によるものと思いこみ暴動をおこし、「大五郎騒動」にまで至ったとしています。

増田宋太郎の意図のいかんにかかわらず、中津隊の檄文は、筋湯村の男たちが読むとすれば官軍側のあの説教に似た文脈に受けとられるかもしれません。明治新政府の大義名分を下万民に実地にほどこす機会でもあったでしょうし、官軍側は施政演説風を試みた訳でしょう。この話にはさらに丁寧に、あとの話がくっついていました。村民たちが馬鹿をつくってやりすごしたことは伝承みずからが語るとおりです。

村に帰った人達は戸長さんに「あんたがあんまり騒いでかり出すものだから賊軍の手伝いをして斬り殺される様な目にあった」と、うらみ言を云ったので、戸長さんは皆に酒を出してその労をねぎらい詫びを云っておさまった。

然しそれから間もなく、中津隊の後を追って官軍の一隊が来た。この一隊は急に跡を追う事をしないで、暫く筋湯温泉に宿泊していたが、或る日人足を出す様に戸長さんの所に達示が来た。然し前に苦い目にあったので戸長さんは迂濶な事はされぬと思ってそのままにして二、三日過した。すると三日目に一人の兵士がやってきて、戸長さんに「宿まで来い」といって筋湯まで連れて行った。七、八人の荒くれた兵士が酒を飲んでいる宿へ連行され、いかめしいひげを生やした隊長らしい男が「貴様が戸長か」と尋ねたので「はいそうです」と答えると、刀を引き寄せ「貴様は何故俺達の言う事を聞かないのか、不届きな奴だ。たたき斬ってしまうぞ」と刀を引き抜いた。驚いた戸長さんは宿から飛び出し、宿の前の川に飛び込んで岩かげから「めっそうもない、決しておっしゃる事を聞かないという訳ではありません。この間村の人に人足に出て貰い、運搬の手伝いをして貰ったら賊軍であったとかで、大へんお叱りを受けました。私共はどちらが官軍様か賊軍かわかりませんので、うっかり手伝いに出て、又賊軍の方でも手伝いをすると今度は皆殺されてしまいます」と川の中から平あやまりに詫びて漸く済んだという。

（「九重風物誌」『湯坪小学校沿革史』）

斬らんちゃ云いよるばってん油断なできんと、肥後領の上田の百姓たちに思わせたように、政府軍の方もかなり乱暴に、なにかといえばすぐに刀をひきよせて「たたき斬ってしまうぞ」という有様でした。

『東京日日新聞』の記者で、戦地速報を書いている福地源一郎などさえ、このような人々を称するのに「土民、土人」と書いてはばからず、ここから二十里ばかり離れた南関高瀬あたりにその頃居て、「人気何となく悪しく、動もすれば一揆を動かすの萌あり。石井権令（内務権大書記官土木局長にて、熊本県令が籠城中に付、当分熊本権令の心得にて当地にあり）も心配せられ、是は例の筋違の民権論が行はれてより一層人心を悪しくし、概して貧民等が富豪を嫉み、騒動に乗じて、之を掠奪するの悪謀ありての事なり」と記しています。現実にはいぜんとして民百姓などは、気にさわればなんとでも理由をくっつけて、たたき斬ってしまえるものどもにすぎません。官軍さまと称んでおかねば、あぶなくてしようがなかったでしょう。

ここらの村で一揆の処刑者たちの死にざまについての記憶が語り出されないのは、わけがありそうですけれども、人の生死についての見聞がいかに生ま生ましく語り継がれていたことか、長谷部保正おじいさんのお話をふたたびつづけます。

うすねぎりもばってん、わたしどもが小《こ》うまかとき聞いて、おとろしかりよった話の、いくつもございますがな。ここの涌蓋山ちゅうのもおとろしか山で、夕暮れどきに子どもが泣き止まんようなとき、泣くとやめんなら、満願寺おとらが、涌蓋山から出て来るぞちゅうて、年寄りたちが脅かしよりました。なんでもそん人は、もとは士族の流れの家の娘で、親の許さん男を持って子がでけて、勘当されたちゅうことでした。百姓ん娘なら、子がでけても家から追い出さるる事まではなか、子ながらなんとか養いますばってん、士族の家の娘じゃき、家の筋の良けりゃ、あいうところはわたし共とは違うとでしょうな。家の恥ちゅうことで、追い出されましたとでしょう。はじめの頃は、山のぐるりの藁小積みの中やら芋がまの中やら、貫《ぬき》の中やら寝とったそうですが、そげな暮しじゃき、大事なその生まれ子が死んでしもうて、そるからいよいよ血の狂うて、山に入って、あっちん山こっちん山、されく如なって、しまいにゃ涌蓋山ば棲家にしとる風げなちゅう話でした。

野焼きします時分、今はもう、やたら鉄砲撃つこたできんが、野焼きして四方八方から焼き立つると、あれたちゃ、兎やら雉子やらはですな、ひとところに寄り集まって逃ぐるき、それ追うて、村ん者が鉄砲もってゆくと、そん中から体じゅう毛だらけになって、おとらさんが現われて、何でも手にゃ兎一匹、雉子一羽下げとったげなですが、雉子ば一羽下はいち、云うたげなです。あんた雉子ゃ持っておいでるがちゅうと、持っとるばってん、あたしゃ今日はこれから、日向の方の山に帰らにゃならんちゅうて、そんころ日向の方の山におったとでしょうか。うちの人の土産に足らんき、下はいちいう。うちの人ち、誰じゃろと思うたばってん聞かずに、あげると喜んで、満願寺の法印さんの前あたりまで来とったげなが、羽根もあんまりむしらず、がりがりがりがり、そんまま食べましたそうですがな。

そして自分の若いときの友達の事ばいろいろ聞いて、あん人は元気じゃろうか、あん人はどげんしとらすじゃろうかち、ありゃ生きちょるじゃろうかち、たずねたそうです。

そして、わたしに逢いたいちゅう人がおるなら、涌蓋山の辻で狼火《のろし》あげてくれち、そくざにあらわるるき。涌蓋山が丸焼けになったときゃ、わたしが死んだち思うてくれち、そげんいうて、雉子二羽、兎一匹下げて、はじめは飛んでゆきよったちが、のちにゃ風車ごつ、舞うてゆきよったち、逢うた人の云いよったげなです。涌蓋山中心にして、おったもんでしょうな。おっかさんの命日に村に帰って来て、家にゃ入らずに、にき（そば）まで来て屈んで泣きよったち話のありよりました。士族ちゅうもんは酷《むげ》えもん。娘、山ん婆になしてしもうて山ざれきさせて。百姓ならとてもできんばい、どういう血の家じゃろか、世も替ったちゅうのにち皆して云いよりましたがな。

それからあの、いのつはるの藤蔵ちゅう人が、一寸だめし五分だめしなって、なますのごつ斬りこまれて処刑されたちゅう話もおそろしいもんでした。うちの母の母が見ちょって、悪いこつの重なれば、一寸だめし、五分だめしなって殺さるるき、見られたもんじゃなかったちゅうて語りよりましたが。

いのつはるの藤蔵が処刑されたのは明治になるちょっと前じゃったき、吉原のお作ばあさんといえば、まだここらの年寄りたちゃ覚えちょりますき、そのお作ばあさんが、まひとり処刑された人のことも見ておって、わたしが五つか六つの頃、ばあさん同士、恐しか恐しかちゅうて、話しよりましたがな。ここらあたりの人は、ちっと悪い事ならしよったでしょうけど、悪い事する人はめったにおらんだったき、見せしめになって殺された人のことは、年寄りたちがよう覚えちょりました。

その二人が処刑されたき、そるからこっち、あそこは、切原ち云いますです。そん前は名前はなかったげな。なんで処刑されたかちゅうと、白川の人で武吉という、馬持っておって駄賃とりをする人がおって、人乗せたり、荷ぃ乗せたりして、それが商売じゃったそうですが、そん人にゃ非常な癖があって、癖ちゅうのはその、法螺吹きで、かねがね、わたしゃ駄賃とりゃしよるばってん、肌から十両、いつも放したこたないち、法螺吹きよったちですもん。村ん人なら、また法螺吹きよるばいなと思いますがその、法螺があだになって、悪いことに、のつはるの藤蔵ちゅう人が、その話ば聞き込んだとでしょうな。あとでわかったそうですが、前にも人殺して銭盗っておったような、いわばそれが商売の人間で。

そんときゃ、のつはるの藤蔵は六部のような姿で、法衣のようなもんを着ておって、馬に乗せちくれちゅうて、雪の積んどる頃じゃったげなです。あの辺な隣の村ゆくにも何里もあるよな山の中ばっかりですき、乗せてもろうて行たて、小便まるけん、下ろしてくれちゅうて、下りるとき、上から短刀でやったそうですもん。武吉ちゅう人は、法螺吹きよったばってん、腕力はとても強かったそうですき、大立ち廻りになって、後でかけつけた人たちの話じゃ、雪の降っとる跡に、たいがい立ち廻りした跡の残っとって、えらいしこ血が零れちょったち云いよりました。

晩に暗うなってから、馬だけ一匹、飛んで帰ってきて、見たら血だらけなっとって、それからもう大騒動になって、刀や鎌やナギナタや、家々にあるもの皆持って、ずいぶんあっちこっち探しまわって、探し出したげなですが、雪の中、争うた跡があって、もう武吉ちゅう人は死んじょったそうです。連れて帰って傷口よう見たら、なんか、口ん中、くわえとるごたる。こじあけて見てみたら、人の人指し指の、これから先を食いちぎって入れとって、それがあったき犯人探しも早かったそうです。

のつはるの藤蔵ちゅう人は、九重の先の、何ちゅう湯じゃったか、あそこら辺にゃ、たくさん湯の出るところのありますき、食いちぎられた指の治療に、湯に漬かりに行っちょりましたげな。指の傷からわかってしもて、自分な関係やありまっせんち、たいがい云うたげなばってん、指が証拠になって、摑まりましたげなです。

そん人ば斬ったときゃ、熊本から検死の役人が来て、一寸だめしちゅうのは、身長はかって身長で割って斬る日盛りを定むる方法のあるとか云いよりましたが、引き出して斬る前、罪人にゃ、うどん食べさせよったそうですもん。たいがいの者は食いきらんそうですが、のつはるの藤蔵は、うどん一杯食べさせて下はいちゅうて、ちゃんと食べたそうですもん。処刑がはじまって、普通の悪い事しとるなら、首打ち落して、穴ん中蹴込んで埋むるばっかりばってん、この人のときは、一太刀ずつ、あっちから斬りこっちから斬り、とんと計った如《ごつ》はいかんが、骨残して、ナマスのごつ斬りこんだそうです。そしたら斬った切り口から脈の打つたんび、わっく、わっく、わっく、わっく、長なりになって、うどんの出て来て動きよったち、年寄りたちが云いよりました。

まひとりの人は、富山の薬売りさんを泊めて、その人が朝早う起してくれと頼んだのを幸い、鶏の雄鶏をだまして、早鳴きさせて、ありゃ前にもやったことのあるとじゃろかち云いおったですが、止まり木の竹の筒を細工して、お湯をつめておくと、時ならぬとき唄うそうですもん。翌朝暗かうち、鶏が唄うたもんやき、お客さん時間ですがちゅうて起してごはん食べさせておいて、先に村外れに待っちょって、火縄銃でドーンとやって、ちょうどお正月前で、村の人が兎か雉子か獲りに行たら、やーたら犬が吠えよって、行たてみたら麦藁かぶせてあって、この人は、どこに泊まった、どこに泊まったちゅうことで、そん頃は宿屋しとらんでも、顔見知りなれば泊めますき、泊まったちゅうことがわかって。

わたしじゃございまっせんち、たいがい云うたげなばってん。そん人にゃ兄弟たちが何人も居って、処刑場まで来て大そう泣きよったげなです。そん人はもう、兄弟たちは大そう泣きよるし、なあんも食べきらずに斬られてしもうたそうです。

こういう話が身に沁みとりますき、役人や官ちいえば、そらもうああた、そん頃ん者にとってはおそろしかばっかり、御一新ちゅうても、何の事かわからんとですき。

ここの上田から官軍になって帰って来た若い人に、百太郎ちゅう人がおりましたです。上田からたったひとり、熊本鎮台に巡査隊で行たとって、そん人は、九年の神風連の騒動のときもあぶねえめに逢うて、熊本城の便所の中に隠れとって助かったげなですが、西南役の済んだあとに、中戻りに帰って来て、家の戸口あけたら、わが兄さんまでびっくりしさま、

「ねい！　百さま」

というたそうですもん。金筋の入った官の服着て帰って来たもんだけん。

たしかそんとき、上等兵の服じゃったでしょうな、ロッコツつけて。

百太郎さんちゅう人は、秋吉喜作、大作、末太郎、百太郎ちゅう兄弟でしたが。その百

太郎さんが、後になってからわたしにその話ばしてきかせたです。秋吉さん方は良かところの出で、良か家の者でもみんな兵隊ゆくのが嫌さに、よそに養子になったことにして戸籍まで替えて、行かん工面しよったそうですな。長男だけは、取らんだったそうですけん。百太郎さんな元気者だったとでしょうな。なしてかひとり、上田から兵隊に行たて、出世しなはったですもん。

ここらあたりじゃそん頃でも、昔から、上の人にへりくだって云う時、「ねい」ち云いよりましたもん。へい、が普通のいい言葉で、もっと上の人の通んなはるときゃ、牛に乗って居っても飛び下りて、「ねい」ちゅうて後避退《あとひぞ》りして、ハハーッ、ちゅうような事すな。頭上げはできんだったそうですもん。役人の見廻りの時はそげんしよったそうです。それでああた、百太郎さんが中戻りに帰って、たかちやの上ん段の坂口あたりの畠だったげなですが、そこば通りかかったら、又八さんちゅう人が、粟ん中の草取りしよったげなで、百太郎さんは懐しかったき、

「爺さん、がまだしよんな」

ち声かけたらああた、又八さんがひょいと見たちゅうが、もうびっくりして何さま金筋つけて帽子かぶって立っとるもんだき、ようと顔も見ず、

「ねいっ！」

ちゅうて二重になっておじぎしたち。

百太郎さんもびっくりして、

「爺さん、俺じゃが、百太郎じゃが」

と云うたばってん、又八さんな聞えたか聞えんか、

「ねい！　ねい、ねい！」

ちゅうて、畦ん中を二重になったまぁま、後避退《あとひぞ》りして、鍬も投げ出したまんま、粟ん草引かずに、其の向きのまんま後避退りして行って、頭あげてみては、三べんに一ぺんな

「ねい、ねい」ちゅうて、百太郎さんもびっくりしてまだ立っとるもんやき、とうとうそんまま、その向きのまんま頭もあげず粟畠のどん尻まで後避退りして行って、帰ったげなです、二重になってお辞儀したまんま。声かければ、ねい、ちゅうばかりで、あんときゃ大弱りしたと百太郎さんが云いよりました。わが家に帰ったらまた、そん如くじゃったげなですがな。

「兄《あん》さん、今戻ったばい」

ち云いましたら、兄さんの大作さんが居りましたちが、見るなり、

「ねい！　百さま、ああた」

ちゅうたそうですたい。これにゃまた大弱りしたそうですたい。冷やかしたっじゃございませんと。金筋付けてロッコツつけた官が、目の前立っとるき、びっくりしさまに思わず「ねい！」ちゅうて、

「百さま、ああた」

ち、きゃあ出たとでしょうな、わが弟に。

わたし共が小まんか頃まで、ねい、ねい、ちゅう人がおりましたです。ええと、和市っつぁん、そうそ、この人はよそから来よりましたが、鋳掛屋の和市っつぁんちゅう人で、古鍋や古羽釜や、鍬なんかの修繕をする人で、ふいごや古鍋古羽釜を、前後にごいた、ごいた（重くぎしぎし）させて荷うて、なんか葛籠《つづら》のような物に入れて荷うて、今日はのかわりに、ねい、ちゅうて来て、ふいご下して道具広げて、道端でふいご吹いて修繕やりよりましたな。子どもにでも返事するときは、ねい、ち云いよりましたです、この人は。百太郎さんは、西南役の時よりゃ、神風連のときの方が恐しかった、まちっとで危かったち云いよりました。

なんでも、消燈ラッパが鳴るのと一緒にすぐもう、右左から斬り込んで来たといおったです。逃げ場がないきうろたえて、便所の中に、川尻の戦友と二人逃げ込んだら向うはそれ知っちょって、刀の尖で便所の戸突きよるき、生きた心地はなかったち、じっとしとればよかったかもしれんが、川尻のが、こらえきらず窓を打ち破って、自分が下になって足台になって、そん人がまず、出ろうとしたげなです。そしたら感づかれて、まちっとで窓越すときやられて、百太郎さんなその隙戸から飛び出して、次の日行たてみたら、上半身の方は窓ん外に、腰から下は便所ん中に落ちとりましたげなです。町でも追うて廻りよって、二人して追うて来よるき、人力車のあるところで、無我夢中で一発打ったら誰か倒れて、どうして逃げたかわからんじゃったと。わたしゃ運のよう、二遍も助かったと。お城の方じゃ、最初は消燈ラッパでまっ暗じゃったき、うんとやられてしもうたげなですが、火事になって明るうなってから、整列して鉄砲打ちかけたき、持ち直したげなですな。百太郎さんな町に逃げてお城に居らずに、運の良かったちいいよりました。

熊本あたりの士族たちが、百姓ん兵隊が何《なん》なるかち、かねがね云いよりましたそうです。数からいえば、お城の中でも兵隊さんが多うして、そるき兵隊さんが、そこら通りかかる巡査さんばこなして（からかって）ばっかりおったそうです。巡査さんなたいがい士族流れでしたき。官ちゅうても、官の中でも、はじめからもう敵味方ありますげな。それで、巡査ば兵隊になすときは、飛び入り伍長にしたげなです。

西南役も終りに近い九月九日、『郵便報知新聞』の記者犬養毅は、熊本鎮台出張参謀部の置かれた鹿児島県出水村に入り谷少将の一行を追って薄暮阿久根に着き、十日には水引村に入っています。事変発端の地に官軍が這入ったときの様子はどうであったか。

「此地は士着士族多く人心頗る騒然たり、先日（三月四日の頃）降伏して自宅謹慎となりし兵児《へこ》武者等西郷の檄文に煽動され野心再萌して急に党を集めて巡査六人を捕へ立処に其一人を斬り余は衛兵四人をして鹿児島に護送する途中伊集院に至り小憩せし時一人の巡査馬より飛下り急に一賊（加古木某）の佩刀を奪つて之を斬り併せて馬丁に傷つけて遁る。然れども其余の巡査は遂に賊営に送致せらる」「生の此地に入らんとする時、馬丁問うてオハンナ（兄）鎮台か。答て曰く、然らず、馬丁忽ち声を低《ひそ》め是より数町先に番兵あり。請ふ之を避けよと。細事といへども亦民心を知るに足る」「十日午前六時発途沿路海岸を繞り風色頗る佳なり。此辺橘柚《きつゆう》蜜柑《みかん》橙樹《とうじゅ》多くザボンは殊に大なり。土人蕎麦柿実《かき》心太《ところてん》などを道傍に鬻《ひさ》ぐ者概ね薦《こも》を樹蔭に敷き落葉枯枝を拾うて苦茶を煮る恰も蕪村画中の趣あり」。しかしこの水引村も川内川《せんだいがわ》の南岸の隈城《くまのじょう》も土着士族が多く、「人気も穏ならず」滞在していた東京三等小警部三村司吉外巡査数人は舟で逃れようとするけれども「土人舟を貸さず百方奔走して漸く碇泊《ていはく》の天草船を雇ひ川内川より天草を指して遁」れ、これを知った水引や隈城の士族たち四十数人は忽ち舟を仕立ててこれを逐いかけました。しかし見失い、それではと、西郷を援ける為に、まさに鹿児島に出発するところを別働第一旅団が進入して来て全員捕縛されてしまいました。「各区戸長を拘引し詰問するに何《いず》れも曖昧模糊たる返答なり。その口供中に妙文あり。之を味ひて該県下の民心を知るに足れり。其文に曰く『全体官軍賊軍ノ中間ニ相立心両端ニ渉リ候処ヨリ万事等閑ニ仕候段今更奉恐入候』」

三月、雪中に西郷軍を見送った沿道の百姓たちが、六カ月を経た九月には、道のべに薦を敷いて官軍に柿の実を並べて売っていたというのです。九月の柿とは、いまだ熟味の浅い「盆練れ」の柿ででもあったのでしょうか。そのような土民を配する風景が蕪村画中の趣ありとは、すでに来たった秋色の故でもあったのでしょう。翌々日犬養は増田宋太郎の最期にふれています。

——貴島殪《たお》れ増田遁れて第三旅団の獲る所となり之を糾問すれども決して賊情を云はず。只速に刑に就かんことを請ひ神色自若たり。数日の後死罪を申し渡し海浜に引出し将に斬らんとするとき増田徐《しず》かに問ふ斬首なりや（増田は銃殺を考へしと見ゆ）。兵士曰、然り、増田自ら首を延して刃を受く。兵士懇ろに其遺言なきやと問ひしに暫く頭《こうべ》を低《たれ》て思考し後《のち》頭を擡げてまあよしませうと遂に首足所を異にす。死に至るまで従容として少しも乱れず——。

犬養が、いや、もし生きて増田宋太郎がふたたび九重山系を辿って帰郷したならば、阿蘇連山に向きあいながら二重の峠あたりから涌蓋《わいた》山、久住山をめぐって息を呑むほどに凄絶妖麗に、九州の脊梁を成している大高原の秋を、どのように見たことでしょう。敵方をして神色自若たりと云わしめて首打たれた青年は、その最後の姿においてこの大乱の風土を背景としつつ、色の深い詩藻をそこに創り出しています。思想を日々の行ないとして生きた者たちの時代が、かの海浜でも、渚に満ち引きする波と共に消えてゆきました。この山筋の人々が、何かは知らねど馬上姿の増田を立派な人と見、水俣の百姓たちが、西郷生存を信じていたのは、なんのゆえであろうとわたしは考え始めるのです。「まあよしましょう」と云った増田の最後の言葉はそれが伝聞であるにしても事を起そうとして焉った者の、苦みを含んだ言葉にも聞えます。それは何であったのか、南小国や筋湯の人たちの話を増田に聞かせ、その感想を聞きたい誘惑にかられます。

長谷部のおじいさんの居る南小国を杉の美林に囲まれて歩めば、生命の悩ましさのようなものにつきまとわれます。

御一新後、藩の手を離れた山を、先祖たちが手塩にかけて残してくれた宝であると村の人々はいうのでした。老人会で持っている杉山、小学校の山、婦人会の山といろいろあって、それは「尾河内共有林」と名付けられていました。風水害時の倒木の数、下枝払いに鋸を持って集った人員や姓名、一本一本の木の育ちぐあい、買い足した時の登記書類一切、木を売ったときの明細や利子配賦等、嘉永四年から「村備税納金年賦返納備金繰替調帳」を作り、「後年は此の大利を得る事を企図す」と縁起を説き起し、この項の冒頭に記した今は無き上田小学校の沿革史に大切に述べられてありました。

林立する無数の樹影にひしひしと囲まれていると、時代そのものを呼吸し続けて、人間よりもはるかに長命な樹の精たちの、大地と空に向かって営みつつあるいのちの音が、聞えだすような気がするのでした。

拾遺一　六道御前《ろくどうごぜ》

祇園さまの祭の頃になれば、いつもうちに寄りついて、語ってゆかる御前殿のおらいましたなあ。たいがい五夜の晩にな。爺《じ》さまが浄瑠璃《じょろり》好きじゃけん招び寄せて、酒ども御馳走すれば、よか気色になって、

「五夜ん忙しかときに来てなあ。語ってよかろうかい」

ち云いながら、語りおらいたばい。琵琶は、その人は持たれんじゃった。祇園さまは、団子祭じゃけん、団子ども丸め丸め、おなご共も聞きおりましたたい。島原わたりから、来らる人じゃろうち云いおったがなあ。外題もいろいろある風じゃったが、それが終れば、わが身の上をば語りおらいました。毎年来らるうち、わたし共も覚えてしもうたがな。自分で語り出すくせ、

「じょろり語りという者は、人の身の上や、いくさの由来を語る者じゃが、そのじょろり語りの身の上を語れちゅうは、ここの小父やん殿も、道楽人じゃなあ」

ち、云いおらいましたなあ。おなごのくせに酒好きで。三味も琵琶も持たれんじゃったが、身ぶりのようして、声もあわれで。諸国を流れてさ歩《れ》かる人じゃもんで、いろいろ知っておらいました。子どもに疳虫《かんのむし》のついたときは、くさぎなの木の、瘤の中に入っとるくさぎな虫をば、あぶって噛ませろばよござんすとか、寝小便には、銀杏をあぶって年の数ずつ噛ませてみろばよござんすとか、知っておらいて、やってみれば効きおったけん、いろいろ尋ねごともしおりましたばい。この頃は一向に見んよ。だいぶ婆さまじゃったで、もう昔、果往《はってか》したじゃろう。

「一統《いっそ》づれ（皆々さま）、達者でおらいましたか。また来申した」

ちゅうのがあいさつじゃった。薩摩の方の言葉もまじっとったろう。おろく御前ちいおりましたな。こげん風に語りおらいましたばい。

なんでござりますちな、今夜は、おまいの身の上をばじょろりに語れとな、このわたいのな。ろくどうが御前のな。はあ、たまがった。せっかく御馳走になった酒も醒めかける。

ここの小父やん殿も道楽人であんなはりますなあ。今夜は祇園さまの五夜じゃけん、おまいがじょろりば聞こうばいちゅうて、ほどよう酒食らわせて酔食《えく》らわせ、そのうえ、ろくどが婆の身の上をば語れとな。

語らんでもなければども、すんなればもういっぱい、酒下はる。ほんにここのおうちでは、毎年々々、わたいどもじょろり非人《かんじん》にまで、樽から枡でなみなみ汲んで呑ませてくださいて、枡の角から、ごぼごぼごぼさせていただくお酒の、のどのきゅうきゅうおめき申すよ。

この味をば覚えてしもうたばっかりに、祇園さまの五夜の晩にはどこを流れておっても、こっちの方におびき寄せられてくるのがほんに不思議。

ああ、ほんに、咽喉のおめくようなおいしかお酒じゃなあ。久しぶりに、咽喉の極楽じゃ。ほっかほっか躰の血が舞うて来た。

舞うて見せましゅうか。ん？　何をば御所望でおじゃりましたかいな。

なん？　自分の身の上のじょろりちな。ろくどう御前の名前のいわれとな。

なんのいわれのあろうかい、親がつけてくれた名前じゃわい。わたいにゃもひとりなあ、乳《ち》きょうだいの兄者《あんじゃ》のおらいましたがな。りっぱなくぐつ人形のなあ、その兄者の名は六道童子で。その人形と乳きょうだいでありましたなれば、いもとのわたしは六道御前。親が称びよったけんそういう名でおじゃいます。

昔はな、維盛卿というくぐつやら、玉手御前ちゅうびらびらかんざしの人形も、身内の中におらいましたげな。

その六道《ろくど》の兄者はどうしたかと、いわい申すか。

どしたもこしたも、このまわりの西郷いくさのときに、かかさんの背中に背負われたまんま、吊り橋の上から谷川に落《おっ》ちゃえて、川流れになってしもうて、そのまんまじゃい申す。西郷いくさの逃げ道の、薩州薩摩と相良のあいなかの、人吉わたりの深か谷川の橋の、ことごとく切って落とされ申してな、なんちゅう橋じゃったいろ、まだ小《こう》まんか時分のことで、橋の名もところの名もおぼえてはおり申さんが、その晩は、ともかく、ほどよか屋根になるよな橋の下に薦《こも》下げて、宿にさせてもろておったのをたたき起されてな、いくさの衆じゃったろ。十人ばかり、松明《たいまつ》の灯りをつきつけてな。

「こら非人《かんじん》、戦《いくさ》のあることは知っとるか、知っとるなれば、早う、逃げろ」

そう荒々声でおごられてな、荷物からげて逃ぐる途中、どこの村じゃったいろ。闇の夜になあ、吊り橋のかかっとるころでかかさんの、足踏みすべらせて、背中の負籠《おいずる》ながら、手に下げた鍋ながら、谷川の下につるーっと落っちゃえてあんた、そのまんまでございますがな。

かねて膝を病んでおらいて、いくさが終りになれば天草の栖本の棘《いげ》神さんになあ、願かけにゆこわいねえ、あそこは手の神さん、足の神さんであんなはるけん、ゆこうわい。梅雨《ながし》どきになれば膝の疼《うず》くちゅうて、押え押えしてなあ、おまいを抱いて寝りゃほかほかして、疼きがやわらしゅうなるちゅうて抱き寄せて、それであたいはかかさんの膝をぬくめてあげて寝よりましたて。

そして云わることには、戦というものは、じょろりとはえらい違うなあ。いまいま目の前の戦さというものはおとろしや、あさましや。さむらいというものは、魂のどこさねか脱けとるもんどもぞ。ああいう人どもに生まれずに、いまはよかった。なあ、おろく。わたいの髪毛《かんげ》を撫で撫でそう云わる。

死人の刀を拾うても、銭にはならんかもしれん。さむらいちゅうもんの、無しになる世の中の来るちゅうけんのう。刀で斬られて死ぬもんより、大鉄砲《うでっぽ》やら、鉛弾に当る怪我人や死人の方がうんと多か如《ごと》ある。

一の谷やら壇の浦やら、いくさの由来を語ってさ歩《れ》く縁につながれて、まことの戦さにひきよせられて付いては来たが、もう、離れようかい。死人の着物をもろうて着て、官の方からも薩州の方からも、いくさのまわし者じゃとうたがわれて、斬られた人もおらるもん。いくさが済まねば、祭も無し。

戦さの衆たちの移らいたあとにも、話にきいたほどには、たいして稼ぎ物もなかもんじゃ。男手でもおれば別なるばって。おまえの父御《てて》なれば、一晩に二十里も走らる人であったばって。なんのかんの拾うて銭にしゅうにも、おなごの身には、こう足の疼いては持ち運びもならん。おまいの兄者《あんじゃ》は、くぐつの人形殿じゃし。祭のときなれば、稼ぎを助けてくるる人形殿じゃが、戦さの場所では、ほとほと足手まといぞな、ほんにこの人形殿という人は。

どこなりと、祭のあるところはなかじゃろうかい。もう戦さはたいがい飽きの来た。のう、おろく。そう云いおらいました。

膝を病んで、傾き傾き、難儀して歩みおらいたで、あのときの吊り橋もたしか、戦さのために切りほどいてあったかもしれんよな。わたいは頭陀袋《ずだぶくろ》を下げて先に歩いて、子どものことじゃけん、まだ半分は眠いが一心で、くずり泣きしながら、ぎしり、ぎしりと揺るる吊り橋を渡ってゆきおったが、うしろからかかさんの、

「負籠《おいずる》の紐ば背負い直すけん、渡ってしまえ。兄者《あんじゃ》殿の、落っちゃえらるけん」

そういわいた。

わたいが先に渡ってしもて、やっぱり吊り橋ちゅうは揺れておとろしかん、いくらなんでも目がさめて、ぶるんとふるうて振り返り申したのと、かかさんの、

「ろく――っ！」

とおめいて落っちゃえらるのと、谷の下ではげしい水の音がしたのと、いっしょで。

梅雨《ながし》時の寒か晩で、それからどこをどう走ったやらおぼえもなかが、まっくらすみの闇の夜に、谷に添うておる滑べくり道の、どう目に見えたものか、ともかくに、人の家をば見つけ出そうと思うて泣き狂いしながら走り居った。

おとろしか、かなしか晩じゃった。

いまおもえば、あかりも見えん山の中の、谷に包まれた家がしーんとして、

「誰か、誰か、かかさんをば」

ちゅうて泣けどわめけど何の返事もありゃあせん。

自分も助けはならん、人も助けてくれん。戦さで逃げ失せてしもうておる村とは知らんじな、返事がなくば、次の家を探しに狂い出て、走り続けてまたたたく。また、何の返事もなか。五、六軒ども、たたいたろうか。

いまごろの、ここらの町のにぎわう両隣の、続けてある家々じゃなか。

まっくらすみに、瀬の音ばかりが聞える無人の村でござい申す。昼の日中でも草藪かき分けて、水神さまの声に連られてゆく道でござして。水神さんちゅうは、蛍に似たような虫で、人が山道をさびしゅう思うてゆくときに先に飛んで行たて、一間くらい行っては、ち、ち、ち、一間くらい行っては、ち、ち、ちと鳴いて、待っておって呉れやる虫で、球磨の川のほとりの山ん中におらいますがな。半里先、一里先に、隣というものがある山の中。たぶん観音さまやら水神さま方が、ついて下されて、走ったもんじゃろと思い申す。

そうやって走ったが、たったの一軒も、人の気というものがなか。谷の瀬音の聞こえんひろっぴらに出たら、そんとき、遠いむこうの山の方にえんえんと火事がみえた。おとろしゅうてなあ、つっ立っておったら、どろどろどろっと、大鉄砲が鳴り申した。

戦さのあとさきを、ついてさ歩《れ》きよったけん、大鉄砲は、戦さの音じゃと知っとった。

その音がやがてしてしずまったら、この村に人の気がない訳が、子供心にも勘に来て、ああ、もうそんとき、三千世界のまっくら闇の谷底にたったひとりで、親もなしに、とり残されたと勘に来て、おとろしさもおとろしさ。子どもでもそのようなときは気の狂い申します。はあ、ほんなこつ。もう魂のどこかに突っ貫《くわ》ん脱《げ》て、気の狂うてなあ。

どこをどうしてさ歩《れ》いたか、あけ方になっておって、山霧のしろじろ湧いておるお寺の前におり申した。お寺に招ぎ寄せられてなあ、はじめてどっと悲しゅうなって、思わず子供ながら手をあわせており申したなあ。

どこのお寺じゃったいろ、お寺ちゅうもんな、詣るところと知っておって、詣ったわけじゃったろやなあ。詣ったら、かなしさもかなしさ、だあれも居らん山門の柱にとり縋って、なごう泣いたが、柱はかかさんのようには、抱いてはくれんじなあ。

霧を割って陽いさんのさして来て、誰あれもおらぬ無人のお寺の縁の下にもぐりこんで、ねむりこけてしまい申した。

その日じゃったいろ、次の日じゃったいろ。夕ぐれに目がさめて、人の気配もなか山の中を見渡して、そんときのさびしさちゅもんは、今でも決してわすれはせん。今ごろ年寄って、松の梢に吹く風の身にしみて、おむかえを待っておる夜さりのさびしさにくらべてもまだ、五つや六つのおなごの子が、まるで、天竺の涯の阿弥陀如来さまもこの如くじゃったかとおもうような心細さじゃった。阿弥陀如来さまが苦行さる話は、お寺の縁の下でさいさい聴いて、知っておりますゆえ。頭陀袋《ずだぶくろ》の中にかかさんの、死人さんから貰うて来らいました干し飯の入れてあったで、思い出し泣きをしながら、それを噛み噛み、陽のある間は谷のほとりをさまようて、幾日、のぼってみたりくだってみたりしたろうか、おぼえもこなしませぬ。木の葉がすれ合うても、かかさんじゃろとおもい、声がすれば、たとえ男の声でさえ走り出て見よったわいな。

ここらの川は深か走り水じゃけん、川に落っちゃけまいぞと云うて聞かせておらいたかかさんの方が、闇夜に落っちゃけて、川流れにならい申した。兄者《あんじゃ》といっしょに。いまはな、婆、婆、六道《ろくど》が婆といわれて、琵琶ひく連れも持たんじょろり非人じゃが、親がいうてきかせたことには、遠いご先祖さまは平家の落人で、くぐつじょろりを語るのも世をしのぶ仮の姿ぞ。じつはこのじょろりは、まことは、わがご先祖さま方の由来記じゃ。由来記じゃから、よう覚えいや、語れやちゅうてなあ、

——さても筑前のくに太宰府とかやに着きまいたるに、維義《これよし》とかやに九国の内をも追い出され、山野ひろしといえども立ち寄りやすむところなし。秋の暮にもなりしかば、ででん、でん——。

と親が河原やお堂の前で、六道兄者《あんじゃ》に語らせて、使うてみせて遊んでくれて、じょろり

仕込まれたもんをば。

その兄者《あんじゃ》のくぐつの人形殿は昔のひとじゃけん、手欠け、鼻欠けになっておらい申したが、伝わりもんでその人があたいの兄者《あんじゃ》がわりで。もとは紫色の金襴の広袖を着せておったもんぞと、かかさんのいとしがられておらいました。永年あちこちさ歩《れ》いておるうちにくたぶれて、吊橋の下にちゃ、ちゃ、ちゃあえらいた（落ちてしまわれた）時には、麻の帷子《かたびら》じゃったわいな。維盛卿や玉手の御前の兄妹もおって、びらびらかんざしを前髪にな、垂らしておいやったそうじゃ。六道兄者《あんじゃ》も昔は烏帽子を持っておらいたそうじゃが、わたしが覚えてからは、烏帽子なしのくぐつ殿じゃった。おおきな祭に逢えば上手にじょろりを語って、銭もうけて、兄者《あんじゃ》に金襴の広袖と、烏帽子をば買ってやり申そ、とかかさんのいうて、あたいもそのように想うのが楽しみじゃったのに。兄者《あんじゃ》と教えられて遊んでもろうたで。

大事の兄者《あんじゃ》をかかさんもろとも球磨の谷の走り水に流されてから悪縁にひきずられて、こなたさま方の見らるるとおり、人形持たぬじょろり非人になりましたわいの。

親さえおれば、家も持たんくぐつの子でも、じょろりさえ語ることができれば、粟もろて、米もろて、からいもかんころ（干したさつまいも）もろて親をよろこばせられたて。

親さえおれば、棒ぎれもろて、竹ぎれもろて石もろうてもな、逃げてゆけば抱いてくる者がおらいましたて。

親さえあったなれば、なんにも辛いとは思わじゃったが、親に離れてみてたったひとり、人形の兄者《あんじゃ》もおらいませず、ものいう相手はさらになし。ほんにほんに、淋しゅうて淋しゅうて、その後しばらくの間のことは、細々《こまごま》とはおぼえてもおり申さんわいな。

空腹かかえて口におぼえのなあ、親が兄者《あんじゃ》のろくどう童子になって教えてくれた、じょろりを云うて、人の家の門に立っておりましたがな。阿波の徳島の巡礼おつるなれば、名乗ってくれぬ親でもあれ、親に逢うたのしみで旅をさいたに、自分の親とは、あの世とこの世に分かれて。三界火宅のみなし子が、かかさんや兄者《あんじゃ》を思い出そうとすれば、じょろりことばで思い出す。じょろりがわたいやら、わたいがじょろりやら。こうして、酒にも酔いまする。乞食非人はな、この世の打捨《うし》たり者じゃが、けっこう打捨たりものだけの世界もあるもんぞ。

様も持ちたい子も持ちたい。子持てば、子は親きょうだいをば持ちまする。そのよにおもえば、信太《しのだ》の森の狐でもよい、犬《いん》でもよい。かかさんのふところの、この年になっても欲しかちゅのが不思議じゃなあ。
今夜はまた、ここの小父やん殿に振舞われて、えらいごっつおになり申した。雨のもらない瓦の屋根の下の一生も一生、あたいどもがように、粟もろて、棒竹もろて、石もろて、雨雪もろて暮らすも一生。
今夜はしかし、祭でござんすなあ。祭の五夜じゃ。

飲め飲めちゅうて、非人ふぜいに、盃ぎょうさん呉れて下されて、臍《ほぞ》のぐるりからこりゃあほんなこつ、ふわりんふわりん酔食うて、おのれがまるで、祇園さまにでもなったように魂の舞うてくる。はあて、ここらの祇園さまもやっぱり、おなご神さまであんなはりますか。そうでありましょうなあ。

やっぱり目くらで？　ははあやっぱり。そんなら、島原の祇園さまとおんなじつれのおなご神さまじゃ。やっぱり豆のつるに竹の手をば呉れようとして、つっ転んでめくらにならい申したろか。ははあ、こちらの祇園さまは、胡瓜の手を呉れようとしてな、つっこけて。よっぽどな働き神さまじゃ。ふーん、それでここらは、祇園さまの頃には胡瓜は作らんとでおじゃいますな。

日でりのときは、沖に行たて沈みなはるか。ほほうよかべべ着て。ははあ、やっぱりな。しんじつのある神さまじゃ、おなご神さまじゃゆえなあ。

あたいはな祇園さまとはご縁があって、島原のな、八坂神社の祇園さまの祭の晩に、御亭と祝儀を致しましてなあ。非人同士が祝儀をするというても、世間の人方は、犬畜生《いん》がつるむのとおんなじに思いなはるにちがいなかが、あたいたちは、花や蝶じゃと云うてもろて、祝言をしてもらいましたで。

祇園さまのお祭の頃は、気候もようして、お月さまもようして、あたいどものように足《あし》半草履《なか》さえも、世間の人がたの打捨《うし》てたものを拾うてつっかけて、それもなければはだしで世渡りする者どもには、お堂の上にも縁の下にも、浜の夜風の吹きいれる祇園さまの祭の頃が、いちばんしのぎやすか、よか気候でござい申す。

そういう晩には、上り物もたくさんにお堂にあがって。お団子におまんじゅうにお煮〆に、西瓜に瓜にいくり桃、お魚も匂いのよかお神酒もなあ。

祇園さまのお魚は茹で蛸で。海からあげあげの蛸をば、つやつや茹であげて、肴鉢にのせて御幣をかざられて。お神酒も呑みきらんごと上り申します。祇園さまと観音さまと竜王さまのお祭は、あたいどもにもお祭で。

祭がひけて夜が更けて、おまいりの人も無うなってあかりが消えて、子の刻丑の刻にもなれば、それからは広うなったお宮のひらきで、こんだはもう一度、お月さまの下であたいども非人たちのお祭じゃい申す。

ちゃんとしたくぐつ人形や琵琶太鼓、三味を持っておる衆は、本式の祭に招ばれて外題を納めてお神酒をいただいて、もう酔食うて、それぞれ泊りどころも当てがわれ、世間の衆とともに白河夜舟じゃけれども、それから後が、あたいども身ひとつで流るる者どものお祭じゃい申す。

お宮にはたんと上り物もある。お祭に浮かれた人たちからの下され物もある。ほんにほんに祇園さまのお祭はおなご祭で。おなじ仲間が五、六人づれで祝うてくれて、そのときいざりの年寄りが唄うてくれ申さいました。

今夜の祭にいまひとつ
めでたい祭がござい申す
なんの祝儀か
花と蝶との契りの祝儀
花はろくどう　蝶なるは
対州《たいしゅう》五島の　たちばなの殿
席にはんべり下さるは
祇園の守護の
牛頭《ごず》大王さまが
御《み》あかり持ち
八大竜王さまが　珠振り役
金比羅さまが　笛を吹かれば
天が下なるくらがりに
遊ぶ者らが　臍《ほぞ》くり出して
酔食うた　酔食うた

やれめでた　やれめでた

と唄うてくれて、花や蝶じゃと。御亭は対州五島の人で、たちばなという名でな、親の因果で首が曲がったまんま動かん人じゃったけれども、よか人で。島原のな、八坂神社のそばの祇園さまの晩に、そのようにして、祝言あげてもらいましたぞい。

その御亭の親は、肥前の唐津あたりの河原で、下罪人の獄門首をばあつかわねばならんお人でなあ。仏という名をもろうたおひとじゃったげな。西郷いくさが済んで世が替って、獄門場の無うなって、手にかけた者が下罪人じゃちゅうても、後生の悪かちゅうて、西国巡礼に上ってゆかい申したが、そのまんまじゃったげな。

「おまいのじょろりを語ってきかせたないば、仏の父《とと》さんが、さぞ喜ばい申したろう」

というてな、死んだ御亭とは仏縁で、その御亭があたいのようなもんをば可愛がってくれて、かねがねそのようにいいおらいました。

その御亭殿なあ、桜島の噴火した年、コロリにかかって果て申した。

「ああおろく、花吹雪じゃ」

ちゅうて、こと切れ申した。薩摩の長島の行人岳のにきで。

その御亭がかねがね云いおらいました。

俺家《おるげ》の父《とと》さんのような、仏とまで云われた人が、なんで人の生き魂の残っておる獄門首を扱わねばならんじゃったろかい。俺が首がこうして一生曲っておるのも、死んだ人たちの因果じゃろうで。その人たちの後生を弔うて、なるだけ、お寺の下に寄りついて坊さまの説教も聞き、念仏もお経も覚えて、仲間が死ねば、枕経さえ唱えらるるようになって勤めておる。先の世では、首のしゃんとした男に生まれて、おまいとまた夫婦になろうで。先の世では俺が兄者をつとめて舞おうわい。お前のじょるりは夕闇の花吹雪じゃ、魂ば舞わするとなあ、いうておらいました。

父さんも俺も生まれ時が悪かった。獄門首のあるなしの、合中《あいなか》に生まれ合わせて。このさきまた世が替わるなら、こんだは、そういうことをせんでもよか世に逢わせて貰えんじゃろかと、そういうておらいました。死人さん達の縁で、あの人と一緒になった訳じゃろなあ。西郷いくさの死人さん達の米を貰うたり、袴や刀を貰おうとしたりして。まあ、何にも知らん子供じゃったで、母さんと二人して戦さの場所が稼ぎの場所じゃったで……。阿弥陀さまから見れば、子どもでもそういうことは罪になるもんじゃろうかなあ、小父やん殿。

あたいげの人の云いおらいました良か世に逢うか逢わんか、あたいはまだこのような非人暮らしで。もしや生まれ替わるなら、こんだは、六道じゃなしに、葛の葉ちゅう名をつけて貰うて、あの人と一緒に、よか世に逢おう如《ごと》ある。あたや六道よりこっちの名が好きじゃ、葛の葉が。
すんなら、じょろりば語りましょうかい。

月にむら雲　花に風
ふぶく化生《けしょう》の黄昏ぞ
闇六道にゆきかよう
風にも宿る　煩悩の
やつれし髪も　面変り
春らんまんの野辺の奥
ゆく手も見えで狂いゆく
畜生というが　あわれなり

拾遺二　草文《くさぶみ》

おなごのな、色じんけい殿のおりよらしたばい。なして色じんけいち云いよったろかなあ。

年の頃の十七、八じゃろ、二十二、三じゃろの若か衆の後姿ば見れば、

「兄《あん》しゃま！」

ちゅうて呼びかけてな、呼びかけられた兄しゃんたちはびっくりしてな、振りむけばおえんしゃまの立っとらす。恐《おとろ》しか者《もん》にでも出遭うた風にして、立ちすくんでおらす。

「おえんしゃまなあ、びっくりした」

ち云えば、しをしをしてなあ、後向いて往ってしまいよらした。

あんまり小愛《こや》らしか声じゃけん、いっぺん呼ばれたもんは、その声の耳にひっついて

な、忘れきらんち云いよったばえ。

ほかのことはなぁんも、自分からはもの云わずにな、ときどき唄のごたる風のものを云わすばっかり、おしゃれさんでな。

だれだれが作って当てがうとじゃろ、朱珍《しゅちん》の帯のはしきれのようなもんで、信玄袋ども作ってもろてな、その袋ば大事に下げて、されきよらした。

「おえんしゃま、その袋ん中にゃ、なんば入れておんなはるな」

そう聞けばにこっと笑うて、うしろに隠してな、

「櫛とー、紅《べに》とー、文《ふみ》とー」

ち云いよらした。

たまぁに気のむけば、その信玄袋の口ひろげて、出して見せよらしたばい。どこどこで拾わしたものだいろ、ただの黄楊の、つん欠け櫛のはいっとりよった。文ちゅうとはな、ただの藁すぼ。藁すぼをばな、ただ結んであるのの這入っておりよったばい。

むかしは色物の帯じゃったいろ、藤の花のたたくれ落ちてしもうたごたる色の帯ば、後に垂れかしてぞろびいてな、大回《うまわ》りの塘《とも》の棘神《いげ》さんの辺《にき》てろ、川の端《はた》の観音さんの、石段の辺《にき》に寝てしまいおらした。行た先で寝てしまいおらしたが、そこらあたりのひとたちの話じゃ、わが好いた寝場所の定まっとる風じゃったち。

年はもう、いくつだったろか。

「おえんしゃまは、もういくつな」

ち、ひとの聞けば、

「二十三でございますと」

ち、いつも丁寧な言葉でいうて、おじぎしよらしたばい。天草言葉でな。侍の様組の娘じゃちゅう話じゃったがなあ。

いつじゃったろ、おはぐろ染めよるとき来合わせなはった。戸口端に立っておって、しんから眺め入ってな、帰りなはらんもんだけん、

「ああたも染めなはりますか」

そういうたら、嬉しかそうにしてな、こっくりしなはるもん。

そるばってん、おはぐろは面倒臭かもんだけん、染めちゃやらんだったたい。

「嫁御になんなはってから、染めてあげましゅなあ」

いうてからしもうたと思うたが、ああいうときゃ、たしか正気ばい、じいっと考えとらしたが、ぽろりと涙こぼさしたもん。たまがったなあ。

わたしよりずうっともう年上でおって、娘ん子のごたる顔してな、涙ば、ぽろりちなあ、こらしもうた、悪か事《こつ》云うたばいち、今でも、おはぐろつける度おもわれて。

西郷さんのいくさの通らす前にな、侍の無しになる世の中の来るちゅう噂のありよった

けん、親御さまの、侍組の株ば売らしたげなもん。侍の組でも、はずれの方の衆でさえ、よっぽどでなからにゃ、そういう大事なもんをば、めったに売りゃあしなはらんて、よっぽど落ち目になっておらいました訳じゃろうな。

船廻す役目のおうちだったげなけん、なんでも大阪あたりのな、殿さまのところにご奉公に出すちゅうて、娘御まで騙かして、きゃあ売らしたと。母女のな、早よから居んなはらだったげななあ。

長崎の遊廓ならば目と鼻の先で、親御の面の見苦しかけん、よっぽど離れた熊本あたりのな、二本木あたりだいろどこだいろ、あそこら辺りに売られなはったろ。おえんしゃまにゃ、婿殿のきまっとらしたげなもん。

お客さんに嚙みついてばっかりおって、よっぽど遊廓が気に合わん所じゃったろうや、気のふれて、いっちょも銭にならんじゃったげなもん。食わせ扶持の損ちゅう訳じゃろうな、うっちゃらかしたちゅう話じゃったばい。ちょっと目には、頭の間違うておんなはる風じゃなかった。世の中には物好きも居ろうけん、しんけい殿の女郎も要り用のあろうや、悪か男どもが目えつけとったげな。けれども、おえんしゃまになっいとる白犬《しろいん》のおってな、この犬《いん》が飛びかかって来るごつなって、なかなか寄りつけんじゃったげな。

犬《いん》殺しの大将ば頼んで、長六橋のあたりばうろうろしてされきよらすとき、首紋め紐で引っかけるつもりじゃったら、犬《いん》の方が先に勘づいて飛びかかって、その大将の尻ばしこて、こ食いちぎってなあ、そんひとは、いざりにならしたげなばい、腰の立たんごつなって。長六橋の塘《とも》で。

うかうか手ぇつければ、まんの悪か女《おなご》ぞちゅうて、そりからあんまり、手ぇつけようとは、せんじゃったげなばい。

こういうところまでなあ、三太郎峠ばまあ、薩州さんさえ、通り難《にく》うせらす山道ば、どうしてさ歩《れ》いて山越えして来らいましたもんだろ、五郎が連れて来たっじゃろなあ。五郎ちゅう犬《いん》じゃったよ。その白犬《しろいん》の名前は。

「どこから来なはったか」

ち聞けば、もぞもぞして黙っておって下向いて、口の内でぶつぶつ、唄のようなものを云いなはる。

ととさんかかさん
親に意見じゃないけれども
西のくろさは雨とみる
東のくろさは雪とみる

そるが返事のかわりじゃった。川の口は、船の来て憩《よこ》うところじゃったもん。長崎やら天草あたりから、砂糖船やら瓦船やら石炭船やら、蜜柑船やらな、来よったばえ。船の人たちの話じゃ、親御さまは侍の株売って、娘まで売らした後はいちだんまた落ちぶれて、首くって死なしたち。

松の枝のさし出とる下の石垣には、船の首をつなぐ杭の打ちこんでありよったもん。陽向きのよか日には、おえんしゃまの、ちょうど子供衆のする如《ごつ》して、その、舟つなぐ杭に腰かけて、赤か腰巻やら帯やらをひらひらさせて、そそも包んだり包まだったりして遊んでおんなはる。船の衆たちのな、喜んで冗談《わやく》いいかけてなあ、可愛《もぞ》がりよらしたばい。

町方とちごうて舟の衆は、食い物にははずみよらしたけん、麦の飯じゃなか、白か握り飯やら、焼いた鰯やら舟の衆から両手にもろて、足はぶらんぶらん、帯は長う短う川風に吹かせて、結構なもんだったばい。川のゾナメ魚にどもお米の飯粒《ままつぶ》呉れてな。魚にもの云うて、遊んできゃあおらいました。笑われば小鼻のあたりの皺の、どこやら小愛《こや》らしゅうしてな。死なした時はいくつぐらいだったろか。

自分から人間にはもの云いきらずに、犬《いん》やら猫やら、泳ぎよる魚どもにものいうて、遊んでおらしたばい。おえんしゃまの何か貰いなはればな、すぐにもう裾には犬やら猫やらが待っておって、付いてされきよったけん、いっしょに屈み合うて、分けて食いなはるばっかりだった。

悪さするしんけい殿じゃなし、しおらしかもんだけん、みんなして可愛《もぞ》がってな、からいもやら、焦れ飯やら、里芋ん葉に包んでな、子ども衆に持たせてやりよりましたばえ。着る物もなあ、たいがい破れ下がって来たよ、とおもうとれば、大園《うぞん》の塘《とも》の妓たちが可愛《もぞ》がりよるちゅう話じゃったけん、縞の太柄のな、褪《あ》せとるようなのをば着替えさせて、たまには白粉垢のまだ付いておるような黒衿まで付けてもろて、抜き衿でな、ぞろびいてされきよらしたたい。髪毛《かんげ》はひとが結んでくれたもんじゃろ、自分でしなはるとじゃいよ、赤布《ぎれ》じゃろ、青布《ぎれ》じゃろ、藁すぼのなんので結んでおらいました。よっぽど小《こま》んか子ども衆がもの云いかければ、返事の出るばってん、ふとか声でも話しよるなら、自分がおごられた如《ごつ》して、そろそろ後退りして、逃げてゆきよらしたばい。するとあの白犬《しろいん》の、そういうときすぐ出て来て心配して、世話焼く風だった。守り神さんの如《ごつ》して。婿殿かもしれんちいいよったなあ。

やっぱり男共がな、晩になれば悪さしにゆきよったちゅう話じゃった。そうすりゃ、この白犬が吠え立てて、追っぱらいよったげなもん。晩にゃ狐ば連れてされくちゅう話もありよったが、あの犬《いん》じゃったろ。あんまり太うはなか優《や》さ犬《いん》で、熊本の二本木あたりの女郎さんじゃった頃、小犬《こいん》じゃったれば、火事のときな、抱いて逃げて、ずうっとそれ以来いっしょに連れ添うて居るちゅう話じゃった。河原ん方で宵の口に、わんわん犬の吠ゆればな、

「あらあ、五郎がえらい吠えよるぞ！　馬鹿どんがまた、おえんしゃまの所さね、行たば

いな」

　そう云いおったたい。

　よくさ歩《れ》くしんけい殿で、かかさまの語りよらしたが、西郷さんのいくさのはじめて通らしたときもな、三月の忘れ雪の降ったときじゃったちゅうが、いくさの行列ば見に来てな、

「兄しゃま、兄しゃま」

ち、口のうちでぶつぶつ云うてな、うしろから、ふらりふらりついてゆかすちゅう。薩州の兵児《へこ》どんたちの鉢巻どもしめて戦姿じゃけん、しんけい殿どころじゃなかもん。五郎が行くなちゅうて、わんわん、行列の横から吠えてな。そういう時は云うこと聞きなはらんけん、諦めた風にして付いてゆくたいな、犬も。

「あれ、おえんしゃまは、付いて往かるつもりばい」

　人たちのそういうて、

「いくさの足にはかなわんど。佐敷までじゃい日奈久までじゃい往かんうち、打置《うっちょ》かれに逢わるじゃろ、戻って来《こ》らすど」

　そう云いおったち。一週間じゃろ二週間じゃろ、姿の見えずにおらいましたが、やっぱり打置かれて、戻ってこらいました。

　西郷さんたちは戻りは、こっちには通んなはらじゃったばい。どこだろ裏道して、人吉

あたりの方さね、逃げらしたげな。

おえんしゃまは、橋の下ばっかりじゃなか、君《きん》が淵の岩の上やら、みんみん滝の下あたりの淵やら、岩やら水のあるところが好きでな、人のおとろしゃしてあんまり寄りつかん妄霊嶽《もれだけ》の上で見たちゅう話もありよったなあ。犬とふたりして登っておって、遠うから夕焼のさすときやら、月夜にみれば、狐ば連れとる如《ごつ》も見えたろな。

妄霊嶽ちゅうのは、もとは鷹嶽ともいいよったが、岩山でな、官の方と西郷さんの方と、あそこあたりで出逢うて、両方とも崖の下さねつんこけて、死んでしまいなはったけん、妄霊嶽ち、いう如なったげなばい。その前から、あそこあたりは、めったに人の行くところじゃなかったもん。鷹共が巣作っとるちゅうて、寄りつきよらんじゃった。鷹の舞う崖で、あすこあたりに巣作っとって、猫やらにわとりやら、ひっつかんで舞うてゆきよったけん、赤子持っとる者達ぁ用心せろちゅうてな、寄りつかんだった。

こっち側から登られんが、薩摩のあっち側からまわりこめば登らるるけん、いくさ場所にしなはったっだろな。

裏側から来なはったけん、崖のゆきどまりちゅうことは知らずに、ああいう所でいくさして。つんこけてしまいなはった。いくさちゅうとはまあ、方角も無しになるとばいなあ。下まで落ちてしまわずに崖の途中の木にひっ懸かっとって、大鉄砲の音の憩《や》めばな、煙の下から、

「助けてくれえーい」

ちゅうて叫喚《おめき》よらすとの、何日も聞えとったげなばい。みぞなげ（かわいそうに）なあ。声は聞えても助けには往きゃならんもん。そこあたりの者も命がけで隠れとっとじゃもん。わがわが命のちゃあゆる（落ちる）おもいで、助けてくれーい、ちゅう声聞いとって、

「助けてあぎゅうにも、登り道も下り道もなか、ああいう所でいくさのなんのして。だいたい、ああいう方角も無かところで、いくさ、うっ始《ばじ》めるちゅうがあるもんけ。なんちゅう迂闊気《うばんぎゃ》ないくさじゃろか、侍ちゅうは。もう気の知れん」

そげん云いおったち。

幾日もそういう風で、声の聞えんごつなれば、

「死なしたばいなあ」

ちゅうて、なんまんだぶ云うてあげよったばってん、すぐもう烏共が崖ん上、まっくろなって来て、舞うちゃ下り、舞うちゃ下りしよったちゅう。

ラッパの、帽子のち、風ん来ても大雨《うあめ》ん来ても、ちゃあえず（落ちず）に、何年もひっ懸かっとったち、あの付近の人たちの云いよらしたなあ。

そういう目に逢うて死んなはったなれば、迷わずにおらりゅうかいなあ、亡霊の出て亡霊の出て、そるから、妄霊嶽ちゅうとげな。

　いくさの済んでから供養してあげてな、お寺さんで、名前のわかったひとは、名前を付けて、無かったひとも、天朝さん方も西郷さん方もいっしょにな、千人塚作ってあげて、供養しなはったちゅうが、そんとき、仏さんの身内のひとのたずねて来なはった話の出て、みんなして、

「崖ん下に、幾日もひっ懸かって、死んなはったひとの話はしきらんじゃった」

　ち云い合うたげなばい。

「どこで討死したろうか」

　ちゅう風なことを、膝立てて座って聞きなはるけん、崖にちゃあえて（落ちて）ひっ懸かって、幾日も助けを呼ばしたばってん、助けきらんだったちゅうような話は、とても出来たもんじゃなかもん。

　身内のたずねて来なはった話は、ひとりかふたり、あとは、たずねて来なはった話もきかんよ。今の如《ごつ》、汽車も走っちゃおらだったけん。西郷さんの方は隣りばってん、天朝さんの方の軍勢は、ずいぶん遠か所から来とらしたちゅう話じゃった。

　それでな、おえんしゃまの姿ば、妄霊嶽の上に見たちゅうもんのおって、ああいうところに行くちゅうは、天狗さんの憑かしたち云うもんもおったばえ。

　そこらの枝に登っては、淵やら川やらを鏡にして、水浴びが仕事じゃったで、寒の最中にでも、這入りよらしたけん。そういうところが当り前でなかひとばいなあ。あすこあた

りの部落のとしより衆の話じゃ、おえんしゃまの水浴びおらす姿の、五つ六つの子供とひとつちゅうて、語り草じゃったばい。顔や手足は外ばっかりさ歩《れ》かすけん、小黒うになっておらいたなれど、着物の下はな、真白じゃったち。

仕事と云えば、もうひとつ、何のつもりじゃいよ、藁すぼをば結んでなあ、指で輪を作った程な、これくらいばっかりの、こーまんか輪さを結んでな、道の端やら草むらに置いて往かるのが、仕事じゃったちゅうばえ。

十と云わず二十と云わず、結んでこぼしてあるけん、山行きさんたちの通りかかって、

「あら、おえんしゃまの通らしたばいなあ」

ちゅうて、山鉾の先でつっかけてみて、

「ほう、可愛らしか草の文、結んでこぼしてあるよ」

「誰に遣んなはる草文じゃろうか」

「あらぁ、ここにゃ、小山ん如《ごつ》ばかり小積んである、おえんしゃまの仕事よなあ」

と云うて、

「こっちの隅くらのは、去年のばえ、こりゃ、去年の藁じゃもん」

「踏み壊やすな踏み壊やすな、そんまましとけ、おえんしゃまの泣かるばえ」

「祟らるるばえ。あのひとの通らいました道ぞ」

「真実《まこて》なあ、蕗《つわ》ん子取りにゆくときの、道の標ぞ」

あのひとの通らいました道の跡の、そういうぐあいにあるもんで、山に迷い込んでも、おえんしゃまの草文ば見つければ安心してな、蕗《つわ》ん子じゃの蕨じゃの、また採り直して、背負うて帰りよらいましたちゅうばえ。

杉の葉のなんの、かき落しにゆけばなあ、谷の下から唄わる声の聞こゆるげな。

国は大阪道頓堀に
ひとり持ちたる花むすめ
婿はとりたし　にえ（礼物）がない
これから二、三丁行た下に
柳の長者を婿にとる
婿と定めてやるからに
白木の簞笥が　十二棹
塗りの長持　十二棹
それを合わせて二十四棹
夜着やふとんが何十枚
帯やたすきはかぎりもない
丁子の油は十二壺

足にゃ白足袋八つ緒の雪駄
これだけ仕込んでやるからには
戻るまいぞえ
花むすめ

ととさんかかさん
親に意見じゃないけれども
西のくろさは雨とみる
東のくろさは雪とみる
千石万石積んだる舟でさえ
向うの嵐が強ければ
元の港に吹き返す

ひとの居る所じゃ決してうたい得ん人じゃけん、めったに聞かれん。山行きさんたちは、鎌も鉈も止めてな、小鳴《さな》り聞いて帰りよらいましたげな。

「今日は、おえんしゃまの唄聞いた」ちゅうてな。

山の神さまも小鳴《さな》り聴いておらすような声じゃったげなもん。そういう日は早う帰って来よったげな。山の神さまの機嫌の良かうちに。あとで、思い当ったげなが、瞽女《ごぜじょ》のまわって来て唄わす唄と同じじゃったげな。瞽女《ごぜじょ》は、薩摩や肥前あたりから来よらいましたで、あん人たちは諸国めぐりが役目じゃるけん、その唄となあ、同じ唄じゃったちゅうて、死ないてから感心しよったばえ。いくさと後先になって、唄も廻るとばえ。剣突きでっぽうそうら豆ちゅうのも流行りよったもん。泣く子の威しに。

死ないてからもな、山の下払いにゆけば、三、四年くらい、萱《かや》の蔭に、おえんしゃまの結ばいた草の文のな、ありよったちゅう。萱ん下じゃの、杉の葉ん下じゃのに。なんの意味じゃったよな、あの文は。人たちは、

「おえんしゃまの仕事の手形じゃ」

ち云いよらいましたばって。

秋になって、薪物《たきもん》とりに行たて、松葉のこんもり盛りあがっとるもんじゃけん、鎌ん先で掻きあげてみればな、しめじ茸《なば》のなあ、小山になって生えとって。わあ！　ちゅうて喜んで、

「こりゃたしか、おえんしゃまの草文の、茸《なば》になっとるぞ。ようまあ肥しの利いて」

ちゅうて喜びよりましたげな。

草の文の小積んである付近の、棘《いげ》の木の蔭かなんかに、たいがい、五郎のぎだごろ

（糞）の隠してありよったちゅうもん。そげんいうて思い出して、喜びよったげな。

あのあたりは西郷さんのいくさの、道がかりになってしもたもんだけん、いくさの通らした後筋だけは、ばったり、茸《なば》も生えん如《ごつ》なったげなばえ。おえんしゃまの草文のなんの、侍やよその衆たちの知んなはる筈もなかけん、たいがい踏みつけて、通ってはってかしたっだろ。草の文のかわり、鉛玉の爆《は》じけたのやらが、ぽろんぽろん、今でも出て来るちゅうばえ、あの辺から。鉛玉はきな臭か匂いのするけん、そのあたりにゃ茸も生えんげな。

五郎が死んだあと、おえんしゃまは、哀れなもんだった。

のちにゃ、海縁《べた》の方さね出て来て、ふたりして海見て暮しおらいましたもん。むこう縁《べた》が天草ちゅうことは、ああいう頭にならいてもわかるじゃろけん。勝崎の方の水の湧く岩の上あたりで、牡蠣ども剝いで、おらいますとじゃろかえ、ち、云いよった。

あすこあたりは、磯魚の釣るるけん、磯行きたちも舟も行かんでもなか。岩の上、弁当の残りのからいもやら漬物やら乗せて置いたりしよったげな。

「五郎、五郎」

ちゅう声を聞いた者のおって、

「ひょっとすればどっちかが病気ばい。そういえばこの頃は、両方共姿の見えんぞ」

「あすこあたりに夜漁《よぶ》りにゆけば、舟の来るのをば知っておって、あの犬やつが、蕗《つわ》ん子の間から首出して、くんくん、甘え鳴きするとさな。何か呉れ、ちゅうこつじゃもん。

　握り飯いっちょ、魚の二、三匹投げやって来たが、咥《くわ》えちゃひっこみ、咥えちゃひっこみしよったばい。おえんしゃまに持って行くとじゃろ」

「いんにゃ、甘え泣きしよっとは、おえんしゃまの方かもしれんぞ」

　生きものの気配のするけん、知っとる者《もん》は、あのさびしか岬《はな》で安心して釣る。慣れぬ者は、「モマの泣く」ちゅうて気味の悪さにしよらした。

　五郎が死んでからなあ、次の冬、おえんしゃまも死なしたばえ。

　五郎が冬に死んだもんで、馬鹿共がわるさしてな、腹のおかしゅうなっとるち噂じゃった。ほう、まだ赤子ども抱えきる躰じゃったばいなあち、話しおったが、町にゃもう来ずにな、やせてやせて、あやつり人形の渡る如《ごつ》して岩の上ば渡って、蕗ん子の葉ば杓子にしてな、這うて、岩の間の水ば掬うて呑みよらすのをば、磯行きさんたちやら、舟ん衆やらが見かけよったげな。砂の上で産み落さいたじゃろ、外傷はなかったちゅうけん。

　死んでな。潮の満ちて来て流されて、茶碗ケ鼻の瀬の辺《にき》に、髪毛をおよおよさせて、ひっかかっておらいますのを、津奈木あたりの舟の見つけて、引きあげられたちゅうばえ。赤子の方は、見《め》かからじゃったげな。鱶《ふか》にども、食われたじゃろなあ。雪の降る朝になあ。

拾遺三　太陽の韻

『西南記伝』の中に記されている仁礼仲格伝の項はいたって簡略である。

仁礼仲格は、薩摩の人。嘉永四年、鹿児島田上村に生れ、其郷士たり。明治十年西南の役、薩軍に応じ、二番大隊五番小隊に属して肥後に出で、熊本城攻囲軍に参加し、病に罹りて病院に入りしが、其癒ゆるに及び、本隊に復し、後奇兵隊三番中隊の押伍と為り、尋て挙げられて分隊長と為り、豊後方面に転戦して利あらず。八月十七日、薩軍の可愛嶽を突出するや、之に従ひて鹿児島に入り、城山に拠る。九月二十四日、官軍来り逼るに及び、之に降り、懲役一年の刑に処せらる。

水ぎわ立った美丈夫で、西南役出陣の時の馬上姿は、水色の上下《かみしも》がことのほかよく似合い、見送ったひとびとの印象につよく残った。家格は、他藩でいえば俗にいう馬廻り役で薩藩では小番と言い、馬に乗ってもよい家格であったから、西郷隆盛らの小姓与《ぐみ》よりは一段上であったと、鹿児島近世史の権威、原口虎雄先生は申される。

少年原口虎雄の心魂に深くきざみこまれて、一生、その精神形成の奥に立ちゆらぐらしい仁礼仲格の姿は、そのような武者ぶりの絵姿ではない。その小番家格の家柄もどこへやら、更に落ちぶれた小屋の入口に垂らした筵をかきあげ、形ばかりの粗衣をまとって杖をついて出てくる、半ば盲いた老人である。

明治十年八月十七日、日向の北方長井村において、政府軍に追いつめられた薩軍は、反乱がどうやら敗北に終ることを悟ったにちがいない。この頃ほぼ西郷も、死場所を郷里の鹿児島城山と予感したのでもあろうか。身辺の始末をつけ、自ら軍服を焼き書類を焼いたのち、他藩からの参加者たちの労をねぎらい、去就の自由をうながしたという。

可愛《えの》嶽《だけ》突破には、戦意だけはまだ熾烈であったつわものどもの中から更に精鋭たちが選りすぐられた。政府軍によって軍政が敷かれ掌握されている鹿児島市内の城山、私学校をめざして、もっとも険阻な南九州の屋根伝いに「突囲」行が敢行された。火を噴くはるかな故山が、彼らを呼び寄せていた。政府軍の糧米や資金をうばいとりながら、伝家の剣法である示現流の、切っ先そのものとなった彼らがゆく手をなぎはらい、いっきょに城山をうばい返したのは、九月一日である。眼前に横たわる桜島の姿は、死期近いものたちの魂を慰撫したにちがいない。

仁礼仲格は、まなうらに冴えざえとした情熱を伏せている無口なたたずまいの青年ではなかったろうか。私学校の風にもあらわれてくる薩摩の二才《にせ》たちの、集団訓練が生み出した伝統の、よい意味の体現者であったにちがいない。遠くは関ケ原のいくさの敗退行から、近くは宝暦の木曾川改修工事等にともなう薩摩藩の災厄を、精神の負として受けつぎながら、常にそこから転生するこころみを、年中行事などに組んで鍛練して来た藩風の中に育ったのである。いったん戦場にのぞめばふだんは玲瓏無口な性格が、白熱したようなはたらきをする。その果敢さは常に群を抜いていた。

「あんしは、強えかったでやなあ」

後々までそれは嘆息されていた。総帥の最後につき従った僅々四百足らずの兵たちの中で、辺見十郎太のよき配下であった。

「薩軍最後の戦闘をして最も正気あり、最も光彩あらしめ」たものとして語り草になった私学校、城山奪還戦における彼の姿は『西南記伝』の中にもちらりと見受けられる。

「——此日、私学校に在りし新選旅団の兵は、其警戒を怠り、隊伍を散じ、休憩しつゝありしに、俄かに薩軍の来襲するに会せしかば、驚慌狼狽、殆ど其為す所を知らざりき。薩軍に在りては、先鋒山野田一輔、先づ進みて門に至り、潜に敵情を偵察せしに、其兵衆きを見て、急に迫らざりしが、辺見、機を見て進撃を命じ、嶺崎半左衛門、仁礼仲格等、先を争ひて突進せしかば、官軍支ふるの暇なくして、終に潰走するに至りたり」

城山の眼下にひろがる鹿児島城下のありさまは「鹿児島県庁日誌」(『西南記伝』所収)によれば左のごとくであった。

庁門を出づれば、銃丸已に及ぶ。市街雑沓、県官相失す。海岸に至れば、人民蟻集して舟を争ふ。無数の人民、数個の小舟、遂に能く載する所にあらず。県官等は、容易に汽船に達するあり、未だ船を得ざるあり、船を得て上るも覆るあり、既にして僅に皆上舟す。時に一群の賊、或は長刀を閃かし、或は小銃を発し、突然海岸に出づ。当時雇池上荘平、属官数名は、舟中に在り、銃丸に中て死す。抑も賊徒の兇暴なる、残害無辜に及ぶ。岸上蟻集の人民、白刃後へに迫り、洋水前に限る。進退維谷。蓋し自ら謂らく「寧ろ刃せられんよりは、溺するに如かず」と。皆海に投ず。水浜蟻垤を潰すが如く、蠢々蠕々泅して船に上るあり。泳して島に達するあり。退潮に随て流るゝあり。復、之を救ふに暇あらず。県官皆已に汽船に達す。午後第一時、市街火起り、漸く延焼す。一等属田辺輝実外一名を遣し、庁下の形勢を探偵せしむ。輝実等小汽船を飛してゆく。海岸猶賊の拒ぐ所とす。上陸するを得ずして帰る。時に高千穂、迎陽の二船、石炭欽欠、因て一たび長崎に航し、之を貯んと欲す。同第七時抜錨、日も亦既に没す。顧みて鹿児島を望めば、満街焰火、光、水天に映ず。

態勢を立て直した政府軍との戦闘によって市街は戦火にまきこまれ、九月二十四日岩崎谷への凄まじい集中砲火がはじまった。

仁礼仲格は、硝煙のしずまったこの付近で意識不明になったまま発見され、とらわれの身となった。除族の上、市ケ谷監獄に一カ年の懲役である。もちろん廃藩置県になってからの小番という家格は、他の藩士たちと同様、この反乱に加わる前から実質をうしなったものであったと思われる。下級士族たちの暮らしむきに通じていた大久保利通が、城山陥落の年も押しつまった十二月二十四日、鹿児島県令岩村通俊あてに、「士族救助等の義は、別而御配慮御気之毒の至りに候。乍去諸郷外城士族に於ては、所謂土着にて、力食之基相立居候付、是は格別難事に無之候得共、鹿児島士族之輩に於ては、疲弊之極点に至り候間、随分難物に有之候。併、佐賀等に比較候得者、此節除族之者、家禄非没収に御治定有之、是義は初度より御見込有之、民治上、一の幸にして、何卒公債証書の本を不失、是を資本にして、自営之道相立候様致度ものに御座候、何分宜御願申上候」と書いて送ったが、仁礼仲格には、新時代の公債証書なるものなどを資本にして、自営の道を立てるなどという気の利いた才覚はなかったろうとおもわれる。急激な時代の変革についてゆけぬものたちが、御一新の改革とは無縁に生き残っていた。

ひとの死期というものこそまことにはかりがたい。自殺を完うすることさえ、あるいは天寿とよぶべきやもしれぬのである。「翁の顔色、何ぞ其の温和なるや」と涙して、山県参軍が対面したという西郷の死に顔を、かなり側近くにいたとおもわれる仁礼仲格は見届けていたのであろうか。また辺見十郎太、桐野利秋らの最期についてはどうであったろう。ひとの死にゆくときの、語り伝えがたい世界のごときを抱いたまま、彼はまだ生き残っていた。薩摩の士道の柱に「議をいうな」ということがある。実像より口舌にあやのある人間がいてもそれは性癖だけれども、その種の者たちを軽蔑せずにはおれぬ寡黙な人間は、この世の成行を虚無と含羞で眺めていて行為で表現する。議を云わず、決意でそれを先取りして事をなすので、遅れてくる言論、議を侮蔑せずにはおれないのである。ひとつの時代は次の時代へひき継がれるとは限らない。彼らは己れの時代の心情を劇的に復原しようとし、忌まわしい未来からの棲み分けを試みたように思われる。魅かれあう分身のようであった友人先輩達は自刃し戦死し、あるいは斬罪されていまは亡い。

市ケ谷監獄のある東京とは、彼にとってどういうところであったのだろう。おそらくそこは、他界ほどにも感ぜられる流刑地以外のなにものでもなかったろう。仁礼仲格はこの動乱の渦中にひとたびは呑みこまれた。しかしそこから吐き出され、おおきく自転しつつある時代の生理の外界に、ゆるゆると弧をえがきながら降り始めていた。降り立つところは、あらたな階層の分岐しつつある地平である。

異郷の巷の雑音が、市ケ谷監獄の中にどのようにとどいていたことであろうか。わたしは想像して見る。ごく希に人は生涯のある時期、自分自身を充填して爆《は》ぜねばならぬ時がある。それが発火したにもかかわらず、不発に終った時はどうするか。そのようなとき、残余の生命が未だ死なない本能で僅かに何かを営むとする。その魂の内側と外側で、営みを促すのはなんであろうか。薩摩の少年らは、天吹《てんぷき》という竹の笛を手作りでつくって吹いていたという。生ぐさい古典的な拷問の気配などがとだえ、格子の檻のあいだの空がふいと広がり、そのような空から湧いて来たように、白い蝶々がやってくることがなかったろうか。生命的な、さびしい南国の太陽の韻のごときを、その囚房で聴かなかったろうか。

官と賊とにわかれていた誰それたちも、戦後りくぞくと東京に出て官途につき、政府高官の中に名をつらねたりした。城下にとどまり羽振りのよい地方議員等になったものもいた。仁礼はもちろん官職にもつかず、かといって格別のなりわいもせず、落魄の境涯に身をまかせているふうであった。中央顕官風の晴れがましいなりをしたものが鹿児島に帰ってくる。そのような新時代の服がぴったり板についたような人物が人力車の上から、同じ街路の上を汚れた素足に藁草履を履いて、ひたひたと歩いている仁礼をみかけたりした。

「仁礼どんじゃごわはんか」

そういう人物が、人力車の上から思わずのびあがり、なつかしげな声音になって声をかける。

仁礼はふっと見上げるが、

「ああ、おはんな」

とただそれだけである。

なんの感慨もなげに礼を返し、尻の切れかかった藁草履のかかとを見せて、歩み去るよれよれの後姿が、海に面した町のかげろうの中をゆく。色を失うのは人力車上の人物であったろう。

妻女はすでにはやくみまかり、すすめる人があっても彼はあとをめとらなかった。渡米した子息のひとりは彼の地で斃死《へいし》したという。

仲格御上《おんじょ》は、如何にして暮しを立てておじゃすことやら、このごろはもう、はためにも盲い方が深かようじゃ。この前通りかかったら、なんやら指の先で、黒いちいさな丸薬のようなもんをば、つまぐり出しておじゃしたが。人びとはそのように噂した。

筵戸のかげの陽溜りに座りこんで、白い蓬髪の首《こうべ》をかしげ、若き日に示現流の剛刀を摑んでいたその指の先に、ぽろぽろと、なんやら垢の屑のようにも見えるものを丸めて遊ばせ、なにごとかを営んでいる。ずいぶんと背中の衰えたそういう姿を、田上村近郷のひとびとは折々眺めていた。

百姓たちは、あの人はむかし生き肝取りの荒武者で、十年の役ばかりでなく、台湾のいくさにもおじゃした人じゃそうな。そのような御上《おんじょ》じゃから、生き肝を取りあつめて持っておらい申して、それをもとにあのような秘薬をつくって暮らしの足しにしておじゃるそうじゃ、と噂した。とは云いながら、ことに盲者となってから、身のまわりを構ってくれる人とては誰ひとり無い異様なばかりのたたずまいに、村の人びとはやさしかった。老年になってからの盲者であるから、ことに煮炊きのことがせつなかったろうと、その姿をかいま見ていた昔の少年原口教授は胸つまる口調で語られる。

老人は、ひるめし時分になると、村の旧知の門口をよく通りかかった。

　しかるべく通りがかりの挨拶をする。家の中のひとたちもよく心得ていて招じ入れ、先ずねんごろにお茶をさしいだす。ころあいを見て、

「もう、おひるじゃが、おあがいやったもんせ」

と午餉《ひるげ》をすすめるのである。仲格老人はかならず、

「いや、いまさっき食うたばっかいで、腹いっぺじゃ」

という。

「食べてもおじゃしたろうが、今日のは鶏の汁でござい申すで、這入るところも違い申そ。御上が見えるしらせでもありましたろう、ちょうどほら、鶏をつぶしており申した。

よいあんばいに煮えており申す。早うこちらに寄って召しあがれ、今日のはとくに、味噌仕立てでござい申すよ」

そのようなやりとりがくり返されるうち、

「味噌仕立て」という言葉がふと耳に入ったように老人はいう。

「ええ、味噌仕立てなあ、そいなら、もうひとところ、這入るところもあり申そ」

阿伝の呼吸のようなもので、この老人を遇する道を、村の人びとは心得ていた。通りがかりの顔見知りを招じ入れるような気風は、下々の方へゆくほどに厚かったと思われる。栄枯盛衰は世のならいというそのありさまを、まじまじとみるようないくさのあとである。御一新があろうとなかろうと、栄枯の外に暮らしつけて来た人びとは、自分たちの方へやって来つつあるひとりの老人の境涯に、なにげなく手をそえてやったりした。無償の志に殉じ、自らを葬っているようなその姿を、陽にほぐされている土の息づかいのごときをもって、見守っていたにちがいない。

「骨肉相殺し、朋友相食む。人情の忍ぶ可からざる所を忍ぶ、未だ此戦より甚しきはあらず。而して戦士の心を問えば、敢て寸毫の怨あるに非ず」

山県参軍は城山総攻撃開始の前に、このようなめんめんたる書簡を西郷あてに発している。

十年の役をしのぶ会をかねて、慰霊祭が各地で行なわれるようになった。仲格老もまた、この催しに招ばれるひとりであった。形ばかりだが御馳走が出て、唐芋で煎じた焼酎が出る。座が賑わってくる。いくさに出た人たちの懐旧談が中心となり、酔いをいろどった。話は興に乗り、まるで在ったことのような武勇談へと限りもなく飛躍する。

そのような賑わいの中にいて、ひとことも語らず、もくもくと御馳走をいただいている仲格老が、ふと箸をおき、話の途切れめにぽっつりという。

「おはんたちゃ、強えかったでやなあ」

一座は、ふた呼吸ばかりのあいだ、萎えたという。

原口少年は仁礼仲格の孫の正雄氏と中学時代同窓であったが、あるとき取っ組みあいになる喧嘩をしでかした。

逃げ出した相手を敏捷に追い込んで仁礼家の入口に来た。すると、かの老人が、ほとほととまなこをしばたたきながら立っている。息はずませたまま、少年はこの老人をまっすぐに見上げた。

「御上《おんじょ》！」

老人は細めていたまなこを、ゆっくりひらく。

「いま、おはん方ん正雄どんが、通いやったどが！」

小柄な満身に精気をはらみ、凜乎《りんこ》と立っている少年を、やさしく瞬いているまなこが見る。

「ん？　正雄や、いま行たど。何事《ないごつ》な」

「喧嘩をして、追うて来申した」

老人のひらいたまなこに涼しげな風が湧く。

「ええ、ほいじゃ、そこんあたりをば探してみろ」

やっておるかという目つきである。孫を追いこんで来て、家の中まで飛び込みそうなその喧嘩相手に、そこらにいるから探してみよという。

老人は、郷中の小さなものたちには、とりわけ丁重であった。身分意識をことに際立てたがった薩摩の風の中で、士分の子どもたちにだけでなく、下にゆくほどに丁寧に大切に相対した。

「あそこの家では、じつに子ども連中が自由に振舞っていて、可愛がられておりましたなあ。いや……」

氏は、首を振ってから考え込まれた。

「いや、可愛がられていたかな、ううん、やっぱり可愛がられておったんですなあ、きっと。あんなに自由に、家の内外を出たり這入ったりして、遊ばしてもらっておりましたんですから」

大兵《だいひょう》とはいえぬ歴史学者原口先生の全身には、薩摩の風土と独特の士風が生み出した感性が汪溢していて、その学問の蓄積や近代的知性の中にもおさまりきれず、ほとんどバランスを欠かんばかりの精気が発散していた。それは和服を着たこの学者をたいそう魅力的にしていた。深い激情の底にあるような、それのうごき出す方向をおしはかっているような、不安定な瞑想の表情である。かのときの仁礼老人のたたずまいは、六十一歳になった少年のまなこの先に、いつでも立ちあらわれるのであろう。歴史の生ま身と、その肉体を持った息づかいのようなものをわたしは感じた。

死者と生者がむきあって、ふっと呼吸を交すような気配の中に、わたしはひき入れられ、そのようにしてひき継がれてゆく時間の連続の中に、這入りこんだような気がした。時代というものは、常にみずからを完璧に表現することは出来ない。ましてひとりの人間の一生について、それを生きることが出来ない他者が、なにを知ることが出来ようか。

「桜島もこのごろ、堕落しましてねえ」

氏はそう云われたが、暫らく口をひき結ばれて、稍《やや》あってこう云われた。

「天地鳴動してやまぬような爆発をいっこうにせん。ぷっぷっと、盗人屁のような、見苦しい爆発ばかりしよる」

それからふっと耻じるような表情をなされた。

あとがき（初版）

なんともおかしげな気持の残る本である。とりかかりの頃から数えると二十年もかかっている。なにごとによらず遅い方で、間に水俣のことがどうしても挟まり、致し方なくこうなった。

中身の方も、最初考えていたより、ずいぶん変更せざるを得なかった。非常に小さな、極小の村が始まるところ、波の音と松風の音がする渚辺に人がひとり現われて、家というものが出来あがるところから始めたかったのである。その家が二軒三軒になり、つまり自分のいま居る村が出来、町になり、気がつけばもう人間は沢山いて、それぞれ微妙に異なる影を持ち、異なる者が仕事を持ち、その仕事の選択の仕方によって社会というものも出来ぐあいが異なってくる。それには風土の条件があり、他郷の者とどのように交わって文化（暮らしの形としての文化）を創りあげ、その文化はどのような地下の根を持っているのか、形をなぞって見たかった。地上の形はごらんの通りなので、なぜそうなるのか根の育ち方を知りたかった。まず勉強できる条件をつくろうとひそかに思っていたら、水俣病が発生、結果的には村、あるいは人間について、はじまりと終りを両方から考えてゆくことになった。この本ではもちろん形にならず、部分をとり出したにすぎない。水俣関係の著述と合わせて読んでいただければ、いくらか意のあるところをわかってもらえるかも知れない。

目に一丁字もない人間が、この世をどう見ているか、それが大切である。権威も肩書も地位もないただの人間がこの世の仕組みの最初のひとりであるから、と思えた。それを百年分くらい知りたい。それくらいあれば、一人の人間を軸とした家と村と都市と、その時代がわかる手がかりがつくだろう。そういう人間に百年前を思い出してもらうには、西南役が思い出しやすいだろう。始めたときそう思っていた。それは伝説の形であるだろう。例えば天草の乱の底などに流れている「隠れ」の思想が現代ではどうなっているか。「伝説」から読み解けないであろうか。それのほの見える入口に立ったかと思う。

昭和三十七年にとりかかったこの仕事が何とか一本に纏ったのは、赤藤了勇さんの忍耐づよい励ましと催促の賜物である。約束が出来たのは昭和四十七年、東京チッソ本社で座りこみをしていた頃であった。以来八年、その間たびたび取材にも同行していただいた。鹿児島県大口市の山野へ行った時は、野面の向うからポーポーと汽笛を鳴らして一輛きりの汽車がやって来た。

その汽車で買い出しをしていた二十六年前の記憶が突如よみがえり、泊りの予定をすっかり忘れて、汽車にとび乗って帰ってしまい、赤藤さんを茫然とさせた一件は、別に書いたことがある。わたしの自覚していない変事が、その他にもいろいろあっているのではないか。

世の中とわたしがなにやらとんちんかんであるのは、この種のタイムトンネルをいくつもいくつも持っていて、そこに出這入りしているせいにちがいない。一冊の本が出来上るについて、編集者が如何に苦労されるか、右のことを自覚してよくわかり、あらためて恐縮しお礼申しあげる次第である。また、並々ならぬご好意をもってご尽力いただいた前図書編集室長角田秀雄さんの在任中に出すことが出来なかったのをお詫びし、感謝申しあげたい。

昭和五十五年八月

石牟礼道子

さらにあとがき（選書版あとがき）

この中の「天草島私記」は一冊に書き直したいと考えていた。書き直せぬうちに選書にして下さる。有難いが、恥かしい気がする。

取材中タイムトンネルに這入り込み、なかなか戻らないで、担当の赤藤了勇氏を困惑させたことの一部はさきに記した。不可思議はさらに続いていた。

一揆首謀のかどで処刑された永田隆三郎の像が、天草栖本円性寺の境内に在るのを視て、熊本の仲間たちを誘ってわざわざ参詣した。雪のちらつく中を手分けして、境内や墓所を探したがそれが無い。方丈さまにわたしはお尋ねした。

「ございましたのに、どうしたんでしょう」

いぶかしげにこの方が仰有った。

「いいえ、隆三郎の像は、もとからありません」

ありありとわたしが視たのは、法界平等利益と呟いている坐像である。あろうことかその存在を本文に記した。いかにもおかしいのでこの度は削った。赤藤氏にも、隆三郎像に逢いにゆきましょうと云っている。おつき合い下さるのは常人ではない。深謝したい。

一九八七年十一月四日　熊本の仕事場にて

石牟礼道子

あとがき（『石牟礼道子全集・不知火』第5巻）

じつは『西南役伝説』の中の「六道御前」と「草文」はまるまるのフィクションである。いつういうべきかとためらっていたが、この機をのがせば詐欺を働いたような思いが残るので白状することにした。全篇聞き書でやりたかったのだが、水俣病のことに深入りしている間に、話を聞きにゆくつもりだった古老たちがなくなってしまわれ、本にするときに、これまで書き溜めたものだけではいかにも薄すぎるので、フィクションを二篇書き足した。

一九六〇年頃、東京では学生運動が華やかであったが、地方つまり私のまわりでは過疎化が始まっていて、近代百年の意味を目に一丁字なき人々はどう感じとって来たのか、わたしは痛切に知りたかった。庶民は近代などという言葉を日頃使わない。文化も文明も日常用語にはない。ふつう使うのは都会と田舎、昔と今などである。無知なのではなく、存在の実質を地に着けて言っているにすぎない。

私自身書物に恵まれずに育ったものだから、諸学の枠組に入って考えるのではなく、基層の民の実感として、この〝近代〟をとらえたかった。というのも、この国の先ゆきが不安だったのである。村の子女たちが減ってゆく。青年たちは炭坑へ、娘たちは紡績へあるいは風俗産業へ吸いとられてゆき、農村はがらがらになった。わたしは考えた。村はこれでは立ってゆかない。敗戦後復員兵が帰って来て若者が村の柱になると思えたのに、男どもは街へ出稼ぎにゆき、「母ちゃん農業」とか「爺ちゃん婆ちゃん農業」といった言葉が耳につき出した。

わたしは戦争中十代で代用教員となったが、父親は戦死し、母親も爺婆ちゃんもいなくなってゆく孤児らを受けもって、泣く思いをしたことが度々あった。

都会は田舎の都会志向を吸いあげて、地方の根の先まで涸渇させるのか。帰郷した若者たちは都会かぶれして、土着の人になるのがむずかしい。七十年代、八十年代と地方にいながら東京をみていると、人間もこの消費社会の排泄物に見える。

歴史の本など読んだことのない人々に、百年前の世の中を思い出してもらうには、「西郷さんのいくさ」が手がかりになろう。史実というより伝説となって残っているだろう。日清・日露も村々にとって何であったか。

西郷さんのいくさに直接逢った人は少なかった。いくさのさなかに匿れていた山の穴で生れたとか、「かかさんの、兵隊さんに鍋とくどば貸しなはった」話などはたいそう面白かった。百歳を超えた老女が乙姫様の境内で恋人と抱き合って、かかさんのために別れた話も哀切で、この老女は話の間中「男さん」と恋人のことをよんでいた。「男さん」「おなごさん」と互いによぶようになったら、今の世も、とげとげしくはならないかもしれない。

近代百年のはじまりの頃を想像して立てた仮説は、予想よりも実質があって面白かった。北薩摩の百歳を超えた有郷きくさんの田植えの話も、当時の百姓の苦労が具体的にしのばれ、わたしも少しは田を植えたことがあるので身につまされた。今でも雨がないと、よその田んぼでも心配である。

日本列島を空からみると、波に洗われている島国というのがよくわかる。九州は不知火海の渚で育ったわたしは、地図の上に線引きされて波のゆき来する海と陸の境界にただならぬ興味を抱いてきた。

日常の暮しを通して考える世の中の移りかわりと、いまひとつ、この時代の海浜の民の深層意識に手織《たお》りこまれている、ものたち、つまり人間以外の「あの衆《し》」たちとのつき合いの様相が気になってしかたがなかった。それがあまりに日常化しているので、特別とり出すのがむずかしい。たとえば〝渚〟とひとこと言っただけで、私はたちまち惑乱する。

そこは地図上の境界にとどまらない。渚は海にも山にも展開し、人間のみならず、葦やアコウの枝にのぼる魚貝や、潮に養われている木々や、そのようなものたちの織りなす世界を往き来する気配たちの物語で日夜賑わっていた。潮が引くにつれてあらわれる磯の岩や砂浜には、いったい幾百万の生命がいたことか。十センチ四方くらいの砂の中に、アサリが二、三個、ハマグリも、エビもカニの子も動いているといったぐあいだった。ヒレで飛ぶハゼ魚などがいた。それらがゆき交い呼吸する音というか気配の広がる世界はじつに広大で、天と陸との原初の時間が今も手織られている中にいる感じであった。

うつつにもちらりとみえる狐や狸やイタチや、夜目の利く人には見えるというモマや、しゅり神山のおしゅら狐にわたしは憧れていた。そういうものたちは向うべたの天草島や、六、七十キロも離れた宇土半島、天草を越えた島原の花街あたりとも往き来があって、島原から来たのは垢ぬけたおしゃれ狂女の姿で、大廻《うまわ》りの塘《とも》の薄の土手に出てくるという話もあった。

うねうねと海に大きくせり出した大廻りの塘は丈高い薄で出来ていて、ところどころ野生の茱萸《ぐみ》の林があったり、磯榊《いそさかき》のつやつやした群落があったり、人の出入りのできるすき間には、近くの舟津の人たちが小さな漁舟《りょうしゅう》をつないでいて、そこらあたりから、宇土の狐も島原の狐も出はいりしているらしく、現に茱萸の木のとげなどには狐の毛が残っているというのであった。

つまり渚はそのような変化《へんげ》たちの物語で縁取りされ、貝たちはさながら星座のごとく広がっていた。

宇土の狐「藁《わら》すぐり」は名のとおり藁すぐりの名人であった。土地の藁細工、たとえば藁草履、蒸し釜にのせる蒸し蓋、正月かざり、畳の裏、縄、筵などをつくるのに、藁を一本一本きれいにする。これがなかなか手間がかかる。しかしこの狐の手にかかると、田んぼ一反分くらいの藁はひと晩できれいになる。病人の出た貧農の家では宇土のこの狐に願かけをしてやってもらうのだが、大廻りの塘の先の「しゅり神山のおしゅら狐」に頼んで、宇土まで使いしてもらう。一人で頼んでもだめで、村の主《おも》だった者で丁寧に頼めば、一、二軒の貧家はやってもらえるもんだと古老たちが真顔で話していた。

この古老は狐にも猿郷顔《さるごうがお》、舟津顔《ふなつがお》、茂道顔《もどうがお》と所の顔があって、舟津のは顔が小さい。鳴き声にも、訛があるので、どこの狐だかわかると言っていた。もう亡くなったが、お隣りの小父さんである。わたしの実家の裏山も狐たちの山で、「今ならテレビが写しに来ますがなあ」と残念がっていた。

「ああたの生まれなはるちょっと前くらいには、この山の迫《さこ》にゃあ、ぞろんこぞろんこ、子連れ狐のおって、人間見ても逃げはしませんでしたよ。まあ、知り合いのようなもんで。あの衆《し》たちが居らん今は、味のなか世の中でございますなあ」

石牟礼道子

解説

詩藻と思想とが交わる場所へ

赤坂憲雄

石牟礼道子さんの『西南役伝説』をはじめて読んだのは、一九八〇年代の半ばであったかと思う。その「拾遺二　草文」という、不思議な文章に衝撃を受けた。若いころのわたしが、その「草文」のどこに惹かれたのか、よく覚えていない。『西南役伝説』そのものも、ゆっくり読み込んで思いを巡らす余裕はなかったかと思う。ようやく、若さからはるかに遠ざかり、この本とじっくり向かい合えるかもしれないという予感が生まれている。

思えば、三十年振りの再読であった。こんな本だったのか、とまるで予期せぬ衝撃に打たれたなどと言えば、笑われるだろうか。一冊の本が時代とともに、また読み手の年齢とともに姿を変えてゆくことは、ありふれた体験でしかないが、驚きは深い。わたしがわざわざ言挙げするまでもなく、これは宮本常一の『忘れられた日本人』と並んで、やがて聞き書きという方法に根差した傑作として確固たる評価を受けることになるだろう。わたし自身、ほんの短い期間ではあれ、聞き書きという方法を携えて村歩きを重ねたことがある。だから、すこしだけ陰影に眼を凝らしながら、この本を読むことができるようになったのかもしれない。ここには、若き日の石牟礼さんが聞き書きのために村歩きをくりかえす姿が、見え隠れしている。橋の下に暮らす老人を訪ねた宮本常一もまた、いまだ充分に若かった。その人に土佐源氏の名をあたえたのは、それから二十年近くが経ってからのことだ。『西南役伝説』もまた、熟成のための長い時間を抱いているが、そのはじまりが『忘れられた日本人』の刊行に連なることは、おそらく想像して誤りではない。いずれ、『忘れられた日本人』/『西南役伝説』を並べて論じる機会がやって来るはずだ。

あるいは、明治維新から百五十年という節目に、『西南役伝説』を読みなおすことにも、なにやら因縁めいたものを感じないわけにはいかない。西郷さんの戦さを起点とする聞き書きである。それはいわば、戊辰戦争から明治維新へと連なる、日本の近代にとってのはじまりの風景にたいして、勝者の内側から叛旗をひるがえした戦争であった。西郷隆盛はそうして賊軍となった。『西南役伝説』はそれを、百姓たちのまなざしによって捉えられた体験や記憶として掘り起こし、「辺境の維新」(「序章　深川」)を深いところから照射しようと試みている。

たとえば『西南役伝説』は、こんな水俣市深川村の老人の言葉とともにはじまる。

わし共《どま》、西郷戦争ちゅうぞ。十年戦争ともな。一の谷の熊谷さんと敦盛さんの戦さは昔話にきいとったが、実地に見たのは西郷戦争が初めてじゃったげな。それからちゅうもん、ひっつけひっつけ戦さがあって、日清・日露・満州事変から、今度《こんだ》の戦争——。西郷戦争は、思えば世の中の展くる始めになったなあ。わしゃ、西郷戦争の年、親達が逃げとった山の穴で生れたげなばい。（「序章　深川」）

わたしにとって、戦争は戦争というものにすぎなかったのだ、とある疚《やま》しさとともに思う。平家の戦さ語りは昔話だったが、西郷戦争ではじめて戦争を「実地に見た」という。この語り部はこの戦争のさなか、山の穴で産み落とされた。百姓の親たちが山に身を隠していたのは、それが士族たちの、しかも最後の戦さであったからだ。それから、いくつもの戦争を体験することになる。そこでは自身が、また子や孫たちが兵隊として戦場に駆り出され、惨憺たる生き死にを強いられることになった。それが「曳き舟の儀式」の名のもとに語られた一節があった。親舟に曳かれた子舟には、近代の大戦《おおいく》さのために村から引き離されてゆく兵隊たちや、海の外へと流出していったからゆきたち、そして、中学卒業とともに島を出て行く少年少女たちが乗せられていた。いずれであれ、そうして西郷戦争、つまり西南の役は「世の中の展くる始め」になったわけだ。

こんな言葉が「第一章　曳き舟」のなかに見える。

ここの村は、耶蘇宗のいくさにも遭わん村じゃったが、村中の働き手を、さらってゆかれてみると、苗字のなか者の世がくるちゅうても、お上というものがあるかぎり、取り立てることばっかり。御一新とはどがな世が来るかと心配しとったら、案のごとく人を奪《と》ってゆかいた。

天草の百姓たちは「耶蘇宗のいくさ」には遭遇することがなかった。それが、西郷戦争では、山の穴に潜んでいることを許されず、親舟に曳かれる四十四艘の子舟に乗り込んで、「耳なれん天皇さまの方の夫方」に徴発されたのだ。天下さま（将軍）の顔さえ拝んだことがないのに、近頃替わったばかりの天皇さまなど、一段となじみが薄い。だれが、大事な命を進んで差し出すものか。それにしても、「耶蘇宗のいくさ」とは天草島原の乱のことだ。百姓にとっての戦争の記憶やその語りには、いたく関心をそそられる。

さて、先ほどの水俣の百姓はまた、「西郷戦争は嬉しかった」ともいう。なぜか。こんな言葉が拾われている。すなわち、「上が弱うなって貰わにゃ、百姓ん世はあけん。戦争しちゃ上が替り替りして、ほんによかった。今度《こんだ》の戦争じゃあんた、わが田になったで。おもいもせん事じゃった」（「序章　深川」）と。武士の世の終焉を言寿《ことほ》ぎながら、太平洋戦

石牟礼道子（1981年頃）

争の敗戦がもたらした、新しい支配階級たる大地主からの土地解放を思いも寄らぬ僥倖として喜んでいる。日本帝国の敗北など、いわば他人事にすぎないかのように。あるいは、西郷隆盛が鹿児島の城山では死なずに、逃げ延びて中国に生きてあって、日本軍の危難を救ったという民話語りをする老人は、こんなことを語る。すなわち、「下々が手をすけて、きつか目に遭うて、上ば座らせておく。下が手をおろさんためには、下々の人間ば大事にせんばならん。この頃はあんた、下々が、共同する事ば覚えて、下々の心次第ちゅうふうになりよるばい」（同上）と。

水俣の百姓のまなざしは冷厳であった。国家権力を握った支配層は、戦争をするごとに交替するのだ。下々の者たちを大事にするあいだは、上に座らせておけばいい。共同することを知ってからは、下々の心ひとつで政治はひっくり返る。だから、百姓は勝ちそうな側に味方をして、戦さが終われば、官軍も賊軍もなく、幽霊が出て困るので骨を拾い、寄墓をつくり、その地を妄霊《もれ》嶽と名づける。戦さの跡地に丈の高い草が生い茂れば、西郷草と呼んでもみる。民話的な想像力は、思いがけず乾いている。諸行無常などという湿った情緒とは、あくまで無縁である。

そこから、石牟礼さんは百姓の思想を以下のように析出してみせる。

体制の思想を丸ごと抱えこみ、厚く大きな鉄鍋を野天にかけ、ゆっくりとこれを煮溶し続けている文盲の、下層農民達の思想がある。そこに宿って繋り拡がる史劇の原野がある。一たび疎外の極にとじこめられた者が、次々に縄抜けの技を秘得してゆくように、状況に対する何食わぬ身構えと、ひそかな優越が、歴史に対する生得的な体験としての弁証法を創り出す。「想うてさえおれば、孫子の代へ代へときっと成る」とほほ笑む時、彼は、人間の全き存在、全き欲求のためしか発言しないというやさしさに、変化《へんげ》しているようにも見える。だから彼の手の内で物語化される何れの権力も、自在に陽を当てられたりかげらせられたりするのだろう。（同上）

あらゆる権力の盛衰は、百姓たちの手の内で自在に物語化されるのだ。民話は権力だって喰らう、といってみる。「想うてさえおれば、孫子の代へ代へときっと成る」という。それこそが、社会の下層を生きる文字を知らぬ百姓たちの思想だ、そう、石牟礼さんこそが頬笑んでいる。体制の思想をゆるやかに鉄鍋で煮て溶かしながら、まさしく「縄抜けの技を秘得」しているかのように、百姓はやさしく頬笑むのだ、と。思えば、『西南役伝説』はその全編において、この百姓の思想を、百姓をして語らしめようとする試みであったか。

百姓なぞに、思想があるものか、という嘲笑にまみれた声が聴こえてくる。「第六章　いくさ道（下）」には、「思想を日々の行ないとして生きた者たちの時代が、かの海浜でも、渚に満ち引きする波と共に消えてゆきました」という言葉が刻まれてあった。ここでの思想が、その前に置かれた、大乱の風土を背景とした「色の深い詩藻」という、もうひとつのシソウと響きあうものであったことを忘れてはならない。詩藻と思想とが相交わる場所にこそ、眼を凝らさねばならない、と言い添えておく。それはしかし、あきらかに過去に属しており、聞き書きによってかろうじて掘り起こすことができる、ということであったかもしれない。

☆

それにしても、どこにだって水俣病の影が射している。たとえば、「漁師にとっては水俣の騒動は、十年のいくさの夫方集めより大事《おおごと》じゃったろうで」といい、「そのガス会社が肥料を作るようになって、尻の始末をたれ流し、水俣から薩摩の出水の海、ここの天草の御所の浦までも毒をば垂れ流して、世界のうちにもなかような奇っ怪な病気が出たちゅう話じゃわな。魚も殺す。人も殺す」という。水俣の「騒動」については、たくさんの船に幟を押し立て、三千人の漁師がチッソの会社を取り囲んで、「ひと軍勢あったちゅうぞ」と、まるで戦さ語りのように語られもする(「第一章　曳き舟」)。

たとえば「第四章　天草島私記」などは、天草から薩摩の出水地方に移住した人々の足跡を聞き書きによって辿りながら、埋もれた近世史料の探索に仲立ちされて、いつしか弘化一揆との邂逅を果たす、ほとんど一篇の歴史短編小説の趣きがある。それがじつは、水俣病という問題とのかかわりを底に秘めていたことが明かされる。石牟礼さんはこう述べている。

唐突なようだが、水俣病問題に関わる中で考えざるを得ぬ民衆の思想の出自を探ること と、近代社会におけるいわゆる市民を考え合わせること、亜知識階級とは異なる存在として見えている辺土の民衆像、たとえば天草移民たちのありかたを探ることとは、わたしのなかでは一本の糸に縒りあわさっていた。……近代がうしなってゆくばかりの民衆の性情の美質と深く関わるからである。

さらに、こんな一節もあった。

切支丹の乱と弘化一揆をつなぐ赤い糸が見えてくる気がする。長岡、永田らいやいや夥しい者たちの血の色において。水俣被害民らの魂を通して。このような魂たちの依り代は異教や一握りの土地や海であった。その寄るべを失う者たちを放棄したまま近代は始まるのである。

念のために、長岡と永田とは、弘化一揆の指導者として犠牲になった庄屋たちである。天草・島原のキリシタンの叛乱と、弘化一揆と、水俣の「騒動」とが、石牟礼さんのなかで赤い血の糸によって結ばれてゆく現場に立ち会うことができる読者は、いかにも幸福だ。石牟礼さんの二つの小説、島原の乱を材とした『春の城』と水俣病を描いた『苦海浄土』とはやはり、赤い糸によって繋がれているのである。『西南役伝説』がそのひそかな証言者であったことに、うかつにも、いま気づかされている。

若き石牟礼道子さんが、古い道のほとりに立っている。一揆の指導者の首がさらされた獄門台のかたわらだ。すぐそこに渚がある。その男が死してなお、凝視していたにちがいないものに、眼を凝らす石牟礼さんがいる。その呟くような声が聴こえる、人はだれでも、風土の古層と同じような魂の原郷をもっているのではないか、と。こんな場面にこころ惹かれてきたことを、とりたてて隠す必要はあるまい。

やはり、「第四章　天草島私記」の一節に、眼を凝らしてみたい。

目に一丁字なき者たちが生得的にそれを規範として生きていた倫理とはどのようにして生まれたものであったのか。その魅力にみちた人柄の中から、この世の綾を紡ぐ糸のように吐き出される語りかけはなにを意味するのか、生得的とはどういうことか。いうまでもなく、どこにでも居たただの一百姓一漁師にすぎない者の一生である。けれどもただの百姓漁師の、ごく普通の人間像が、……なぜに風土の陰影を伴って浮上する劇のように美しいのか、そのような人間たちがこの列島の民族の資質のもっとも深い層をなしていたことは何を意味するのか、そこに出自を持っていたであろう民族の性情は今どこにゆきつつあるのか。その思いは死せる水俣の、ありし徳性への痛恨と重なり続けているのである。そのような者たちが夢見ていたであろう、あってしかるべき未来はどこへ行ったのか。あり得べくもない近代への模索をわたしは続けていた。

その文字なき民が「規範として生きていた倫理」といったものは、けっして抽象的に語られていたわけではない。たとえば、野仏のような老女はつねに、「自分で働いたものは、ひとに返せ、自分で働かずに貰ったものなら、なおさら身にはつけるな、身の腐る」と語りながら、あちこちの奉公人たちに無償の行為を重ねていた。そこに、石牟礼さんは、「妣たちの魂の、いやされぬ痛苦のようなもの」を感受するのだ（「第二章　有郷きく女」）。たとえそれが、渚に満ち引きする波とともに消えていった、それゆえに近代が置き去りにしてきたものであるとしても、掘り起こしておくことには意味がある。

これはまさしく、「あり得べくもない近代への模索」の書であった。われわれの近代とはなにか。それは痛苦にまみれつつ、いかなる夢を紡いでいたのか、あってしかるべき未来はどこへ行ってしまったのか。それが、そればかりがくりかえし、執拗に問われている。わたしはふと、かぎりない励ましの声が潮騒のように寄せてくるのを感じる。東北へ、福島へ、相馬の海へ還れ。そこから、思想を建てなおせ、と。水俣と福島とは、あらかじめ石牟礼道子によって繋がれていたのだ、と思う。


附記として。

深夜の一時過ぎに、この文章を書き終えて、編集者に送ってから眠りについたのでした。翌朝、石牟礼道子さんの訃報に触れました。ただ呆然とするばかりでした。未明に亡くなられた、ということです。わたしはたしかに、福島へ還れ、という声を聴いたのです。それが何を意味するのか、どのように還ればいいのか、そもそも還るとは何か、わたしには皆目わかりません。石牟礼さんに向けて綴った文章をそのままに、手を加えずに提示することにします。ご冥福をこころよりお祈り申しあげます。

(2018・2・10　黄昏に)

年譜

石牟礼道子

一九二七年（昭和二年）
三月一一日、熊本県天草郡宮野河内《みやのかわち》（現天草市）に生れる。父白石亀太郎、母吉田ハルノ。ハルノの父吉田松太郎は当時石工の棟梁として、各地で建設事業を営み、父亀太郎はその下で帳付けを務め、当時宮野河内で事業にたずさわっていた。三ヵ月後、葦北郡水俣町（現水俣市）栄町の自宅へ帰る。栄町での幼女時代は彼女の黄金期で、『椿の海の記』はじめ多くの作品で回想されている。

一九三四年（昭和九年） 七歳
水俣町立第二小学校へ入学。

一九三五年（昭和一〇年） 八歳
祖父松太郎の事業破産により、栄町の自宅および家財差し押えられ、水俣町北郊の荒神（俗称とんとん村）に移る。突然の境遇激変に加え、ハルノの母モカの精神疾患もあって、この世にひそむ深淵への意識が早くも育った。後年彼女はうたう。「狂へばかの祖母の如くに縁先よりけり落さるるならむかわれも」

一九三六年（昭和一一年） 九歳
新学期より水俣町立第一小学校へ転校。

一九三七年（昭和一二年） 一〇歳
この頃、とんとん村の一部猿郷《さるごう》に父が手作りで家を建て、移り住む。

一九四〇年（昭和一五年）一三歳
水俣町立第一小学校卒業。水俣町立実務学校（現県立水俣高校）へ入学。この頃より歌作と詩作を始める。

一九四三年（昭和一八年）一六歳
水俣町立実務学校卒業。葦北郡佐敷町の代用教員養成所へ入所。二学期より葦北郡田浦国民学校に勤務。

一九四五年（昭和二〇年）一八歳
終戦直後、田浦から水俣へ帰る列車の中で戦災孤児の少女と出会い、自宅へ連れて帰って四〇日間起居をともにする。

一九四六年（昭和二一年）一九歳
春、葦北郡葛渡《くずわたり》国民学校へ転勤。結核発病し、秋まで自宅療養。前年世話した少女について「タデ子の記」を書く。

一九四七年（昭和二二年）二〇歳
退職し、三月、石牟礼弘と結婚。

一九四八年（昭和二三年）二一歳
一〇月、長男道生出生。水俣町日当の養老院下に住む。

一九五一年（昭和二六年）二四歳
この頃『令女界』歌壇に投稿、窪田空穂から賞讃される。

一九五二年（昭和二七年）二五歳
『毎日新聞』熊本県版の歌壇に投稿を始め、選者蒲池正紀に認められ、同氏主宰の歌誌『南風』（熊本市）の会員となる。

一九五三年（昭和二八年）二六歳
『南風』に毎月出詠。この頃より日窒（現チッソ）水俣工場の若い組合員が日当の家に出入りし始める。

一九五四年（昭和二九年）二七歳
四月、歌友志賀狂太（人吉市在住）自殺、衝撃を受ける。谷川雁より誘いあり初めて訪問。この年、水俣市内のレストランで半年ほど働く。『南風』に出詠続く。

一九五五年（昭和三〇年）二八歳

『南風』に出詠続く。

一九五六年（昭和三一年）　二九歳

『南風』に断続的に出詠。『短歌研究』新人五十首詠に入選。同誌一〇月号に「変身の刻（十四首）」、一一月号に「海女の笛（十四首）」を発表。短歌とともに詩も一〇代より書いていたが、この年地元の雑誌『直線』に初めて詩を発表（「点滅」）。

一九五八年（昭和三三年）　三一歳

谷川雁が創刊した『サークル村』に参加。前年より『南風』への出詠が一月号のみとなり、詩・散文への志向強まる。一一月、弟一《はじめ》が鉄道事故で死す。

一九五九年（昭和三四年）　三二歳

五月、日本共産党に入党。「共産党とは雁さんみたいな詩人の集まりだろうと思っていた」と後年回顧。『アカハタ』懸賞小説に「舟曳き唄」応募、佳作となる。『サークル村』一二月号に「愛情論」発表。『短歌研究』二月号に「母たちの海（十五首）」を発表。

一九六〇年（昭和三五年）　三三歳

谷川雁との関連で党内で査問され、九月、離党。『サークル村』一月号に、『苦海浄土』初稿となる「奇病」を発表。『日本残酷物語 現代篇第一巻』に「水俣病」を執筆。

一九六一年（昭和三六年）　三四歳

五月、筑豊炭鉱へ旅し、谷川の指導する大正行動隊の闘いを見る。『女学生の友』五月号に「水俣病・そのわざわいに泣く少女たち」を発表。

一九六二年（昭和三七年）　三五歳

熊本市の文芸同人誌『詩と真実』へ加入。谷川の影響下に結成された『熊本新文化集団』に参加。日窒水俣工場に安賃争議起こり、第一組合を支援して市民向けビラを出す。『思想の科学』一二月号に「西南役伝説」を発表。同名の連作の第一作である。

一九六三年（昭和三八年）　三六歳
猿郷の両親宅横の小屋へ転居。友人赤崎覚らと雑誌『現代の記録』創刊。同誌に「西南役伝説」を発表。同誌は民衆史記録への関心に促されたものだったが、資金続かず創刊号のみに終った。「雑誌を出すとお金がいるとは知らなかった」と後日の回顧談。

一九六四年（昭和三九年）　三七歳
高群逸枝の著作に接し感動。『熊本日日新聞』の連載に「高群逸枝さんを追慕する」を書く（七月三日）。『日本の百年・第一〇巻』（筑摩書房）に「西南役伝説」を発表。『サークル村』崩壊後の状況を受け「孤立宣言」を書く。

一九六五年（昭和四〇年）　三八歳
「海と空のあいだに」を『熊本風土記』（渡辺京二編集）に連載し始む。『苦海浄土』の初稿である。『南風』四月号に四首発表。これが同誌への出詠の最後となった。

一九六六年（昭和四一年）　三九歳
高群逸枝の夫君橋本憲三の信任を得、逸枝研究のため東京世田谷の橋本宅（通称森の家）に滞在。「海と空のあいだに」の連載、『熊本風土記』終刊をもって終わる（全八回）。

一九六七年（昭和四二年）　四〇歳
『日本読書新聞』四月二四日号に「水俣病・海底からの証言」を発表。

一九六八年（昭和四三年）　四一歳
一月「水俣病対策市民会議」を結成。この年『朝日ジャーナル』に「わが不知火」（全五回）、「菊とナガサキ」「阿賀のニゴイが舌を刺す」を発表、ようやく名を知られ始めた。水俣へ移住した橋本憲三が一〇月『高群逸枝雑誌』を創刊、同誌に「最後の人」連載を開始、編集その他憲三の相談相手となる。妹妙子、岐阜より帰郷し、道子を補佐。

一九六九年（昭和四四年）　四二歳
一月、上野英信の尽力により『苦海浄土』を講談社より出版。同書に熊日文学賞が与えられたが受賞辞退。年頭より裁判提訴をめぐって揺れ続ける水俣病患者と辛苦をともにし、四月、熊本市の知友に呼びかけて「水俣病を告発する会」を結成、そのさなかに父亀太郎逝く。六月、患者二九所帯が熊本地裁にチッソを相手どって訴訟提起。こののち道子の家は患者支援活動の中心として怱忙を極めることになった。

一九七〇年（昭和四五年）　四三歳

熊本地裁での裁判の進行、告発する会の厚生省占拠行動（五月）をきっかけとする支援運動の全国的盛り上りの中にあって多忙を極める一方、新聞・雑誌に水俣病関連の文章を多数発表。「亡国のうた」（朝日新聞）、「死民の故郷から」（文芸春秋）、「晴れの日の紅をさして」（婦人公論）等。映画撮影のため来水した土本典昭監督一行に協力。テレビ出演、各地での講演、さらには自作脚本による「詩篇・苦海浄土」をRKB毎日より放送等、席の暖まる暇もなかった。一一月には患者のチッソ株主総会出席に巡礼姿で同行、高野山詣でにも随伴した。なお『苦海浄土』に第一回大宅壮一ノンフィクション賞が与えられたが、受賞辞退。患者の苦患を描いた同書によっては賞を受けないという固い決心によるものである。九月、井上光晴の主宰する『辺境』に「苦海浄土・第二部」を連載し始める。

一九七一年（昭和四六年）　四四歳

詩「死民たちの春」発表（『朝日ジャーナル』一月一五日）。田中正造ゆかりの地を訪ね、『朝日新聞』に「天の山へ向けて」全八回を三月から四月にかけて連載。三月、三里塚を訪ねて「地霊のパルチザン」（朝日ジャーナル）、「きさらぎの三里塚」（毎日新聞）を書く。一二月、川本輝夫ら水俣病未認定患者のチッソ東京本社すわりこみ（自主交渉）

に参加。患者たちと旅宿で越年。

一九七二年（昭和四七年）　四五歳

自主交渉支援のため、ほとんど東京の共同宿舎で過す。三月『展望』に、自主交渉の日々を描いた「天の魚・苦海浄土第三部」連載開始。四月『水俣病闘争　わが死民』（現代評論社）を編む。六月、左眼の白内障手術を受け、以後左眼は失明状態となる。

一九七三年（昭和四八年）　四六歳

『文芸展望』に「椿の海の記」連載開始。三月、水俣病裁判判決、ひき続き患者のチッソ本社での交渉に参加。同月『流民の都』（大和書房）刊行。六月、熊本市薬園町に仕事場を設ける。八月、マグサイサイ賞授賞式出席のためにマニラへ行く。一〇月、松浦豊敏・渡辺京二らと季刊誌『暗河《くらごう》』（葦書房）創刊。同誌に「西南役伝説」を連載。

一九七四年（昭和四九年）　四七歳

四月、画家秀島由己男と詩画集『彼岸花』（南天子画廊）を出す。一〇月『天の魚』（筑摩書房）出版。一二月『潮の日録　石牟礼道子初期散文』（葦書房）出版。

一九七五年（昭和五〇年）　四八歳

熊本県庁で陳情中発生した衝突で患者が逮捕されたことに抗議し「悲しい木の葉が燦爛と」を書く（『水俣』一一月号）。

一九七六年（昭和五一年）　四九歳

四月、色川大吉、鶴見和子ら「不知火総合学術調査団」水俣入り。これは道子の懇請により実現したもので、こののち連年の調査結果は七年後『水俣の啓示』（筑摩書房）としてまとめられた。五月、橋本憲三氏死去。一一月『椿の海の記』（朝日新聞社）刊行。

一九七七年（昭和五二年）　五〇歳

五月、山梨県塩山市の中村病院にひと月入院。四月『エディター』に「歳時記」連載開始。一二月『草のことづて』（筑摩書房）刊行。

一九七八年（昭和五三年）　五一歳
七月、熊本市健軍の真宗寺脇に仕事場を移す。同月、与那国島旅行。一二月、久高島でイザイホウを見る。一月「にゃあま」を『潮』に連載開始。一二月『石牟礼道子歳時記』（日本エディタースクール出版部）出版。

一九八〇年（昭和五五年）　五三歳
橋本静子とともに『高群逸枝雑誌』終刊号を出す。六月『子どもの館』（福音館書店）に「あやとりの記」連載開始。九月『西南役伝説』（朝日新聞社）出版。

一九八一年（昭和五六年）　五四歳
土本典昭監督の映画『水俣の図・物語』製作に参加。『毎日新聞』西部版に「常世の樹」を連載。

一九八二年（昭和五七年）　五五歳
六月『いま、人間として』（径書房）に「十六夜橋」を連載開始。丸木俊と絵本『みなまた　海のこえ』（小峰書店）を作る。一〇月『常世の樹』（葦書房）刊行。

一九八三年（昭和五八年）　五六歳
一〇月『ぺんぎん・くえすちょん』に「五宮の草紙」連載開始。二月、対談集『樹の中の鬼』（朝日新聞社）刊行。一一月『あやとりの記』（福音館書店）刊行。

一九八四年（昭和五九年）　五七歳
三月、真宗寺の御遠忌のため表白文「花を奉るの辞」を作り、仏衣にて勤仕。六月「にゃあま」を改題し『おえん遊行』として筑摩書房より刊行。

一九八五年（昭和六〇年）　五八歳
三月『西日本新聞』に「不知火ひかり凪」を連載開始。

一九八六年（昭和六一年）　五九歳
五月、句集『天』（天籟俳句会）刊行。一一月、西日本文化賞を受賞。一二月『陽のかなしみ』（朝日新聞社）刊行。

一九八七年（昭和六二年）　六〇歳

『飛ぶ教室』に「やっせ川」連載開始。
一九八八年（昭和六三年）六一歳
五月、母ハルノ死す。一月『熊本日日新聞』に「花のまぼろし」連載開始。四月『乳の潮』（筑摩書房）刊行。
一九八九年（昭和六四年・平成元年）六二歳
六月、歌集『海と空のあいだに』（葦書房）、一一月『不知火ひかり凪』（筑摩書房）刊行。
一九九〇年（平成二年）六三歳
三月『花をたてまつる』（葦書房）刊行。
一九九一年（平成三年）六四歳
『群像』一一月号に小説「七夕」を発表。『熊本日日新聞』に「草の道」連載開始。
一九九二年（平成四年）六五歳
五月『十六夜橋』（径書房）刊行。
一九九三年（平成五年）六六歳
一月『週刊金曜日』創刊に参加。九月『十六夜橋』に紫式部文学賞与えらる。『Q』に「ここすぎて水の径」連載開始。
一九九四年（平成六年）六七歳
四月『週刊金曜日』編集委員辞任。同月、熊本市湖東二－一七－八に転居。九月『週刊金曜日』に「天湖」連載開始。三月『葛のしとね』（朝日新聞社）、四月『食べごしらえ　おままごと』（ドメス出版）刊行。
一九九六年（平成八年）六九歳
水俣フォーラム主催の水俣東京展にて出魂儀をとり行う。一一月『形見の声』（筑摩書房）、『蟬和郎』（葦書房）刊行。
一九九七年（平成九年）七〇歳
『群像』四月号に小説「木霊」発表。一一月『天湖』（毎日新聞社）出版。
一九九八年（平成一〇年）七一歳
『熊本日日新聞』以下六紙に小説「春の城」を連載開始（『高知新聞』は一月二七日より）。天草の乱を書くのは長年の念願であった。
一九九九年（平成一一年）七二歳

五月『朝日新聞』西部版に「ちょっと深呼吸」連載開始。『群像』一〇月号に小説「赤い夕陽」を発表。一一月『アニマの鳥』（「春の城」改題）を筑摩書房より刊行。

二〇〇〇年（平成一二年）　七三歳
かねて尊敬してやまなかった白川静先生との対談かなう（『婦人公論』三月七日号）。八月『潮の呼ぶ声』（毎日新聞社）、一二月、対談集『石牟礼道子対談集 魂の言葉を紡ぐ』（河出書房新社）刊行。『環』（藤原書店）に俳句の連載始める。

二〇〇一年（平成一三年）　七四歳
『群像』七月号に小説「ゆり籠」を発表。新作能詞章「不知火」を書く。二月『煤の中のマリア』（平凡社）刊行。

二〇〇二年（平成一四年）　七五歳
一月、朝日賞受賞。七月、宝生能楽堂と国立能楽堂で橋の会により新作能「不知火」上演される。同月、熊本市上水前寺二-六-八に転居。一一～三月『読書新聞』に「煉獄にかかる虹」（全七回）を連載。四月、鶴見和子との対談『言葉果つるところ』（藤原書店）、八月、詩集『はにかみの国』（石風社）刊行。

二〇〇三年（平成一五年）　七六歳
三月『はにかみの国』により芸術選奨文部科学大臣賞受賞。八月、熊本県立劇場にて橋の会により「不知火」上演。五月、島尾ミホとの対談『ヤポネシアの海辺から』（弦書房）刊行。

二〇〇四年（平成一六年）　七七歳
二月『不知火　石牟礼道子のコスモロジー』（藤原書店）刊行。四月、藤原書店より『石牟礼道子全集』の刊行始まる。第一回配本は第二、三巻。『苦海浄土・第二部』が完成し初めて刊行された。八月『妣《はは》たちの国 石牟礼道子詩歌文集』（講談社文芸文庫）刊行。同月「不知火」水俣奉納公演。一〇月、東京オーチャードホールにて「不知火」上演。一一月、熊本県近代文化功労者として表彰される。一二月、早稲田大学にて全集発刊記念シンポジウムが開催される。

二〇〇五年（平成一七年）　七八歳
水俣湯出に産業廃棄物最終処分場の建設計画が浮上、「本願の会」とともに反対運動を行い、計画は二〇〇八年撤回された。一一月『花いちもんめ』（弦書房）、『水俣病闘争　わが死民』（復刻・シリーズ1960／1970年代の住民運動、創土社）刊行。

二〇〇六年（平成一八年）　七九歳
六月『熊本日日新聞』より熊日賞受賞。一〇月『苦海浄土・第二部　神々の村』（藤原書店）刊行。

二〇〇七年（平成一九年）　八〇歳
『群像』三月号に狂言「なごりが原」を発表。五月、伊藤比呂美との共著『死を想う』（平凡社新書）刊行。『群像』一二月号に狂言「紅葉の露」を発表。

二〇〇八年（平成二〇年）　八一歳
五月、熊本市京塚本町一－八に転居。同月、トルコのノーベル賞作家オルハン・パムクと対談。六月、多田富雄との往復書簡『言魂』（藤原書店）刊行。一一月『熊本日日新聞』に自伝「葭の渚」連載開始。

二〇〇九年（平成二一年）　八二歳
四月『石牟礼道子　詩文コレクション』（全七巻　藤原書店）刊行開始。七月、自室入口で転倒して左大腿骨を骨折し、手術。

二〇一〇年（平成二二年）　八三歳
七月『熊本日日新聞』に「葭の渚・第二部」連載開始。

二〇一一年（平成二三年）　八四歳
『現代詩手帖』一月号に詩「わたくしさまのしゃれこうべ」発表。一月、池澤夏樹個人編集による『世界文学全集Ⅲ－04　苦海浄土』（河出書房新社）刊行。『群像』三月号に小説「石飛山祭」発表。六月、米良美一との対談

『母』（藤原書店）刊行。

二〇一二年（平成二四年）　八五歳
三月、藤原新也との対話集『なみだふるはな』（河出書房新社）刊行。『現代詩手帖』四月号に「さびしがりやの怨霊たち」をはじめ、この年に詩六篇を発表。六月『熊本日日新聞』に「葭の渚・第三部」連載開始。一〇月『最後の人 詩人高群逸枝』（藤原書店）刊行。『文藝』冬号に戯曲「草の砦」、『現代詩手帖』一一月号に戯曲「沖宮」をそれぞれ発表。

二〇一三年（平成二五年）　八六歳
『現代詩手帖』一月号に「夢や　あわれ」をはじめ、この年に詩五篇を発表。二月『石牟礼道子全集・不知火 第一六巻』が刊行され、全集本巻完結。四月、対談・講演録『蘇生した魂をのせて』（河出書房新社）刊行。一一月、金大偉監督による映画『花の億土へ』完成。

二〇一四年（平成二六年）　八七歳
一月、熊本市中央区帯山三－五三－一一二「春うらら」に入居。同月『葭の渚』（藤原書店）刊行。同月、エイボン女性年度賞大賞受賞。三月『花の億土へ』（藤原書店）刊行。五月『石牟礼道子全集・不知火 別巻・自伝』（藤原書店）刊行。七月、詩画集『祖さまの草の邑』（思潮社）刊行。九月、同書で現代詩花椿賞受賞。一〇月、志村ふくみとの共著『遺言 対談と往復書簡』（筑摩書房）刊行。一一月『不知火おとめ 若き日の作品集1945-1947』（藤原書店）刊行。

二〇一五年（平成二七年）　八八歳
一月、高銀との対話集『詩魂』（藤原書店）刊行。同月『朝日新聞』西部本社版で「魂の秘境から」連載開始（一七年四月からは全国版で連載）。五月『石牟礼道子全句集 泣きなが原』（藤原書店）刊行。一〇月、池澤夏樹個人編集による『日本文学全集24 石牟礼道子』(河出書房新社)刊行。一一月『ここすぎて水の径』(弦書房)刊行。

二〇一六年(平成二八年)八九歳
四月一四日の「前震」と一六日の「本震」ともに市内の介護施設で罹災。『世界』七月号に、インタビュー「熊本―地震と水俣と」が掲載される。

二〇一七年(平成二九年)九〇歳
三月『無常の使い』(藤原書店)刊行。八月『花びら供養』(平凡社)刊行。

二〇一八年(平成三〇年)
二月一〇日午前三時一四分、パーキンソン病による急性増悪のため市内の介護施設で死去。

(渡辺京二編)

著書目録

石牟礼道子

【単行本】

苦海浄土　わが水俣病　昭44・1　講談社
流民の都　昭48・3　大和書房
天の魚　昭49・10　筑摩書房
潮の日録　石牟礼道子初期散文　昭49・12　葦書房
椿の海の記　昭51・11　朝日新聞社
草のことづて　昭52・12　筑摩書房
石牟礼道子歳時記　昭53・12　日本エディタースクール出版部
西南役伝説　昭55・9　朝日新聞社
常世の樹　昭57・10　葦書房
あやとりの記　昭58・11　福音館書店
おえん遊行　昭59・6　筑摩書房
句集　天　昭61・5　天籟俳句会（穴井太）
陽のかなしみ　昭61・12　朝日新聞社
乳の潮　昭63・4　筑摩書房
歌集　海と空のあいだに　平元・6　葦書房
不知火ひかり凪　平元・11　筑摩書房
花をたてまつる　平2・3　葦書房
十六夜橋　平4・5　径《こみち》書房
葛のしとね　平6・3　朝日新聞社
食べごしらえ　おままごと　平6・4　ドメス出版

蝉和郎　平8・11　葦書房
形見の声　母層とし　平8・11　筑摩書房
ての風土
水はみどろの宮　平9・11　平凡社
天湖　平9・11　毎日新聞社
アニマの鳥　平11・11　筑摩書房
潮の呼ぶ声　平12・8　毎日新聞社
煤の中のマリア　島　平13・2　平凡社
原・椎葉・不知火　紀行
はにかみの国　石牟　平14・8　石風社
礼道子全詩集
花いちもんめ　平17・11　弦書房
最後の人　詩人高群逸　平24・10　藤原書店
枝
葭の渚　石牟礼道子自　平26・1　藤原書店
伝
花の億土へ　平26・3　藤原書店
祖さまの草の邑　平26・7　思潮社
不知火おとめ　若き日　平26・11　藤原書店
の作品集 1945-1947
石牟礼道子全句集　泣　平27・5　藤原書店
きなが原
ここすぎて水の径　平27・11　弦書房
無常の使い　平29・3　藤原書店
花びら供養　平29・8　平凡社

【単行本共著】

日本残酷物語　現代　昭35・11　平凡社
篇1
シンポジウム　意識の　昭47・7　朝日新聞社
なかの日本
花帽子　坂本しのぶち　昭48・4　創樹社
ゃんのこと
公害被害者の論理※　昭48・4　勁草書房
不知火海　水俣・終り　昭48・7　創樹社
なきたたかい
そして、おんなは　昭48・7　筑摩書房
……〔講座おんな6〕＊

彼岸花（詩画集　60部限定）　昭49・4　南天子画廊
ヤポネシア考＊　昭52・11　葦書房
与那国島　西浦宏己写真集　昭54・8　葦書房
みなまた　海のこえ〔記録のえほん2〕　昭57・7　小峰書店
樹の中の鬼＊　昭58・2　朝日新聞社
水俣の啓示　不知火海総合調査報告（下）　昭58・7　筑摩書房
親鸞　不知火よりのことづて※　昭59・10　日本エディタースクール出版部
死なんとぞ、遠い草　平8・9　震災・活動記録室
の光に　水俣、シヨアー、阪神大震災のことなど＊
人間はみんな平等　平9・5　労働旬報社
住井すゑ対話集3＊
石牟礼道子対談集　平12・12　河出書房新社

魂の言葉を紡ぐ＊
この百年の課題＊　平13・3　朝日新聞社
言葉果つるところ　鶴見和子・対話まんだら　石牟礼道子の巻＊　平14・4　藤原書店
ヤポネシアの海辺から＊　平15・5　弦書房
不知火（新作能）　平15・8　平凡社
不知火　石牟礼道子のコスモロジー　平16・2　藤原書店
死を想う　われらも終には仏なり（伊藤比呂美との共著）　平19・5　平凡社
言魂（多田富雄との共著）　平20・6　藤原書店
母（米良美一との共著）＊　平23・6　藤原書店
なみだふるはな（藤原新也との共著）＊　平24・3　河出書房新社
蘇生した魂をのせて　平25・4　河出書房新社

遺言　対談と往復書簡　＊※（志村ふくみとの共著）＊　平26・10　筑摩書房
詩魂（高銀との共著）　平27・1　藤原書店
水俣の海辺に「いのちの森」を（宮脇昭との共著）　平28・11　藤原書店

【単行本編著】
水俣病闘争　わが死民　昭47・4　現代評論社
実録水俣病闘争　天の病む　昭49・3　葦書房
日本の名随筆86　祈　平元・12　作品社

【全集】
石牟礼道子全集・不知火（全一七巻・別巻一）　平16・4〜26・5　藤原書店
石牟礼道子　詩文コレクション（全七巻）　平21・4〜22・3　藤原書店
土とふるさとの文学全集1　土俗の魂　昭51・1　家の光協会
思想の海へ〔解放と変革〕24　谷中村から水俣・三里塚へ　エコロジーの源流　平3・2　社会評論社
沖縄文学全集12　紀行　平4・5　国書刊行会
ふるさと文学館50　熊本　平5・9　ぎょうせい
世界文学全集Ⅲ―04　平23・1　河出書房新社
コレクション戦争と文学14　平24・1　集英社

日本文学全集24　平27・10　河出書房新社

【文庫】

苦海浄土　わが水俣病（解＝渡辺京二）　昭47　講談社文庫

天の魚　続・苦海浄土（解＝見田宗介）　昭55　講談社文庫

椿の海の記（解＝大岡信）　昭55　朝日文庫

陽のかなしみ（解＝川崎洋）　平3　朝日文庫

十六夜橋（解＝辺見庸）　平11　ちくま文庫

戦後短篇小説再発見7　故郷と異郷の幻影（解＝川村湊）　平13　文芸文庫

妣《はは》たちの国　石牟礼道子詩歌文集（解＝伊藤比呂美　年＝渡辺京二　著＝天草季紅）　平16　文芸文庫

あやとりの記　平21　福音館文庫

食べごしらえおままごと（解＝池澤夏樹）　平24　中公文庫

椿の海の記　平25　河出文庫

現代小説クロニクル　1990～1994（解＝川村湊）　平27　文芸文庫

水はみどろの宮（画＝山福朱実）　平28　福音館文庫

【単行本】、【単行本共著】は、原則として再刊本は省いた。／共著、叢書は、主要なものにとどめた。／＊は対談・座談、※は講演・講義を示す。／【文庫】は刊行されたものを挙げた。（　）内の略号は、解＝解説、年＝年譜、著＝著書目録を示す。

（作成・天草季紅）

本書は、『石牟礼道子全集　不知火』第五巻（二〇〇四年九月、藤原書店刊）を底本とし、朝日選書『西南役伝説』（一九八八年一月、朝日新聞社刊）を参照して、明らかな誤りは正し、ルビを調整しました。なお作中にある表現で、今日から見れば不適切なものもありますが、作品の発表された時代背景、文学的価値などを考慮し、そのままとしました。よろしくご理解のほどお願いいたします。

西南役伝説《せいなんえきでんせつ》

石牟礼《いしむれ》道子《みちこ》

二〇一八年三月九日第一刷発行
二〇二五年五月一三日第九刷発行

発行者——篠木和久
発行所——株式会社　講談社
東京都文京区音羽2・12・21　〒112-8001
電話　編集（03）5395・3513
　　　販売（03）5395・5817
　　　業務（03）5395・3615

デザイン——菊地信義
印刷——株式会社KPSプロダクツ
製本——株式会社国宝社
本文データ制作——講談社デジタル製作

定価はカバーに表示してあります。

講談社文芸文庫

ISBN978-4-06-290371-4

講談社文芸文庫

講談社文芸文庫

伊藤比呂美-とげ抜き　新巣鴨地蔵縁起　栩木伸明—解／著者—年
稲垣足穂—稲垣足穂詩文集　高橋孝次—解／高橋孝次—年
稲葉真弓—半島へ　木村朗子—解
井上ひさし-京伝店の烟草入れ 井上ひさし江戸小説集　野口武彦—解／渡辺昭夫—年
井上靖—補陀落渡海記 井上靖短篇名作集　曾根博義—解／曾根博義—年
井上靖—本覚坊遺文　高橋英夫—解／曾根博義—年
井上靖—崑崙の玉|漂流 井上靖歴史小説傑作選　島内景二—解／曾根博義—年
井伏鱒二—還暦の鯉　庄野潤三—人／松本武夫—年
井伏鱒二—厄除け詩集　河盛好蔵—人／松本武夫—年
井伏鱒二—夜ふけと梅の花|山椒魚　秋山 駿—解／松本武夫—年
井伏鱒二—鞆ノ津茶会記　加藤典洋—解／寺横武夫—年
井伏鱒二—釣師・釣場　夢枕 獏—解／寺横武夫—年
色川武大—生家へ　平岡篤頼—解／著者—年
色川武大—狂人日記　佐伯一麦—解／著者—年
色川武大—小さな部屋|明日泣く　内藤 誠—解／著者—年
岩阪恵子—木山さん、捷平さん　蜂飼 耳—解／著者—年
内田百閒—百閒随筆 Ⅱ 池内紀編　池内 紀—解／佐藤 聖—年
内田百閒—[ワイド版]百閒随筆 Ⅰ 池内紀編　池内 紀—解
宇野浩二—思い川|枯木のある風景|蔵の中　水上 勉—解／柳沢孝子—案
梅崎春生—桜島|日の果て|幻化　川村 湊—解／古林 尚—案
梅崎春生—ボロ家の春秋　菅野昭正—解／編集部—年
梅崎春生—狂い凧　戸塚麻子—解／編集部—年
梅崎春生—悪酒の時代 猫のことなど—梅崎春生随筆集—　外岡秀俊—解／編集部—年
江藤淳—成熟と喪失 —“母”の崩壊—　上野千鶴子-解／平岡敏夫—案
江藤淳—考えるよろこび　田中和生—解／武藤康史—年
江藤淳—旅の話・犬の夢　富岡幸一郎-解／武藤康史—年
江藤淳—海舟余波 わが読史余滴　武藤康史—解／武藤康史—年
江藤淳／蓮實重彦—オールド・ファッション 普通の会話　高橋源一郎-解
遠藤周作—青い小さな葡萄　上総英郎—解／古屋健三—案
遠藤周作—白い人|黄色い人　若林 真—解／広石廉二—年
遠藤周作—遠藤周作短篇名作選　加藤宗哉—解／加藤宗哉—年
遠藤周作—『深い河』創作日記　加藤宗哉—解／加藤宗哉—年
遠藤周作—[ワイド版]哀歌　上総英郎—解／高山鉄男—案

講談社文芸文庫